贝克欧洲史－05

C. H. Beck Geschichte Europas

Gerrit Walther

Staatenkonkurrenz und Vernunft: Europa 1648–1789



Arranged through Jia-xi Books Co., Ltd. / Literary Agency.

封面图片为《拉瓦特和莱辛拜访摩西·门德尔松》，现藏于Magnes Collection of Jewish Art and Life；

封底图片为《利维坦》，现藏于British Museum。

［德］格里特·瓦尔特 著
Gerrit Walther

# 国家竞争与理性

STAATENKONKURRENZ UND VERNUNFT : EUROPA 1648－1789

## 1648~1789年的欧洲

徐庆 译

社会科学文献出版社
SOCIAL SCIENCES ACADEMIC PRESS (CHINA)

## 丛书介绍

“贝克欧洲史”（C.H.Beck Geschichte Europas）是德国贝克出版社的经典丛书，共 10 卷，聘请德国权威历史学者立足学术前沿，写作通俗易读、符合时下理解的欧洲史。丛书超越了单一民族国家的历史编纂框架，着眼欧洲；关注那些塑造每个时代的核心变迁，传递关于每个时代最重要的知识。如此一来，读者便可知晓，所谓的“欧洲”从其漫长历史的不同阶段汲取了哪些特质，而各个年代的人们又对“欧洲”概念产生了何种联想。

## 丛书书目

01 古代遗产：欧洲的源起
02 基督教的传播与国家的建立：700~1200 年的欧洲
03 边境体验和君主秩序：1200~1500 年的欧洲
04 宗教战争与欧洲的扩张：1500~1648 年的欧洲
05 国家竞争与理性：1648~1789 年的欧洲
06 革命与改革：1789~1850 年的欧洲
07 全球霸权和进步信念：1850~1914 年的欧洲
08 帝国暴力和民族动员：1914~1945 年的欧洲
09 冷战和福利国家：1945~1989 年的欧洲
10 民主与全球化：1989 年以来的欧洲

**本卷作者**

格里特·瓦尔特（Gerrit Walther）博士，1959年出生，德国基尔人，在法兰克福大学学习文学、历史和哲学。现任伍珀塔尔贝吉什大学近代史教授，主持了格尔达·汉高基金会的“人文主义”项目，编写了《现代百科全书》“教育”部分。其重点研究方向为近代早期史。

**本卷译者**

徐庆，语言学博士，上海电机学院外国语学院讲师，上海翻译家协会会员。毕业于复旦大学外文系，曾在“韩素音国际翻译大赛”和“上译杯翻译竞赛”中获奖，译有《完全卡夫卡》《耳证人》《资本主义简史》等。

# 目　录

# 前　言

“没有经历过 1789 以前时代的人不懂得生活之美妙。”塔 9
列朗（Talleyrand）[①] 的这句名言解释了一个影响力延续至今的神话。直到现在，每当念及那个从 1789 年起被人以悲哀、嘲讽或憎恶的态度称为旧制度的时代，我们首先想到的就是“生活之美妙”。我们沉醉于恢宏壮丽的巴洛克音乐和当时精巧华美的建筑风格。我们幻想着优雅的宫廷庆典和欧洲大都市沙龙里风趣而开明的谈话。我们惊讶于牛顿的宇宙观和拉瓦锡革命性的化学成就，惊讶于约翰逊博士的博学以及沃康松（Vaucanson）[②] 的自动机械鸭。我们仿佛置身于库克船长和贾科莫·卡萨诺瓦的探险之旅，亲历孟格菲（Montgolfier）兄弟 [③] 的热气球飞行以及与让－雅克·卢梭一道进行探索人类本性的孤独漫步。恰恰是 18 世纪的伟大热情——对数学、艺术、美食和肉欲的热情——让我们觉得它是欧洲文化发展最繁盛、成果最丰硕的世纪之一，一个至今仍能在很多方面令我们如痴如醉、深受启发的时代。[1]

---

① 塔列朗（1754~1838）：法国主教、政治家、外交家。——译者注（如无特别说明，本书页下注均为译者注）

② 沃康松（1709~1782）：法国发明家、艺术家，擅长制造仿生机械。

③ 孟格菲兄弟：指法国发明家、热气球的发明者约瑟夫－米歇尔·孟格菲（Joseph-Michel Montgolfier，1740~1810）和雅克－艾蒂安·孟格菲（Jacques-Étienne Montgolfier，1745~1799）。

仔细审视之后，我们才能注意到当时的人是在何等糟糕的条件下勉力实现了上述繁荣。因为那个时代的起点是两场欧洲的“世界”大战——西班牙王位继承战争和北方战争，终点是革命战争的爆发，中间还有波兰和奥地利的王位继承战争以及战火蔓延至海外的七年战争。如果将1648年视为“长18世
10 纪”的开始，也就是再算上路易十四世早期发动的战争、俄国及其东部邻国持续不断的边境纠纷以及欧洲列强在海外不计其数的冲突，那么我们就能更清楚地理解，这个“充斥着矛盾或曰对立的世纪”[2]——或许可以称作“由极端组成的时代”？——的日常生活纵然对于当时的特权者来说也肯定不好过，所以他们才会觉得罕见的美妙时刻非常迷人。

18世纪最重要的产物——国家和开明理性——恰恰使它显得自相矛盾、自我分裂。因为18世纪发明了各项人权，却对占人类一半的女性只字不提；18世纪鼓吹自决，却将奴隶制推向顶峰；18世纪拥有当时欧洲史上最完善的国际法和最杰出的外交技巧，却将各大洋视为法外之地；18世纪创造了现代国家的愿景——一个完整的、根据经济—官僚层面的高效原则精心构建的职能体系，但是18世纪又使这种国家在一定程度上成了目的本身，因为它几乎无法使自己的改革成果惠及百姓。国家亟须改革是为了能以武力应对日益激烈的国际竞争。时人想要减缓军备竞赛的速度，于是力图在相互竞争的欧洲国家之间建立均势（balance of power），这造成了领土的重新分配。而领土的重新分配与其说稳定了现状（status quo），不如说破坏了现状；与其说减少了动荡、消除了列强之间的猜忌，不如说火上浇油。

这些矛盾及吊诡之处正是本书的内容。本书将描述1648年和1789年之间欧洲国家及它们影响下的欧洲以外的地区经历和引发的政治变化（时人会称其为“革命”）。本书认为上

述政治变化源于各类国际及国内矛盾和新的思考、表达及评判 11
形式的交互影响，这些新的形式当时也逐渐发展成最重要的西方文化运动——“启蒙运动”。这是一个经典主题。启蒙主义者彼时已经把国家竞争和理性的进步视为不可分割的现象。也许现在有人会觉得本书这类以欧洲为中心的政治史有问题，因为它介于覆盖世界的全球史和以微观视角审视细致差别的文化史之间，不过本书仍突出了当时的人最看重的立场，赞颂了他们最重要的发明——独立自主且开明的国家。

基于体例，本书必须采用总览视角，无法容纳大量的生动叙述、细节和轶事，许多对于启蒙的通史来说必不可少的内容或许也只能一笔带过——比如日常生活、消费、思维方式、敏感话题、两性关系、少数群体、艺术和教育等问题。根据本套丛书的编写规则，本书姑且省去论据（除直接引用外），故我在此处由衷感谢所有为本书提供参考的作者，并在参考书目部分列出了他们的著作。

我耽搁许久才写就本书，十二年的系主任工作使它久久不能完成。所以我更要感谢所有以鼓励和实实在在的帮助支持我写作的人：伊丽莎白·施泰因（Elisabeth Stein），还有格奥尔格·埃克特（Georg Eckert）、阿尔内·卡斯滕（Arne Karsten）、米夏埃尔·马泽（Michael Maaser）、彼得·施纳希（Peter Schnerch）、约翰内斯·聚斯曼（Johannes Süßmann），以及塞巴斯蒂安·乌尔里希（Sebastian Ullrich）和弗洛伦蒂娜·邵布（Florentine Schaub）。他们的认真审读对我写作本书助益良多。谨以本书庆贺2020年10月3日。这是我的两位师长的生日：诺特克·哈默施泰因（Notker Hammerstein）的九十大寿及乌尔里希·穆拉克（Ulrich Muhlack）的八十大寿。恭祝二老长寿！

# 第一章
# 18 世纪国家面面观

## 1　一位启蒙主义者眼中的欧洲

13 1760 年，哥廷根的地理学家、哲学教授安东·弗里德里希·比兴（Anton Friedrich Büsching）在《地理新述》（*Neue Erdbeschreibung*）中论及“真正的欧洲”，说它是具有名副其实的流动边界的大洲，因为欧洲的南部边界是地中海，西部边界是大西洋，北部边界是“北海”，东部与亚洲相邻。但是专家对欧亚边界的具体走向看法不一。大家只能确定顿河、亚速海以及黑海、赫勒斯滂海峡和爱琴海是这条边界的一部分。[1]

比兴的犹豫表明人们在 18 世纪中期就觉得欧洲东南部的政治局势十分动荡。奥地利从 1683 年起征服了巴尔干半岛上的大片地区，使自己的疆域和人口几乎增加了五倍；于是俄国也越发卖力地扩张，吞并奥斯曼帝国的土地。比兴此时已将幅员 57600 平方里①的沙皇俄国（“不含西伯利亚”）视为欧洲面积最大的国家，紧随其后的是波兰—立陶宛（12900 平方里）、瑞典（12800 平方里）、“德国”（11236 平方里）、“土耳其帝国在欧洲的部分，含克里米亚半岛”（10544 平方里）和法国（10000 平方里）。西班牙（8500 平方里）居于较小国家之首，

① 19 世纪前“里”的长度在欧洲及北美诸国各不相同。在德语区，1 平方里约合 55 平方公里。

位列较小国家之末的是摩德纳（90平方里）等意大利小邦。[2]

比兴——比现在的计量经济史专家更大胆些——估计欧洲 14
总人口约为1.5亿。作为启蒙主义者，他还不忘指出，假如使用更先进的耕种方法，人口可能“再增加几百万”[3]。在西部垦殖者涌入等因素的影响下，其实单是东欧诸国的居民就在1700年到1800年增长了足足200%。

欧洲的其他大型发展区——欧洲列强的海外据点——并未得到比兴的关注。反正他没有把它们和各国在欧洲的土地加在一起。所以，尽管1760年大不列颠已经在海外拥有大量土地，三年后又将因为七年战争的胜利而成为欧洲头号殖民大国，比兴的表格却将它（6000平方里）列入较小国家。

只有当比兴从以下五个方面解释自己为什么认为欧洲在四大洲中虽然最小却也“最为重要”的时候，他才会把视线投向海外世界：第一，欧洲农业开发程度最高；第二，欧洲“就实力而言，超过了其他三大洲的总和”；第三，欧洲人“征服或震慑了地球上的其他大部分地区，正如只有他们能通过航运、旅行和贸易打通并维系地球上的主要地区之间的往来”；第四，欧洲“许多世纪以来就是科学和技艺的中心”；第五，“关于真正的上帝的知识（……）通过欧洲人传播到了地球上的其他主要地区”。[4]

如此看来，就连启蒙主义者也不愿意放弃传教——尽管身为神学博士的比兴避免将欧洲视为纯粹的基督教大洲：虽然欧洲人大部分都是基督徒，“但也有不少人对犹太教和穆罕默德的宗教抱有好感，还有一小部分人亲近其他信仰”。[5]和同时代 15
的很多开明人士一样，比兴可以把宽容和宣扬基督教结合在一起，因为他觉得基督教首先是一种放之四海而皆准的伦理学、一种“乐善好施的道德观”。同期问世的巨著《百科全书》中的“欧罗巴”词条表示，这种道德观“只追求社会的福祉”。[6]

就连怀疑论者伏尔泰也认为当时的欧洲基督徒相当于古代的希腊人：他们践行着“地球上其他地区所缺乏的人道主义原则”。

贝尔纳·德·丰特奈尔（Bernard de Fontenelle）[①]早在 1686 年就将这种“礼仪”（civilité）视为“我们欧洲”的居民和只习惯使用“力量和暴力”的“诸蛮族”的主要区别。[7] 文化哲学家约翰·戈特弗里德·赫尔德（Johann Gottfried Herder）到了 1791 年还在以盛行于欧洲的“理性文化”和“法的科学”来解释欧洲显而易见的繁荣局面。尤其是在大城市——它们就像“文化发展的根据地，产生了勤奋精神和更好的由国家管理的工场”——人们扶持、促进“理性文化”和“法的科学”。促进手段包括兴办大学、发明创造（如指南针、玻璃、火药和纸张），而最重要的手段是“集体的努力”和“自身的勤学苦练”：“欧洲的气候，古代希腊、罗马世界的遗存对大家都有裨益；所以欧洲的辉煌源自实干与发明，源自各门科学以及集体的、相互竞争的进取心。”[8]

在这场追求进步的文化竞争中，欧洲知识分子相信自己超过了其他所有民族。这些知识分子经常戏谑地断言，就实现欧洲的教育和文化理念而言，非欧洲人要比欧洲人本身强多了——所以伏尔泰的《风俗论》（*Essai sur les mœurs et l'esprit des nations*，1756/1769 年）开篇写的不是欧洲，而是奉行儒学的中国。不过大家其实都坚信欧洲的价值观和标准最为优越，可以作为永恒的共同价值传递给其他民族和文化。孔多塞在《人类精神进步史表纲要》（*Esquisse d'un tableau historique desprogies de l'esprit humain*，1794 年）的末
16 尾宣告：“这些广袤的地区（向我们欧洲人）提供了大量民族，他们要文明开化似乎就只能指望从我们这里获得途径，同欧洲

① 贝尔纳·德·丰特奈尔（1657~1757）：法国作家、启蒙主义者。

人称兄道弟，以便成为欧洲人的朋友与学生。”[①][9] 哥廷根的历史学家 A. H. L. 黑伦（A. H. L. Heeren）在 1809 年仍相信，在“更为伟大光辉的未来，（……）前几个世纪里有局限的欧洲国家体系将被取代。随着欧洲文化传布到天涯海角，随着欧洲人在大洋彼岸的耕种事业蒸蒸日上，我们将会看到更为自由和伟大的、已然强势崛起的‘世界国家体系’的雏形。”[10] 如此看来，开明的文化不仅能培养出欧洲人，同时也能培养出世界主义者。对于欧洲的支持者来说，“欧洲”与其说是地理概念，不如说是整个世界的进步纲领。

## 2　领土与政权

比兴提供的数据与实际相差不大。他认为 18 世纪有 1.5 亿人生活在伊比利亚半岛的大西洋沿岸和乌拉尔山之间，而今人估计 1700 年该地区的人口为 1 亿 ~1.4 亿人，1800 年为 1.87 亿人。也就是说，尽管战争和瘟疫造成了大量的人口损失，经济增长、乐观和对未来的信心依然存在。不过，数值的大幅浮动也说明提供统计数据的各地政府并不真正了解自己的大部分臣民。政府竭力编制可靠的土地登记册和地图，试图定期普查人口，例如罗马在 1656 年进行了第一次人口普查，法国在 1744 年，英国则迟至 1801 年；依靠教会、军方部门的帮助，或者利用专精于此的大学教授提供的统计数据；清点人数、房屋数或是“灶头”数，也就是户数……种种努力都难以带来可靠的数据。1786 年，维也纳的记者约翰·佩茨尔（Johann Pezzl）讽刺道，“据说伦敦有 12 万幢房屋，巴黎 17
有 5 万幢，阿姆斯特丹有 2.6 万幢，柏林有 1 万幢，维也纳只

① 汉语译文参考《人类精神进步史表纲要》何兆武、何冰译本，有改动。

有 5500 幢”，“但是伦敦的每幢房屋里住着 9 人，巴黎 20 人，阿姆斯特丹 8 人，柏林 15 人，维也纳 47 人”。[11] 不过接受普查者对确切数据不感兴趣，因为他们很可能知道政府不会无缘无故地做调查，调查必然产生影响，它们的作用是强迫百姓服从、交税、服兵役。大部分百姓对自己“国家”的印象就是这么糟：它的化身是收税人，是代表城市资产者扣押负债农民物品的法庭传达员，是试图强迫小伙子加入军队或者船队的态度粗暴的招募团，是转战各地的军队。同过去的军队相比，18 世纪的军队能更好地区分战斗人员和平民，却仍然四处劫掠。此外，军队总是带来饥荒和鼠疫、天花之类的瘟疫，而直到 18 世纪 70 年代，瘟疫还能在东欧夺走数千条人命。于是统计者一来，农民自然躲进了森林。为了编制符合现状的土地登记册，神圣罗马帝国皇帝约瑟夫二世在 1784 年派土地测量员前往匈牙利，迎接他们的是手持上膛火枪的高级贵族（Magnaten）以及他们管辖的农民。对这些人而言，在地理及思想层面上，“国家”都是一个遥远的概念。

只有少数欧洲人居住在首都和统治者驻跸的城市，更不用说巴黎、伦敦、阿姆斯特丹或维也纳等大都市。在大都市里，人们可以看到军队入城、选举、议会开幕式、等级会议、国事访问、外交会面等国事活动，但也能看到抗议示威与叛乱；而各类报纸、期刊和聚会场所能提供相关的信息和观点。与之相反，绝大部分人，也就是 95% 以上的欧洲居民生活在农村。这不表示他们对政治事件一无所知，也不表示这些农民缺乏关
18 注政治事件的见识和兴趣。但是，人口聚集于农村意味着信件、书籍以及人口的流动要比 1800 年前后困难，农村居民单是为了接近“国家”就要付出大量的金钱和精力，更莫说他们在前现代时期几乎没有机会积极参与国家事务。在丹麦或瑞典等国家，一部分（男性）农村居民是政治机关的组成部分。农

民代表可以在国会参与决策，这是罕见现象。另一个罕见特例出现在 1766 年叶卡捷琳娜二世统治时期的俄国：农民参加了昙花一现的制宪会议。在其他地方，加入委员会、分享权力——不论是作为选举人还是被选举人——一直是富有的精英和受过专业训练的专家才有的特权。

雪上加霜的是，直到 18 世纪 50 年代，大部分人在日常生活中都疲于应付长期存在的温饱问题、严酷的自然环境与天气条件、变来变去的义务、限制迁移的强制规定以及通常十分艰苦的体力劳动。在近 200 年的时间跨度里，“小冰期”给中欧地区带来了严寒的冬季和潮湿的夏季，导致了粮食歉收和营养不良，其影响直到 18 世纪 20 年代才终于有所减弱。然而许多地方仍然阴冷荒芜，所以粮食生产直到数年后才能真正满足需求。

以上种种都使大部分人更看重身边的本地权威而不是远方的中央政府。大家觉得自己的效力对象与其说是远方的政府，不如说是地主、修道院、市政府、行会，因为它们提供了职位、住房、土地、生计。换言之，日常政治的思考主题与其说是“国家”，不如说是身边的秩序——大家更信任家庭的团结，而不是“国家”机关的关照。前现代时期真实存在的“国家政 19
权”的支配者其实是家族联盟。家族联盟具有典型的家长制特点，由氏族里年龄最大的男性成员领导。族长要维持同其他大家族的首脑以及统治者（也就是贵族世家的首脑）的联系；在理想状态下，他们的家族世世代代都与这些统治者关系密切并对其效忠。上述家族的合作或竞争在社会的各个层面上支配着政治活动，富裕的资产阶级、德意志的帝国直辖市和大西洋沿岸远洋贸易城市里的行会，以及犹太宫廷商人的商团或者派船队前往远东的国际贸易公司无不受到它们的影响。

上述家长制格局使前现代时期的女性很难获得政治职能

或政治决策权。因此 18 世纪里没有女性担任君主的顾问、议员或者大臣，也没有女性能暗中商定国家协议。而在过去，查理五世的姐妹[①]和弗朗索瓦一世的母亲就曾经达成康布雷（Cambrai）“夫人和约”（1529 年）。一方面，18 世纪的女性根本不具备当时签订协议所必需的专业法律知识，因为它们只能在大学或者英国的律师学院（Inns of Court）里学到，而这些地方一直不接纳女性。另一方面，在“家族”和“王朝”范畴内，同一种思想在发挥作用：女性——尤其是君主等级的女性——可以因为自己是有权有势的男性的妻子或者（在贵族群体中经常同样受人重视的）情妇，是他们的私人顾问、监护人、代表或者继承人而掌握可观的政治影响力和决策权。但是，通常只在有影响力的男性为她们撑腰时，她们才能得到权力。为了能在 1713 年的《国事诏书》里指定女儿玛利亚·特蕾莎做继承人，皇帝查理六世四处求人，付出了大量钱财，做出了巨大让步；叶卡捷琳娜二世 1762 年能当上沙皇靠的也是
20 若干强大的贵族世家为她担保。在性别政治方面，18 世纪的国家同样无视了民众中的很大一部分人。

当时的人相信以上情形都符合上帝以及自然的意志。他们不会认为社会秩序中的严重不公是一种缺陷，反而觉得它体现了万能的智慧——把每个人都安排进特定的“等级”。当时的大部分人都认为出身决定一切实属天经地义。出身于某个等级，一辈子不变。假如父母都是农民，孩子估计也会一辈子当农民；出身于贵族家庭的孩子能继承各种特权，特权又能给他带来高高在上的地位。

不过就连略具同质性的资产阶级联盟或者臣民联盟也不是前现代国家的基础及主体，前现代国家的基础及主体不是“人

---

① 此处疑为作者笔误，促成康布雷“夫人和约”的不是查理五世的姐妹，而是其姑母。

民”，而是各种各样的群体和个人，他们之间有着细微的差别，有着各自的义务、权利和特权；这些义务、权利和特权通常还会因为地区、年龄、信仰和职业差异而各不相同。

## 3　贵族与自由

尽管贵族在欧洲各国人口中的比例都不超过 5%，但他们
始终是占支配地位的等级。贵族世家联盟特别强大及高效的明
确原因是，它们的首领可以在有需要的时候召来大部分手下或
者最好的“朋友”，不论对方是军官还是放贷者，是农民兵还
是职业抗议人，是记者还是交易代理人。在对外解释自己为
什么有权在最高级的委员会上发表意见的时候，贵族却喜欢说
自己的家族历史悠久，长期为统治者和祖国效劳；自己扎根故 21
土，世世代代都管辖着其中最好的部分；自己血统纯洁，这证
明所有的家族成员都找了等级相当的结婚对象。

贵族作为天生的军人阶层要以“身家性命”支持祖国，所以他们享受重要的特权。比如贵族无须纳税或者能享受大幅减税，对庄园里（西班牙、英国和东欧等地的庄园面积可能很大）“自己的”农民有管理权，有时甚至有审判权。此外，贵族还可以指望君主或者政府优先将肥差、养老金、部队以及其他荣誉赐给自己。

贵族身兼领地的所有者及保护者，所以认为自己有权成为最重要的等级和国家的核心，但这并不表示贵族觉得自己是具有某种特性的集体的代表。按照他们的理解，他们并不代表国家——他们就是国家。当时的用语似乎能证明这点。拉丁语词 status，西班牙语词 estado，意大利语词 stato，法语词 é[s]tat 和英语词 estate 都同时表示“国家”（Staat）和“等级”（Stand）。所以贵族政治活动的目标总是无条件地捍卫这种传

统，也就是捍卫贵族的等级特权。贵族在提出政治诉求的时候从不想要任何新生事物，而是想消除已然发生的变化。贵族对“国家”的理解——由地主组成的上等人共同体——在前现代意义上是“革命的”（revolutionär），因为它追求对过去状态的 revolutio（拉丁语“回归”）；但正因为如此，它极为保守。

代表国家和等级的词还有第三重意思，例如“Stände”还
22 指政治委员会。在这类会议上，地区、省、邦国或者帝国的重要贵族世家代表会聚一堂，（来自教会、城市、大学的）其他精英代表也可能出席，大家共同听取政府的计划和要求，讨论、决策，同时也提出自己的请求。

在本书涉及的时代，大部分地区都有这样的等级会议——尽管它们的形式、职能和影响力因国家而异。会议有的像已经较为“现代”的英国议会，有的像尼德兰联省共和国的股东大会，有的像法国高等法院的法学家联合会，有的像丹麦、瑞典和神圣罗马帝国许多地区的“邦国”议会，有的像各国国会里的国家首脑会议，有的像西班牙、匈牙利、波兰或者俄国的上流氏族领袖俱乐部。它们的实际政治手段大相径庭。英国议会最晚从 1714 年起支配王国；1648 年，神圣罗马帝国全会的力量有所增强，皇帝的势力则被削弱，1663 年起，它以“永久的帝国议会”的名义在雷根斯堡长期议事；勃兰登堡的等级会议降格为信贷机构的管理者；波兰的贵族全会从 1772 年起就被波兰的诸邻国解散。

贵族里的思想先驱颂扬这些委员会，称它们是欧洲自由的真正保障。针对本章开头比兴提出的问题——为什么欧洲是世界上最好的地方，比他大一辈的不列颠外交家莫尔斯沃思（Molesworth）勋爵早在 1694 年就给出了答案：因为欧洲——不同于世界上的其他地区——一直以贵族的自由为根基，即“一直是自由的土地，（……）所以东方人至今都把欧洲人

称为法兰克人（Francs）①”。[12] 连批判贵族的伏尔泰都坚信东方没有这样一个等级：他们通过世袭的头衔、豁免权和仅与出身相关的权利同其他所有人区别开来，作为不依附于他人的团体，成了每个欧洲君主国的必要组成部分。[13] 启蒙政治学的创 23
立者孟德斯鸠认为贵族等级的内部组织能够保障国家免受君主“暴政”的侵害，这种保障是欧洲精神的政治核心。不仅是在政治领域，在其他一切生活领域，从司法到家庭生活，贵族都限制着暴力活动（相反，“鞑靼民族”的丈夫可以对妻子为所欲为，等等）。[14] 当那些经历过启蒙运动、对贵族议会有好感的人思考作为“欧洲”自由之基的三权分立制的时候，他们想到的就是贵族议会——这是亚当·弗格森（Adam Ferguson）②的看法。1767年，他在《文明社会史论》（*An Essay on the History of the Civil Society*）中指出：“为了保障自由而构建的体制必须包含很多部分。议院、国民议会、法院、出身于不同等级的官员必须为了这一目标而协同工作，以期相互制衡；各方要行使、支撑或者监督行政权。假如其中任意一个部分被消除，整栋建筑就会摇摇欲坠，甚至坍塌。”③[15] 就此而言，欧洲各国内部的各机关均势似乎是国家之间外部均势的对应物与前提条件。

## 4 国内竞争

上述所有委员会的共同点在于它们都有权随时与君主平等协商，换言之，它们认为君主不是自己的主人，而是和自

① “法兰克人”的名称源于古法语形容词“franc”，意为“自由”等。

② 亚当·弗格森（1723~1816）：启蒙时期的苏格兰思想家。

③ 汉语译文参考《文明社会史论》林本椿、王绍祥译本，有改动。

己等级相同的贵族伙伴，即负责执行贵族共同制定的决策的同侪之首（primus inter pares）。约翰·洛克的《政府论·下篇》（*Second Treatise of Government*，1689年）指出，君主的模式应当维持其经典形态——一个由选举产生的、随时可以被废黜的业务领导。贵族的国家理念既是保守的，也是共和的。

24 统治者本人当然不会这样想。他通常非常清楚自己在日常执政实践中面对等级会议鲜少能自主，却坚持认为自己作为国家首脑对领地上的全部居民拥有宗主权，他的统治者地位得自继承或者相关的等级会议选举。以他自身所属的贵族群体的标准来看，他觉得自己有资格当统治者，他的资本是自己家族的历史和名望，自己统辖的各处领地的势力、面积、名望和财富，这些领地组成了他的“国家”。在统治者看来，国家更像是托马斯·霍布斯的《利维坦》（1651年）的著名封面图片，它将统治者画成身体上的头部，而躯干是由国内所有其他成员的身体组合而成的。

然而统治者的领地通常甚至无法在地理层面上形成一个有机的政治体（body politic）——一片完整、统一的统治区。因为几乎所有的统治区——除了俄罗斯这样的大国或者神圣罗马帝国的若干蕞尔小邦——都由许多领地组成，它们之间经常隔着几天的路程，特点大相径庭。举例而言，1713年以前，意大利的一半以及现今的比利时、荷兰和卢森堡的一半地区都是西班牙的省份。勃兰登堡选侯国除了原有的边区领地之外，还在东普鲁士、弗兰肯地区和莱茵河流域拥有土地。继承和联姻、征服和其他偶发事件缔造了上述奇怪的格局，继而导致领土状况变化不定、令人不安，援引各种旧例也没用。在本书涉及的时间段内，很多欧洲国家还有海外领土的征服和丧失，使得领土变动问题延伸到了其他层面。

为了相对有效地管理这些零碎的领土，1700 年前后，君主政府的机关已经比 1648 年强多了，尤其胜过文艺复兴时期——那时的国王总在不停地巡视各处领土。1700 年前后的君主政府全都拥有固定的、位于首都之内或者附近的府邸，政 25 府竭力将它们修建成极为华美的国家中心和象征。至少在西欧，君主政府有着分工较为明确的政府机构，其中的专业行政精英越来越多，他们大部分是接受过大学教育的法学家或者具有实践经验的经济学家。政府还有相对高效的税务机关，有时甚至拥有规模较大的常备陆军和海军。此外，政府还管辖国家教会，后者通常管理有序、十分忠诚。派驻在外国宫廷的外交代表构成了一张颇为密集的关系网，可供政府调用。各地的领导职位一如既往地几乎都由贵族垄断。这种情况直到法国大革命之前都不会有什么变化，尽管资产阶级出身的官僚变得越发重要。

总而言之，就理念型而言，18 世纪里——同很久以来一样——仍然至少有两种国家模式相互竞争：一种是等级式的，它将国家视为特权者的联合会；另一种是君主式的，它宣布统治者可以不接受他人的意见［不受法律约束（legibus solutus）］，赋予统治者最高的决策权［最高权力（summa potestas）、专制权力（pouvoir absolu）］，法国法学家让·博丹（Jean Bodin）在 1576 年将这种权力称为“真正主权”（Souveränität）的特征。1651 年，托马斯·霍布斯在《利维坦》中参考英国内战的经验系统地解释了何谓君主的无限权力；后来，路易十四世在 1661 年将君主的无限权力提升为自己的治国原则。[16] 实际上，这种模式——到了喜欢构建体系的 19 世纪，它将被称为“专制主义”——没有在任何地方实现，尽管 19 世纪最聪明的政治学家、贵族出身的阿历克西·德·托克维尔（Alexis de Tocqueville）认为太阳王通过消除贵族的中间权力[①]使这种模式得到了极大程度的发展。不过，作为目标以及充分行使职能的愿景，“专制主义”这一概念一直激发着时人和后世的思考。

君主和等级会议的矛盾核心是相互竞争的权力诉求和利
26 益，而不是政治—社会纲领。政治—社会纲领——以及现代党派——是随着 1763 年以后人权的发明才逐渐产生的。相反，对于不列颠下议院中的辉格党和托利党以及瑞典国会中的便帽派（Mützen）和礼帽派（Hüten）而言，传道式的政治都是陌生的。这些竞争对手援引的不是意识形态，而是忠诚义务、公共福祉（bonum commune）或者“古代宪法”（ancient constitution）——有人要求重拾古代宪法，恢复它业已消亡的原始形式。上述尝试带来了新的、实用的法律形式，而外界形势的发展给君主的地位带来了活力和创造力——这几乎有违人们的意愿。

这一时代的战争支出大幅增长，总是数倍于等级会议通常批准的额度——这还是漫长协商的结果。假如统治者还想有效地保卫领土，他就不得不采取一些可能会改变国家财政现状的措施。他不得不尝试限制贵族和教会的税务特权，取消旧的垄断，推动（很多地区常见的）贵族头衔、官职和其他国家公职的买卖，开辟新的市场和经济领域，尽量设计新的、间接的税种，提拔一批有支付能力和支付意愿的新式资产阶级精英去抗衡特权者——面临危难时，统治者可以很快在这批新精英处得到贷款。为了推行上述措施，统治者要证明自己的权力具有合法性，于是他必须提出相应论据，设计公开声明。他必须让公

① 中间权力（Zwischengewalten，pouvoirs intermédiaires）指处于中央政府与个人之间的力量，又译“中间政权机构”“其他行政机构”等，详见托克维尔《旧制度与大革命》第二编第六章。

众——此时它通常仍待形成——相信他是政治、经济和公共福祉问题专家。不论君主是否情愿，他都必须打破传统，变成改革者，变成所有想要改善境遇者的希望之星和盟友。最容易被贴上“专制主义”标签的君主恰恰最卖力地拉拢“第三等级”。

特权者当然坚决反对君主的企图，还试着把自己包装成 27
“人民”和“祖国”的保护人。但是我们不应该把君主和等级会议的关系笼统地想成水火不容的对立关系。更确切地说，双方一般都很清楚自己高度依赖彼此之间的忠诚与合作，也知道高级贵族投效敌方君主的结果是两败俱伤：这种情况在法国发生过多次，也在匈牙利或者（东）普鲁士等边境地区一再发生。所以法国的路易十四世和普鲁士的弗里德里希二世等好战的君主恰恰都喜欢通过施恩、赏赐实物、提供在宫廷里接近统治者的机会和省里的肥差等手段拉拢国内贵族。这种“国家内部”的结盟政策要求“为人找职位，而不是为职位找人”[17]。类似的动机足以解释下面这些怪事：皇帝利奥波德一世的“枢密院”人满为患，由 60 名贵族组成；1715 年以后的法国有 70 位“大臣”。

某地政府和精英越能在危机中精诚团结、凝聚力量、维持信誉，其组成的“国家”就越成功、越强大。英国议会由企业家组成，议会中的经济力量和政治力量携手合作，弥补了王室官僚落后的不足，使英国成了 18 世纪的成功范例。相反，波兰贵族共和国的贵族成员长期分歧严重，无法将等级身份的一致转化为政治共识或经济合作，致使自己的国家在这个时代的末尾从地图上消失了。

当下文提及政治意义上的“法国”、“英国”或者“俄国”的时候，它们具体指的是哪些人？我们不应该只想到君主或者
政府首脑以及他们的手下，不应该只想到他们或者其他重要家 28
族的成员以及行政系统、司法系统、军队或（各）教会的成员。我们同时还要想到各种新旧“联盟、共同体、协会以及同

业集体，（……）兄弟会和共同体”之间的较量，[18] 这是让·博丹早在 1576 年就描述过的国家：它是时而竞争、时而携手的政治集团或财团以及各具权力和特权的富有影响力的大小群体之间的合作或对抗，这些群体，例如中层官僚、法学家、企业家、大型贸易公司的股东、金融家、包税人、投机商、发家致富并有可能得到贵族头衔的第三等级成员，还有学者、知识分子、记者和廷臣，经常是统治者刚刚凭空创造出来的。

时人通过利益、追求和战略而认识欧洲各国，这些利益、追求和战略的肇始者和参与者、推动者和践行者正是上述群体的成员。他们为各自的国家效力并希望从中获利，也能格外清楚地看到国家的弱点。他们知道国家面对即将到来的竞争还有哪些准备不足之处，并敦促国家为了胜过同样在进步的邻国而马上改进。他们——比如 1660 年的丹麦等级会议和 1789 年的瑞典等级会议——有时会大力支持专制主义，因为他们觉得只有一位手握全权的国家管理者能带领国家摆脱积弊。

## 5 教会与信仰

最后，第三支力量——教会——也在早期现代国家里扮演重要角色。因为启蒙的世纪也是虔诚的时代。在欧洲“世界”
29 大战频发并深受战祸影响的时代里，人们还能如何呢？数十万人的死亡怎能不让人迫切地寻求安慰与意义？

我们不要忘记死亡还以其他方式对当时的人步步紧逼。1750 年以前，鼠疫、天花以及其他流行病不仅一直在地中海以南地区和欠发达的东欧肆虐，甚至也能在西欧的大都市里造成数千人死亡，1665 年的伦敦就是如此。医术对这些灾难没什么办法，因为医术还很落后——尽管当时也有突破性的医学进步（如 1667 年的第一次输血）。主要问题是，当时的人不懂现代诊疗手段、消毒和麻醉，放血一直被当成万能疗法，免疫接种在政府的强制推行下才得以缓慢实现。所以，流感就足以致死；人们只能忍受龋齿或者糖尿病，觉得这是生来倒霉；产褥热和对现代人来说微不足道的儿童疾病夺走了无数生命。就算没有死于这些疾病，大部分人也躲不过疼痛和慢性不适。人们从二十五六岁就开始衰老，年过半百就算高龄老人了。

面对这一现实，就连现实主义者也会觉得人们更应该顺从上帝莫测的意志，而不是听信几个知识分子吵吵闹闹的怀疑论。大部分人需要能消除忧惧、抚慰战争创伤的东西，如安定人心的语句、图画与榜样，这些都是教会给他们的。教会为大家的生活提供了支柱和方向，教历的循环给生活带来了固定节奏。教会向信徒承诺会陪伴他们走完从洗礼到临终涂油的一生，也做到了这点。

能提供基础教育、职业教育或者学术教育的几乎只有各教派的教会。在新教一方，提供教育的是许多由各地统治者兴办的知名中小学和大学，例如“虔诚的”恩斯特（Ernst der 30
Fromme）公爵统治时期的萨克森－哥达（Sachsen-Gotha）兴办的路德宗小学、市立学校和国立学校（1642 年），哈勒（Halle）大学（1694 年），以及遍布欧洲的加尔文宗学校网；还有虔敬主义者建立的基金会，比如奥古斯特·赫尔曼·弗兰克（August Hermann Francke）在哈勒建立的慈善机构，它们的示范工场也为少女、穷人和残疾人提供职业培训。在天主教一方，发挥作用的仍是经验丰富、适时完成了改革的教育修会，尤其是耶稣会。16 世纪末以后，耶稣会已经接管了大部分天主教国家（包括它们的海外殖民地）的中小学和大学的组织工作。世界各地的教育修会都沿用统一的教学内容，既重视现代的自然科学，也重视博雅学科。尽管批评家抨击修士已经失去了先驱特征，修士高超的智力还是能吸引最有雄心的青年才俊。反宗教改革运动的艺术和戏剧激发了这批青年的想象。不论信仰哪个教派，几乎所有在“长 18 世纪”里成为杰出的教师或者作家、音乐家或者艺术家的欧洲人的主要教育经历都是在教会框架内完成的。

当时许多人的职业道路也至少略受教会影响。教堂和修道院不仅是放贷机构、租地给佃农的地主，也雇用了建筑师、各类工匠以及画家、音乐家。教会的庞大人脉网可以用于介绍工作，向别人推荐抹灰工或管风琴师等专业人才。

对于广大百姓来说，教会的慈善作用是最为重要的。在信仰天主教的地区，教会包揽了我们今天所说的社会福利工作；在新教地区，教会则负责其中的一部分。直到 18 世纪下半叶，教会还管理、运营着医院、济贫院、济贫工场和孤儿院，威尼
31 斯的慈济医院（Ospedale della Pietà）就是一例，维瓦尔第曾为那里的女学生创作协奏曲。教会照顾老人、病人和乞丐；教会想让犯过罪的人重新融入社会，还会陪伴死刑犯度过人生的最后几个小时；教会帮助信徒明智地面对死亡，天主教会还努力通过一系列的祈祷拯救逝者的灵魂，使其脱离炼狱。

上述行为让教会得到了世人的高度认可和广泛支持。信徒的捐赠和基金会的建立证明了这点。所以 18 世纪的（天主教）教堂和修道院不仅掌握大量资本，而且拥有不动产，在欧洲个别地区，多达四成的土地都属于教堂和修道院。举例而言，神职人员只占西班牙人口的 2%，却掌握着全国 33% 的财富。1750 年前后，欧洲各处都是修道院：男修道院多达 1.5 万座，女修道院有 1 万座，修士修女共计约 35 万名。很多修道院都是 1648 年以后新建的。

“长 18 世纪”是大肆修建教堂的世纪。三十年战争之后，耶稣会仅在布拉格一地就修建了三座大教堂。不论是西里西亚的和平教堂、伦敦的圣保罗大教堂、巴黎的荣军院教堂，还是

慕尼黑的铁阿提纳教堂（Theatinerkirche）——人们新生的虔诚之心在各地都转化成了宏伟的建筑。

这些都说明当时的绝大部分人不认为 18 世纪的教会是落后腐朽的。更确切地说，天主教和新教的教会都是现代的、高度专业化的、受人尊敬的机构。启蒙主义者将教会视为迷人的对手恰恰是因为教会有活力，而不是因为它有所谓的缺点。

在信奉天主教的国家（也就是欧洲的大部分地区），神职人员一如既往地构成第一等级，即最高等级，也是唯一不由出身决定，可以增补成员的等级。晋升司铎标志着提升等级，能 32
使相关人员——即使他出身寒微——享有近似于贵族的特权，还经常可以让他（或者她）得到与之匹配的生活方式。在神圣罗马帝国，教堂和修道院还有一种用处：让贵族家庭里排行靠后的子女担任修道院长，保证他们的生活与等级相符。只有在神圣罗马帝国之内才存在所谓的教会领地：它们是天主教贵族共和国，（并不总是出身于贵族家庭的）修士会成员从自己的队伍里选出修道院长、主教或总主教，其他的宗教和世俗权力在教会领地也是统一的。（通常出身于低级贵族家庭的）美因茨总主教是神圣罗马帝国首相，皇帝之下的第二人。不过，就连选举产生的奎德林堡（Quedlinburg）女修道院长可能也会觉得自己同帝国里的大部分世俗诸侯平起平坐。天主教会以十分具体的方式提高了神职人员的地位。任何世俗机构都无法提供这种青云直上的机遇。

帝国里的神职人员获得这些好处的代价是越发受到教宗掣肘。相反，在欧洲的其他天主教地区，很多统治者成功地——有些统治者在 1500 年以前就做到了——从罗马教廷那里争取到了自行任命高级神职人员的权力。统治者自然会将神职指派或者赏赐给支持自己的人，这样一来，国家教会就成了统治者的信仰堡垒，也越发紧密地融入了统治者的世俗政策。

在新教国家——比如英国、尼德兰、斯堪的纳维亚半岛以及神圣罗马帝国的部分地区和瑞士的部分地区——宗教改革清除了神职人员，使教会完全听命于统治者。但是很多地方都形成了类似神职人员的影响很大、职权广泛的专家群体。他们是根基深厚、几代人都担任要职的神学家家族及牧师家族，然而他们没有自己的财产及任命权。

33 所有大教派的教会一直与政府、精英和当权者过从甚密。它们的合作在那个信仰时代的战争里达到高峰。天主教和新教的教会帮助世俗当局对付国内外的信仰敌人。除此之外，由于教会具备关于现代组织和内部领导的专业知识，它们还经常提供具体的顾问服务。换言之，现代的教派在很大程度上参与了现代国家政权的构建，这种合作卓有成效，所以双方在 1648 年以后仍然愿意继续合作。

实际上，随着国家权力开始巩固，教会才得以真正在生活上影响、陪伴和引导很多地区的教徒。神职人员此时越来越多地行使“国家的”职权：他们进行出生、婚姻、税务和死亡登记，开办学校，承担上文提到的所有其他社会福利及慈善工作，还要在布道台上传达政府公告和各种消息。教会通过表演《赞美颂》（*Te Deum*）祝贺君主的庆典及胜利。在利奥波德一世统治下的奥地利，许多群体都竭力把传统的对圣母和圣徒的热烈崇拜打造成一个由富于象征意义的记忆之场组成的极具艺术性的体系，神职人员在这一过程中发挥了组织及协调作用。这一得名为“奥地利的虔诚”（Pietas Austriaca）的体系将象征及颂扬皇帝的政策。后来，神职人员在奥地利和其他信仰天主教的地区（比如 1731~1732 年在萨尔茨堡总主教区以及 1744 年起在波希米亚和摩拉维亚）发动了针对不奉国教的新教徒和犹太教徒的驱逐活动。在信仰新教的英国，神职人员坚持要求对天主教徒不断颁布恶法。与此同时，耶稣会士、托钵修会和清教徒在海外殖民地相互竞争，都想让原住民皈依本派信仰。信仰原则此时似乎才开始产生广泛影响，信仰时代的宣传此时似乎才真正取得了成果。

不过17世纪中期以后国家和教会的合作同它们先前的合 34
作有一处显著差别。过去大家很难分清这两股势力中谁是推动者、主导者，此时扮演这个角色的显然是国家。国家为国家教会——不论是盎格鲁式的，还是高卢式的，抑或某一伊比利亚式的或者巴伐利亚式的——制定规则、安排任务，要求国家教会维护新建立的秩序，以宗教形式表述政治价值体系并将其传达给信徒。国家公务员检验上述任务的成效。作为报答，国家向教会提供机会，使它的教义成为主流教义。

各国教会从中得到了很多好处。国家权力帮助教会对付各种异见者，同时至少能防止罗马干涉它们。因此，在17世纪的几场大危机之后，各国教会起初都经历了快速发展。教会喜欢刻板、权威的正统信仰，却又为了尽可能多地吸纳怀疑者而在许多地方保持教义的模糊性——起初没人介意这种做法。更重要的是，教会要非常强大，强大到足以终止宗教异见者以及虔诚的极端派之间旷日持久的鏖战。这两个群体在此前的战争时代争斗不休，让当时的大部分人心有余悸、深感厌恶。然而，一旦局势稍定，新的宗教叛逆分子、教派、信仰复兴运动（Erweckungsbewegungen）就又冒出来了。神圣罗马帝国的虔敬派、法国的詹森派或者英国的循道宗信徒（Methodisten）反对在他们看来过度讲求形式的神学，他们提出了自己的理念：个人可以自由地寻觅上帝，获得深刻的宗教体验。这无疑是宗教异见。由于教会与国家关系紧密，宗教异见者几乎必然会被视为政治反对派。那个时代里最著名的几场笔仗——从布莱士·帕斯卡尔（Blaise Pascal）同耶稣会士的论战，到克里斯蒂安·沃尔夫（Christian Wolff）与哈勒的正统信仰的矛

盾[①]，再到戈特霍尔德·埃夫莱姆·莱辛（Gotthold Ephraim
35 Lessing）和汉堡主教格策（Goeze）的争论——恰恰体现了针对正统信仰的斗争为何会演变成针对有权有势的正统信仰捍卫者手中权力的代理人战争（Stellvertrerkrieg）。

在18世纪，此类教会及信仰矛盾全部发生在相关国家内部。但在国际政坛上，自从信奉天主教的法国在1659年联合信仰新教之敌，将同样信奉天主教的西班牙与哈布斯堡家族姻亲同盟击败，信仰纽带就不那么重要了。此时就连天主教国家的政府也会屡屡无视教宗的指示（比如教宗对1648年和约条款的抗议），宗教也不再是欧洲战争的起因了。所以我们有时候会认为宗教自此不再是欧洲政坛上的标准了。举例而言，有人觉得弗里德里希大王等统治者只是为了宣传才会把七年战争说成是新教和天主教之间的斗争，南欧和东欧国家把它们同奥斯曼帝国之间的边境和贸易冲突说成是宗教战争也是找借口。[19]

这种看法或许过于现代了。宗教可以被用于宣传的事实恰恰表明宗教在外交关系中一直能发挥作用：信仰差异可以在18世纪20年代阻碍路易十五世和乔治一世的女儿的婚事，尽管英法两国当时关系不错；1775年，信仰差异又破坏了葡萄牙及萨伏依王室和英国王室的联姻，尽管人们在政治角度希望促成这些婚事。1688年，英国国王詹姆斯二世因为改信天主教而失去了国家和王位。萨克森选帝侯奥古斯特二世曾是神圣罗马帝国里新教同盟（Corpus Evangelicorum）的领袖，1697年，他为了当波兰国王而改信天主教，于是不得不面对与原有
36 领地的等级会议的激烈冲突。幸运的是，他同坚持信仰新教的

① 德国学者克里斯蒂安·沃尔夫（1679~1754）原本是哈勒大学的数学及哲学教授，因为宗教观不同于虔敬派而被指控为无神论者，被迫离职并离开哈勒。

民众的矛盾没有升级成革命，而是演变成了建筑领域内的竞争。德累斯顿的王室宫廷教堂和城市圣母教堂争奇斗艳，使该市易北河畔的风光至今都十分迷人（或者说不久前再度变得迷人）。[①]一代人之后，尽管缺乏合法性，成长于路德宗环境的安哈尔特－采尔布斯特（Anhalt-Zerbst）的苏菲仍能加冕为沙皇叶卡捷琳娜二世，因为她此前及时改信东正教，赢得了俄罗斯贵族和民众的好感。

## 6　构建国家

当时并非所有人都觉得国家与教会的联盟是神圣的。更确切地说，有些人出于等级和职业需要而出入各种各样的信仰圈子，他们一开始就不喜欢给政治话语套上信仰外壳，也不喜欢把信仰变成政治。所以外交官、法学家、顾问和其他地位较高的实用主义者试图尽量避开钦定信仰的约束，绝不掺和教义争论。他们受到榜样塔西佗和塞涅卡的启发——当时的典范则是尤斯图斯·利普修斯（Justus Lipsius）[②]——在日常的宫廷和外交活动中习惯说话时意在言外而不是开门见山，采取制造假象（simulatio）、遮遮掩掩（dissimulatio）的策略。上述做法使人们表现的态度是平静超然，而不是狂热执着。拉罗什富科（La Rochefoucauld）公爵等投石党人和罗彻斯特（Rochester）勋爵等放荡主义者（Libertin）把这种态度升级为对怀疑、打破幻象和冷峻的心理学审视的热爱。我们将在后文看到，这种潜在的无神论态度——批评王室的贵族觉得它是

① 德累斯顿的宫廷教堂为王室修建的天主教教堂，圣母教堂为市民修建的新教教堂。两座教堂都在二战期间严重受损，现已重建。

② 尤斯图斯·利普修斯（1547~1606）：南尼德兰哲学家、语文学家、军事家。

自己的特质——会成为启蒙主义者的典型姿态之一。

37 欧洲各地的知识分子还试图系统地建立一个脱离信仰教条和其他教条的等级。当时有所发展的科学方法为他们提供了帮助，例如经验主义的自然观察试验法，当中有些是荷兰的大学［包括克里斯蒂安·惠更斯（Christian Huygens）等物理学家］开发的，有些是 1660 年成立于伦敦的皇家学会及相关人员［比如罗伯特·波义耳（Robert Boyle）］开发的；或者几何学和数学的公理－演绎法。法国军官勒内·笛卡尔（René Descartes）依靠这些途径在 1637 年——伽利略的《对话》（*Discorsi*）出版前一年——发展出了探索真理的通用方法［《谈谈正确运用自己的理性在各门学问里寻求真理的方法》（*Le Discours de la méthode pour bien conduire sa raison et chercher la vérité dans les sciences*）］。笛卡尔的方法源于彻底的怀疑。他试图按照几何学方法（more geometrico）从唯一一条原则，即纯粹理性的原则出发推演出世界。笛卡尔将世界拆解到最小的可测量单位，宣称世界是按照机械法则运行的机器，世间万物都有明确的位置。笛卡尔的运算触及了无法测量的对象本身，他认为精神与物质严格对立，这种对立使两个领域保持分离。笛卡尔的体系概括了启示的形式结构，因此具有革命性。

一代人之后，尼德兰犹太人巴鲁赫·德·斯宾诺莎（Baruch de Spinoza）也按照几何学方法设计出了一套国家理论［《神学政治论》（*Tractatus theologico-politicus*），遗作，[1]1670 年］，这套理论用单子论体系替代笛卡尔的二元论。该书宣称上帝是实体，民主制是最佳国家形式，所以基督徒和犹太教徒都谴责斯宾诺莎是无神论者，他起初也严格限制自己

① 此处疑为作者笔误。斯宾诺莎去世于 1677 年，《神学政治论》匿名出版于 1670 年，并非遗作。

（很快被查禁的）著作的传播。截至18世纪末，只有一些激进的哲学家读过斯宾诺莎的作品，他们身处欧洲各地，悄悄地通信。

但是笛卡尔和斯宾诺莎的模型已然难以匹配英国的政治与社会现实。英国人寻找着一种秩序原则，其中的各种要素 38
可以更加自由地共处，其中的各种二元性可以通过和谐、自然的方式达成平衡——这象征着支撑英国社会的实用主义折中之道；在这一点上，英国社会是不同于法国社会的。在英国，人们也得消除“宗教”这一范畴的政治影响，因为宗教在1688年以前引发过大量国内冲突。内战期间，克伦威尔的军队一般以暴力手段打压宗教势力，直截了当地驱逐宗教观点过激的下议院议员群体。与此同时，后来被称为自然神论（Deismus）的宗教观的支持者，例如彻尔布里的赫尔伯特（Herbert von Cherbury）[①]［著有《论异教徒的宗教以及他们犯错的原因》（*De religione gentilium errorumque apud eos causis*，1645/1663年）］以及稍晚一点出现的约翰·托兰德（John Toland）[②]［著有《基督教并不神秘》（*Christianity not mysterious*，1696年）］，试图强调《圣经》的历史背景，解释其中阴暗的、有争议的内容；他们也试图证明《圣经》整体上是普适的伦理体系。

英国内战最重要的理论成果始终是托马斯·霍布斯的国家学说［《论公民》（*De cive*），1642年;《利维坦》，1651年］。作为“17世纪的马基雅维利”，霍布斯用坚定不移的契约理论取代从宗教角度解释合法性的旧观念，将国家理解为纯粹的权力机器。为了维护和平及国内外安定，政府应当无视传统与道德，尽量高效地利用这台机器。正是这种强硬的坚定态度使霍

① 此处指第一代彻尔布里的赫尔伯特男爵爱德华·赫尔伯特（Edward Herbert，1583~1648），英国军官、外交官、历史学家、宗教哲学家。

② 约翰·托兰德（1670~1722）：爱尔兰哲学家、自由思想家。

布斯的作品触怒了同时代的人，也让它们成了符合（可以用经验确定的）人类本质的政治理论的典范。

对霍布斯和 17 世纪的许多其他国家研究者来说，政治理论的核心是“自然法”的观念，也就是相信普适的、主宰自然的准政治理性的存在（仍是受了利普修斯的新斯多葛主义的启发）。他们认为，一旦发现了这种准政治理性的原则（比如在观察远古民族时发现），大家甚至能以它们为基础牢固地建立现代国家。设想按照（尚待发现的）“自然法”规则治理国家是这一时期政治学讨论及学术课程的主流，尽管学者对
39 这类设想的成功前景始终抱有不同看法（众所周知，霍布斯饱受争议的观点之一是将“自然状态”等同于一切人反对一切人的战争）。萨穆埃尔·普芬多夫（Samuel Pufendorf）[①]的《论自然法和万民法八书》（*De jure naturae et gentium libri octo*，1672 年）和其门生克里斯蒂安·沃尔夫的《以科学方法探讨自然法》（*Jus naturae methodo scientifica petrachtatum*，八卷本，1740~1748 年）在欧洲各地都是权威教材，它们将亚里士多德式经验主义的程序和公理式程序结合在一起，目的是将国家建成一种符合“自然”理性的世俗化制度，其中包含各种能保障安宁和睦、无拘无束的共同生活的客观规则。普芬多夫区分了社会契约和统治契约。前者为国家奠定基础；后者调节政府实践的技术细节，保护国家成员免受压迫与独裁。不过他此时尚未提出人权主张。尽管如此，“自然法”这一范畴有助于主张一种超越信仰的、客观的、对所有国家成员都有约束力的法律秩序，大家可以依靠这种秩序同权欲熏心的君主和咄咄逼人的等级会议平起平坐地讲理。不过关于自然法也能平息国际争端的想法暂时仍只是虔诚的愿望。

---

① 萨穆埃尔·普芬多夫（1632~1694）：德国法学家、历史学家。

因此，早在1700年前后，国家的主流形象便不再是上帝赐给某个血统纯洁的王朝的财产，而是一种世俗的、凌驾于一切个人因素之上的事物，它根据自身特有的、逻辑可证的、通过经验检验的规则运行，这些规则涉及公共福祉、安全、和平和自由。

想要成功地管理国家集体，你就必须认识这些规则——时人称之为“国家理性”（Staatsräson）——以及有待借助这些规则实现的国家集体的需求和利益，你还得在使用规则时摒弃私欲。1679年，路易十四世宣称：“国家利益必须高于一切。”[20]君主专制的坚定代表恰恰不再自视为统治者，而是自视为国家利益的客观实现者，用弗里德里希二世的名言来说就是国家的 40
第一公仆。国家越是井井有条，君主就越是无足轻重。弗里德里希觉得普鲁士已经做到了这点。“万一我被杀了，”他在七年战争之初下令，“一切都得按部就班，不做一丁点儿改变，让人意识不到权力更迭。”[21]

将国家视为一台自动机器的理念深深吸引着18世纪的人：“其中的所有齿轮和驱动装置都天衣无缝地相互匹配；而统治者（……）就是工匠师傅，是（……）推动一切的第一根发条。”[22]这种理念本质上是保守的，它符合官僚群体追求可行性的思想观念。这个官僚群体在本书研究的时代不断扩大及发展其权限和手段，以便更全面地了解各类资源，更好地把控国家大局。相关学科在德语区被称为官房学（Kameralismus），它是大学里的授课内容，所以造就了一批又一批的代表人物，政府兴致勃勃地任用他们。我们可以看到对国家财政的必要巩固和（重新）安排如何催生了改革的意识形态；我们可以看到大量的政府公告如何倾泻到百姓头上——这些“警察法规”（Policeyordnungen）试图巨细无遗地处理各种可能情况；我们可以看到不断优化的理念如何演变成特定等级对于扩大政府的痴迷。主动追求进步者幻想自己无所不能。巴洛克时代的国家公仆觉得自己是万灵丹。维也纳的明星经济学家约翰·约阿希姆·贝歇尔（Johann Joachim Becher）的代表作——《城市、邦国及共和国兴衰的根本原因，尤其是如何使国家人丁兴旺、经济繁荣并成为真正的公民社会》（*von den eigentlichen Ursachen dess Auff- und Abnehmens der Städt, Länder, und Republicken, in specie, wie ein Land folckreich und nahrhafft zu machen und in eine rechte Societatem civilem zu bringen*，1668 年）——聚焦于重大问题。作为奥地利的丝绸及棉纺织业之父，贝歇尔认为实现上述目标的最佳途径就是
41 使所有国家—社会领域都能系统、持续地相互影响。贝歇尔是后世所说的重商主义的创立者之一。重商主义是一套精心打造的贸易循环，也是一种将国家改造成大型市场机制的尝试。

当代研究者对此有不同看法，因为信奉专制主义的官僚根本无意“让国家为人服务”。研究者认为这些官僚更希望“使人的才干和力量对国家有用，也就是让个人为国家服务，这样国家就能变得富庶、强大以及受人尊敬”。[23] 研究者的看法可能太现代了。各国政府的承诺——通过秩序保障其公民的“幸福”——肯定是诚心诚意的。普鲁士的弗里德里希·威廉一世（1713~1740 年在位）是激进改革派国王，他以完美军营的标准管理国家，却从不发动战争。他觉得建立上述秩序是上帝的旨意。关于推行这种制度会导致公民无法走向成熟的批评意见，直到 1800 年前后才出现。

## 7 正在变化的国家

“长 18 世纪”里的国家在理论及实践层面都显得比先前的国家更稳固、更专业、更具行动力。它似乎更世俗化、更有条

理、“更理性”。在现代观察者看来，18 世纪的国家仍在“有进步”和“待改进”之间摇摆，让人生气。18 世纪的国家在某些方面显得非常先进，却又在其他方面缺少现代西方政权的根本要素：公民在法律面前平等，领土完整、边境固定，拥有国民和明确的国家目标，拥有政党，以现代式的坚决态度实现了集中制的行政管理。正是这种吊诡的共存现象让莱因哈特·科泽勒克（Reinhart Koselleck）[①] 觉得 1750~1850 年是一个古怪却或许正因如此而令人印象深刻的时代。这个时代被他称为“马鞍时代”[24]：它是前现代和现代之间的过渡与连接，正如马 42
鞍是马的肩胛和后腿之间的过渡与连接。

1648 年以后的国家乍一看是静止的，事实却绝非如此。原因之一在于它是划时代的新经验的产物，即此前被认为不可动摇的信仰原则在内战灾难中陷入严重危机的产物。就此而言，战后的国家是一种全新的事物——尽管其人员通常没有变化，许多政府还竭尽所能地重新鼓吹过去的状态与上下级关系。时人的命运和经验使各种新格局和力量产生，它们松动、革新、改变着看似僵化的制度。

上一个时代的战争在很多地方迫使大批欧洲人迁居他处。有整片地区的居民都因为战争或宗教迫害而逃亡，他们逃进城市，在那里定居或者移居国外——去往巴尔干半岛、俄国或者欧洲之外。农家子弟或穷困市民变成雇佣兵，辗转半个欧洲，或者当上水手航行七海。商人不得不开辟新的市场，有时在很远的地方重新创业，跟当地宫廷的掌权人物或者有特权的贸易公司搭上关系。也许他们的儿子能更上一层楼。也许下一代人上了大学，甚至拿到了文凭，能够以家庭教师的身份陪伴贵族壮游（Grand Tour），遍历欧洲大都市，依靠由此获得的

① 莱因哈特·科泽勒克（1923~2006）：德国历史学家。

人脉到某地的法院或者城市机关任职。在家排行靠后的贵族子弟——虽然比爷爷辈更好学——有望在遥远的国度，如巴尔干半岛、印度或者俄国当上军官；或者变成专业赌徒，混迹于欧
43 洲各地的宫廷。人们当然也会继续出于传统原因而迁居。对于女性来说，远嫁是主要迁居原因，朝圣也一直是主要原因；但是女性也会因为从事季节性短工或者经家人介绍去外地的贵族或者资产阶级家庭打工而搬迁。

上述地位提升法之中的许多模式久已有之。然而，在新的环境下，越来越多的人得以从中受益。这些模式的性质发生了变化，从特例变成了常态。它们带来的活力本身就可以松动等级秩序。等级秩序当然还在，但它不再神圣。因此，恰恰是在那些“最封建”的欧洲国家——法国和英国——越来越多的富裕资产阶级抓紧机会花钱购买贵族身份。他们不怎么看重面子本身，高价购买从男爵（Baronet）头衔、议会席位或者高等法院职位主要是为了享受随之而来的税务特权。换言之，上帝安排的社会秩序变成了富裕资产者的投资对象以及王室的收入来源，手握特权的国家保护者集体变成了投资者的共同体。

18 世纪新式国家的标志并不总是这般不起眼。除了上文描述的国家管理的职业化以及下文将谈及的欧洲全球经济的发展，还有一种普遍存在的倾向值得一提：各国政府努力给国内的等级会议和臣民灌输一种新的政治归属感，它也包含“国家”与“王朝”，情感凝聚力却大于“国家”与“王朝”。所以很多地方的政府——仍然经常依靠当地教会的帮助——建立起对“祖国”以及“民族”的崇拜。这样一来，王室就把贵族的自我认识的核心特征——自命为特殊的出身共同体（natio）[①]——吸纳并融入了君主制的国家理念，所以即将

① 拉丁文 natio 一词原意为“出生”，后引申为“群体”“部落”等。——编者注

引发竞争的恰恰是这一范畴。政府公告、议会讲话、脍炙人口的戏剧以及音乐作品［比如1740年谱写的《统治吧，不列颠 44
尼亚》(*Rule, Britannia*)］都在呼唤爱国主义民族感情。发挥类似作用的还有保护各地民族语言的机构（比如成立于1635年的法兰西学会或者1600年以后德意志诸侯建立的“语言学会”）和民族史研究机构（比如托斯卡纳贵族建立的伊特鲁里亚博物馆）。人们也开始进行考古挖掘或者对其提供资助（1748年，庞贝）。戈特弗里德·威廉·莱布尼茨（Gottfried Wilhelm Leibniz）在《劝告德意志人更好地锻炼自己的理智和语言》(*Ermahnung an die Teutschen, ihren Verstand und Sprache besser zu üben*, 1697年）中赞美了“德国”（Teutschland）：它气候及位置优越，坐拥各类资源，基础设施充足，在哈布斯堡家族的统治下享有高度的政治自由。莱布尼茨对人们普遍忽视德语非常不满，因为这导致了很多其他问题，他建议让一个“有德意志精神的学会”负责在全国各地保护德语，学会成员不仅要包括学者以及“宫廷成员和见多识广的人”，甚至“也要包括妇女”。[25]

最迟从1700年开始，新型的、跨越等级界限的信息公开形式也出现了，使越来越多的人——不论男女——可以积极参与政治讨论以及社会、文化、经济和技术的发展。这种变化的基本前提是大城市的快速崛起。在本书涉及的时代，大城市一直在不间断地扩张。1750年前后，伦敦有60万~70万名居民，巴黎约有50万名，阿姆斯特丹有40万名，那不勒斯有30.5万名，罗马有15.3万名，维也纳有16.9万~17.5万名，马德里有15万名，汉堡有12万名，柏林有11.3万名；而在短短30年后，英国首都的居民就增加到了85万名，巴黎有65万名，维也纳有20万名。不过它们肯定是偏离常规的惊人特例，因为大部分欧洲城市的居民数都远低于1万，况且其中的绝大

部分都毫无政治影响力。威尼斯是一个自豪的城市共和国，一
45 直同土耳其人作战，但它此时的名声也主要来自赌场、交际花、画家和音乐家，欧洲各地的贵族旅行者都是为此而来的。人们总能在这儿遇上大人物，所以威尼斯——同许多尼德兰城市和瑞士城市一样——也成了领年金的富人青睐的养老之地。

对于当时的人来说，大都市的文化与舒适、风姿与多彩似乎具有令人难以抵挡的魅力。新理念、新时尚、新产品在这里最先出现、最有吸引力。古怪夸张的事物、对品位和享受的迷恋在这里大行其道。海外输入的奢侈品（巧克力、咖啡和烟草）之类推动着一种新的、热爱俗世的消费观。1775年，来自小城哥廷根的格奥尔格·克里斯托夫·利希滕贝格（Georg Christoph Lichtenberg）兴致勃勃地在伦敦的商业街上游逛："街道两边的房屋都有玻璃橱窗。底层是小店，到处都是玻璃。在那里，几千盏灯照耀着不计其数的银器店、铜版画店、书店、钟表、玻璃、锡器、油画、服装、黄金、宝石、钢制品、咖啡馆和彩票商店。"[26] 见识过大都市之后，人们就会希望自己交好运，过上更好、更美的生活。大部分人以往只能想象的财富与精致在大都市里似乎触手可及。于是大都市成了新的生活感受的实验室，为文化和品位树立了权威标准。要见世面就得去大都市。

## 8 国际竞争

伴随着前现代国家的内部竞争出现的还有国家之间的外交争锋。国内及国际冲突相互影响、彼此放大，两者共同构成
46 了18世纪以来被称为"欧洲国家体系"的东西：主权国家或争取主权的国家构成等级分明的集体，"其余国家都直接或间接地跟随或依附"[27] 居于领导地位的强国。国家越能高效地凝

聚内部力量，它就越能大力向外发展。国家的对外表现越是出色，其政府在国内的行动自由度就越大。一个领域内的失败或者疏忽会反过来影响另一个领域。这类行动的目标通常是争取权力以及声望、领土或者势力范围，几个大国的目标则是争夺霸权，尽量扩大本国影响力。人们想要得到尊贵的地位，举例而言，在神圣罗马帝国之内，大家想要“选帝侯”、“国王”和“皇帝”等头衔，希望在选举统治者或者安排继位者的时候有发言权，有时候则只想建立军功——路易十四世自称打仗是为了军功本身。

欧洲较大强国的行动空间在1600年以后显著扩大，于是它们的雄心壮志显得越发有望实现。发现新大陆之后，西班牙将中南美洲作为活动范围，葡萄牙则将巴西和远东作为活动范围。此时，随着欧洲战事告一段落，来自英格兰、尼德兰、法国和其他欧洲国家的特权贸易公司涌入加勒比海、北美洲东部以及印度的沿海地区。于是各国政府必须扩大行动半径，为过去没听说过的地区分配特权和垄断权，这样才能在必要的时候庇护本国臣民。结果是国际冲突数量激增、耗资增加，因为互相敌对的国家需要的船只越来越多、装备越来越精良。国家必须——以外交或军事手段——保卫航路，因为瑞典或俄国的运输船要通过这些航路运送木材、铁、锡等原材料。为了保护据点、建立护航队，国家必须拥有成规模的舰队。国家必须有能 47
力在欧洲以及海外贸易区保卫要塞、边境关卡或者军港等战略要地，监控重要的军用道路和航路，还得有能力取得政治优势。此外，围绕收益丰厚的关税征收站（比如波罗的海海峡通道旁的关税征收站）、海外的贸易场所或生产地（比如加勒比海产糖岛）或者国际垄断权（比如远东的香料贸易权、孟加拉地区的棉花贸易权或者西非的奴隶贸易权）的激烈冲突也在升级，总而言之，大家都在争夺经济势力范围和市场份额。因而以下说法并不仅仅适用于大不列颠：“贸易是（……）18 世纪一切（……）外交的‘主线’和根本出发点。”[28]

18 世纪也有其传统的一面：尽管海外活动升级，欧洲政坛直到该时代末期仍然几乎只关注欧洲本身。那时围绕战争与和平的考虑都是以欧洲为中心的；血战到底以及达成和解等情形一般出现在神圣罗马帝国的西部、尼德兰的南北两部分以及巴尔干地区，也就是在边境地区。长久以来，东部边境地区尤其缺乏明确划定的界线。那里更像是广阔的过渡地区，连接而又阻隔着相邻国家。举例而言，哈布斯堡－匈牙利“和土耳其相邻的边界”就是过渡地区，1683 年奥斯曼帝国战败之后边界便大幅向东移动；乌克兰也是过渡地区，波兰、俄国、奥斯曼帝国的边境在此重叠，没人知道此地的居民哥萨克人究竟归哪个统治者管。中央政府或许会因此生气，然而这种状况此前一直有利于和平，因为它能使邻国保持距离。但是 18 世纪的争霸战争动用了远多于以往的兵力，于是这些准中立边境地区日渐缩小。它们越小，敌对国家之间的冲突就越激烈。

48 本书描述的时代始于欧洲国家竞争框架内的一次重大权力变化。1648 年和 1659 年的和约标志着西班牙哈布斯堡王朝失去西欧霸主的地位，确立法国为新的领导势力。自此之后，通过内部改革而变得强大的法国控制了欧洲大陆的一大部分，还大力提升自己的海外影响。于是法国便开始与英国竞争，这种竞争一开始是遮遮掩掩的，1688/1689 年以后则公开化了。但是，直到一代人之后，等到西班牙王位继承战争（1702~1713/1714 年）结束，法国才震慑住了自己在欧洲大陆上的敌人，在各大洋上扩大自己的领先优势，几乎不再受尼德兰联省共和国等其他竞争对手的干扰。法国想要改变欧洲格局，起初它仍是暗中活动，1740 年前夕进行公开的斗争，又于 1756 年加入了所谓的七年战争并以战败收场。除了少数例外，法国不得不把自己的海外领地全部交给竞争对手不列颠。法国后来联手北美殖民者战胜了后者的母邦英国，然而这无法改变法国先前争霸失败的事实；直到大革命时期，法国才能暂时恢复霸权。与此同时，类似的竞争也在波罗的海沿岸地区上演。到了1721年，尽管瑞典雄心勃勃，俄国却成了该地区的主宰，此后俄国保住了优势地位并不断攻击奥斯曼帝国。

这些变化使当时的人们越来越担心。人们从17世纪中期开始制订很多计划，企图长期保障欧洲和平。早在1638年，曾在亨利四世治下出任大臣的叙利（Sully）公爵的"宏愿"（Grand Dessein）就勾勒了一个不含俄国和奥斯曼帝国的欧洲国家联盟，其目的在于阻止一个强国（指西班牙哈布斯堡王朝）掌握霸权。在结束西班牙王位继承战争的和谈启动之前，圣皮埃尔修道院的卡斯特尔（Castel de Saint-Pierre） 49
神父从1712年开始鼓吹类似的在欧洲实现永久和平的项目（Projet pour rendre la paix perpétuelle en Europe）。由所有信仰基督教的18个欧洲国家（起初也包括奥斯曼帝国）组成的联盟［欧洲联合会（société européenne）］应当大显身手，即既要保障各成员国的安全和主权，又要对它们行使最高司法权。这个联盟是精心设计的产物，灵感来自德意志民族神圣罗马帝国，但是几乎不考虑神圣罗马帝国的边界、传统和现实，它要求根据纯粹的几何原理，遵循笛卡尔主义（Cartesianismus）的精神重新建设欧洲。上述设计针对的是哈布斯堡家族，G.W. 莱布尼茨在《永久的和平项目》（*projet de paix perpétuelle*, 1715年）里对此做出了忠于皇帝、顾及帝国传统与制度的回应。

支撑这些欧洲计划与项目的理念是所谓的均势理念。它的目标是大致平衡各方利益，如此这般地安排各方的权利和未来，使任何一方都无法对其余国家行使霸权。要实现这一点，人们就必须深入且专业地了解传统和现状、各国的潜力和利益。于是对和平与秩序的追求便催生了一门新的公法学科：“欧洲公法”（Ius publicum Europaeum）。从 1700 年前后开始，以国际法为主题的出版物数量激增：“1686 年，《历史政治信使：欧洲现状》（*Mercure Historique Et Politique Contenant l'État Présent de l'Europe*）在‘欧洲舆论的中心及中转站’海牙出版，这本杂志出版了 200 卷，为几乎整整一个世纪的历史提供了一手记录；1697 年，克里斯蒂安·莱昂哈特·洛伊希特（Christian Leonhard Leucht）[①]开始出版《欧洲国家办公厅》（*Europäische Staats-Cantzley*），这是一个大项目，累计出版了 115 卷，直到 1760 年才停刊；1702 年起，《欧洲流言》（*Die Europäische Fama*）在莱比锡问世，它在市场上显然颇受欢迎，截至 1735 年一共出版了 360 期。”[29]

同自然法相似，“均势”学说试图使所有欧洲国家服从于
50 一种看似客观的数学原则。在政治实践中，这种鲜明的理性主义却是自带立场的，它是英国的意识形态武器，把法国的成功扩张斥为不合法。所以这种所谓的保守原则根本无法发挥稳定现状的作用。相反，它很容易引发剧烈动荡。举例而言，时人不安地发现，《乌得勒支（Utrecht）和约》（1713 年）以平衡为由拆解了西班牙的世界帝国，夺走了西班牙的一大部分贸易，险些战败的法国却能保留大部分从哈布斯堡家族手里抢来的土地。1721 年，曾经是强国的瑞典也有类似经历；就连强大的英国也无法阻止自己殖民帝国的一半在 1783 年落入美国人之手。这让人浮想联翩。因此，从 18 世纪 30 年代起，欧洲各国的内阁都在盘算如何瓜分看似即将绝嗣的哈布斯堡君主国。1740 年，弗里德里希二世出兵西里西亚，其他国家则随

① 克里斯蒂安·莱昂哈特·洛伊希特（1645~1716）：德国法学家、政论家。

之计划分割勃兰登堡-普鲁士。解散教会领地、消灭波兰—立陶宛王国、使奥斯曼帝国崩溃则是很多国家期盼更久的美事。

均势模式会引发动荡主要是因为以下规则：每个国家扩张领土的时候都必须补偿其他所有国家。所以任何变化都可能出人意料地引发许多其他变化，任何事件都会突然波及均势体系中的全部国家。各国都得提高警惕，采取预防措施，免得沦为补偿品被分化瓦解。举例而言，18世纪下半叶，神圣罗马帝国的等级会议强化了联盟政策。与此同时，它命人从历史批判的角度研究帝国法的形成，目的是在发生纠纷的时候为自己的存在和财产提供合法依据。“永久帝国议会”（Immerwährender Reichstag）从1663年开始长期召开，还任命专业法学家担任 51
代办；它和两大帝国法院都在国际上享有盛誉。

相反，中等规模国家不得不争取扩大，以便加入游戏：“要想不掉队，就得争取当上国王：普鲁士的公爵、萨克森的选帝侯、萨伏依家族、巴伐利亚的维特尔斯巴赫家族都想当国王。”[30]有了国王头衔的助力，他们在尝试整合领土和迁移人口，也就是“合并土地”和“安置居民”的时候，就更有可能成功。举例而言，维特尔斯巴赫家族想用自己在巴伐利亚的世袭领地换取奥属尼德兰，然后把换来的地区和自己在莱茵河下游的领地合并为一个王国，这样一来，他们有朝一日或许就能像奥兰治亲王威廉三世在1688/1689年那样青云直上。1778/1779年，上述野心勃勃的计划因为普鲁士等国的反对而流产，理由是它将破坏均势；这反过来也说明大家认为它一旦实现就会对维特尔斯巴赫家族非常有利。1735年，法国的类似计策却成功了：法国把洛林公爵弄去托斯卡纳，把洛林交给波兰的流亡国王，然后在此人死后接管了洛林，于是法国就在维持均势的表象之下得到了东部边境上的关键拼图，也就是战略价值远远高于托斯卡纳的洛林。

这个例子说明，一些安稳了几个世纪的国家从1713/1714年起突然变得任人摆布，成了明显越下越快的棋局上的棋子。涉事各方都知道这些棋局可以带来哪些好处和损失，这也就解释了1715~1739年的漫长和平期内为何弥漫着猜忌、焦躁不安和不断加重的紧张情绪。试图将欧洲大国之间的和平建立在精密计算之上的做法恰恰引发了越来越多的动荡。1713年以
52 后，均势概念确实发挥过作用，因为各国确实实力相近。到了1763年，国家之间的差距太大了，所以体系的固有问题此时突然爆发：各方对何谓均势都有自己的理解。总有国家签完协议觉得自己吃亏了，想要修改协议，毕竟各国领土确实大相径庭，不可能出现公平的均势。

最迟从七年战争末期起，占据领导地位的欧洲大国便相继没落。所以1763年以后的和平期不同于西班牙王位继承战争之后的那几年，1763年以后不是安稳的休养生息期，而是战争间歇期——“更像1919~1939年，而不是1815~1848年”。[31]

# 第二章
# 两幅全景

## 1　1648年：大危机

1643年1月，西班牙的费利佩四世解除了奥利瓦雷斯 53
（Olivares）公爵的职务。这位大臣此前顶着巨大的反对压力试图将所有的政治手段和资源集中到王室手里。公爵辞别国王的时候说：过不了几年欧洲很可能就再也没有国王了。[1]就1650年前后的局势来看，他的预言有可能成真。君主势力处处遭人反对，走下坡路，受到打击甚至被消灭。到处都是革命迹象。

西班牙王国和法兰西王国的情况正是如此。这两大强国的争霸奠定了时代的主基调。虽然它们差别很大——一个是跨越几大洋、由若干王权组成的多文化巨型帝国，另一个是某种早期民族国家——但是这两个君主国似乎都陷入了严重的危机。

### 西班牙

一方面，西班牙的优势建立在疆域的基础上。自从西班牙诸王国的继承人卡洛斯一世在1519年兼任哈布斯堡家族的领袖并成为神圣罗马帝国皇帝查理五世，西班牙的疆域就囊括了几乎整个伊比利亚半岛、大部分意大利诸侯国（比如那不勒
斯等意大利南部地区和诸多大岛）、尼德兰南部、北非及西非 54
沿海地区的据点以及加勒比地区的一大部分和中南美洲的一大

部分。在卡洛斯一世之子费利佩二世统治时期，西班牙又在1564 年得到了菲律宾，从 1580 年起（到 1640 年为止）得到了葡萄牙及其巨型殖民帝国。王室从这些地区得到了无尽的财富，这样它才能充当西欧的政治领袖以及天主教会的保护者。另一方面，这些地区迫使王室建立一个真正意义上的覆盖世界各地的行政管理体系，建设并供养欧洲最庞大的海军和最强大的陆军，为的是随时警告其他国家不要嫉妒、贪心而四处屯兵。西班牙十分脆弱，正是因为它要在世界各地活动。恰恰是西班牙的富庶搞得它的财政越发捉襟见肘。

尽管财富惊人、成就斐然、文化繁荣，西班牙还是在1650 年前后变成了一个因为管理不善而衰败疲敝的国家。贫困人口比例太大，王室太不重视改善位于伊比利亚的原有领地的基础设施。王室相信需要任何东西都可以从外面买来，所以忽视本土的经济和农业；犹太中产者和穆斯林中产者被视为异教徒，遭到迫害和驱逐；中小农户沦为高级贵族出身的大地主的特权的牺牲品。结果是数量过少的纳税人不得不承担过于沉重的赋税。

西班牙为维护自身优势地位而参加的战争越多，它的军事力量就透支得越厉害。王室不得不将飙升的军费摊派到各省头上，这惹来了反对，很快就激起了各省精英的公开暴动。从 17 世纪 40 年代起，奥利瓦雷斯政府试图将所有的力量和资源集中到卡斯蒂利亚的中央政府手里，于是帝国若干最重要的地区开始暴动。

55 在经济繁荣的加泰罗尼亚，最早起来反抗中央政府的恰恰是中层贵族和上层资产阶级，随后才是小农和农业劳动者。1640 年夏季，暴动者宣布加泰罗尼亚成为自由共和国。中央政府马上把所有不在其他地区执行任务的部队调往加泰罗尼亚，于是葡萄牙趁机摆脱了西班牙王室的控制。在里斯本，西班牙驻葡萄牙的总督被推翻，当地布拉干萨（Braganza）家族的一名成员宣布成为国王。1641 年，马德里政府在最后关头成功镇压了安达卢西亚的几场类似的解放运动。到了 1647 年，意大利南部又燃起了叛乱的烽火。那不勒斯是西方世界最大、最重要的港口城市之一，那里的乡贤名流和下层民众在一位富有魅力的保民官（Volkstribun）的鼓动下一同揭竿而起。青年渔民马萨尼埃洛（Masaniello）率众冲入总督府，对几名高官动用私刑，破坏了他们的办公地点和档案资料。11 月，那不勒斯宣布独立，一位出身于吉斯（Guise）家族的法国贵族①成为新的统治者。西班牙军队直到 1648 年春季才控制住局面。但是费利佩四世不得不任由尼德兰的北方诸省在那一年彻底脱离西班牙——它们早在 1581 年就宣布独立，并且在一场旷日持久、战场遍布世界的战争中捍卫了自由。

于是奥利瓦雷斯那个过于大胆的计划彻底失败了——他原本想把西班牙的各个王国有序地统合起来。本应促成西班牙各省军法一统（Unión de Armas）的行动使各方对王室群起而攻之。自上而下强行统一的尝试导致帝国分崩离析。1643 年初，等级会议和宫廷贵族迫使国王解除了奥利瓦雷斯的职务，王权彻底败给了地方分治主义势力。

## 法　国 56

1650 年前后，君主制在法国遇到的危机与此不同，但是严重程度不相上下。作为西班牙最大的对手，法国的力量并非来自殖民地——除了加拿大和加勒比地区的几个地方，法国还没有海外据点——而是来自对本土优势的高效利用。拥有 2000 万~2200 万居民的法兰西王国在欧洲人口最多，国内

① 指第五代吉斯公爵亨利二世・德・洛林（Henry II de Lorraine，1614~1664）。

资源丰富、本土生产量大、基础设施优良使它成了欧洲最富庶的地区之一，更胜一筹的最多只有意大利北部的城市地区和尼德兰。法国自给自足，西班牙则在世界各地活动，就像安逸的地主和好动的长途贸易商。但是不需要管理、统合以及保卫殖民帝国肯定给法国带来了好处。自从亨利四世以无所顾忌的实用主义将国家带出了为期 30 年的宗教内战，新世纪里的历任法国国王便专注于更好地管理各省，震慑反对派贵族，培养一群新的、忠诚的、资产阶级或低级贵族出身的官僚精英，使王权得到声望、力量和贷款。法国王室很幸运，因为一些重臣——从叙利公爵到枢机主教黎塞留再到其继任者马萨林——不仅大幅推进了国家的内部建设，也在很大程度上巩固了君主国的外部安全。

法国政界的噩梦是其一直被西班牙哈布斯堡王朝的势力环绕、包夹、压制。这种危险是实实在在的，因为西班牙过去多次在意大利取胜（1494~1559 年），也插手过法国的宗教战争（1562~1598 年）。西班牙军队在宗教战争末期占据巴黎四年之久，差点让反对王室的极端天主教徒取得胜利。在德国的
57 三十年战争（1618~1648 年）当中，哈布斯堡的连胜势头也是在最后关头才因为瑞典的介入（1631 年）而终止的。

法国建立了一个反哈布斯堡家族的欧洲联盟体系，它先暗中同西班牙作对，到了 1635 年则升级为公开交战，证明了自己的力量。这个体系遵循两个原则：尽可能使哈布斯堡家族的所有敌人成为法国的盟友，刻意无视支配哈布斯堡家族政策的信仰原则。所以信奉天主教的法国不仅定期补贴信奉新教的德意志帝国诸侯，还资助自由的尼德兰、英国、瑞典、波兰和匈牙利的实力派。那些年里，几乎所有反西班牙的活动都少不了法国的外交手腕与金钱。法国甚至与奥斯曼帝国默契十足，因为奥斯曼帝国可以从巴尔干地区或者北非出发威胁哈布斯堡的

边境安全。

然而就连在实行集中制的法国，由于王室为了继续打仗而不得不加重赋税，王权显然也会被等级会议里的反对派质疑。专制君主制的建筑师黎塞留和国王路易十三世分别于 1642 年和 1643 年去世之后，替继位的小国王执政的是他出身于哈布斯堡家族的母亲和来自意大利的枢机主教马萨林。马萨林缺乏有权威的君主的支持，为了筹措军费，他不得不接连选择更危险的途径。他的举动先是在 1648 年引发了一场武装罢工，罢工者是为王室服务的公务员以及巴黎的城市管理者群体。双方僵持了几个月，越来越多的人开始呼吁召开三级会议，呼吁全国各地的等级会议接管权力。1649 年 1 月初，为了回避上述要求，小国王和他的母亲不得不借着夜色和雾气离开巴黎，躲避所谓的投石党运动。王室刚花重金安抚好了高等法院里的反对派，许多贵族又开始闹事。小国王暂时被自己的高级贵族亲 58
戚扣住，马萨林则不得不在 1651 年流亡国外。马萨林住在莱茵地区的布吕尔（Brühl），只能依靠私人贷款组织一支（西班牙资助的）保王军来同投石党人的军队打几仗。

因此，欧洲两大强国在 1650 年前后的状况堪称吊诡：它们的王室政府为了争夺大陆上的霸权而进行惨烈的决战，它们的内部势力却似乎因为国内精英的反对而瓦解。

## 英格兰

英国的王权危机更具戏剧性。出身于斯图亚特家族的查理一世一直被怀疑偷偷信仰天主教。他赞赏法国的君主制，但不同于法国的君主，查理一世缺少推动君主制中央集权的制度和手段。稳定的收入、常备军、专业化的行政体系、忠于国王的官员阶层，这些他都没有。伊丽莎白一世过于轻率的赏赐和支出政策耗尽了王室过去的财富。查理的自救之法是征收新税

（但是宣布它们久已有之）、卖官鬻爵，大方地照顾奋发努力的企业家群体——这些企业家觉得下议院里铁板一块的既得利益者群体使自己得不到大量收益。国王取得了惊人的成就：他使国家收入增加了一半以上。所以他从 1629 年起连续 11 年都不用再召开议会。他最能干的顾问斯特拉福德（Strafford）伯爵征服并治理着英国北部和爱尔兰，与此同时，查理让坎特伯雷总主教——此人是资产阶级出身的新贵，姓劳德（Laud）——革新并统一英格兰圣公会的仪式，使它可以容纳所有教派，甚
59 至可能包括人数显然不少的地下天主教徒。坚定的加尔文宗信徒早就怀疑国王想把整个英格兰变成天主教国家，想摧毁议会的自由，还想通过亲近他们讨厌的西班牙而祸害不列颠的长途贸易商。国王的举动坐实了上述怀疑。坚定的加尔文宗信徒惊慌地发现，尽管伊丽莎白迫害过天主教徒，英国却还远不是纯粹的新教国家。

查理的政策——处理国内事务先下手为强，不给议会反对或插手的机会——取得成功的前提是外部环境平稳。但是苏格兰人在 1637 年猝不及防地暴动，三年后国王不得不为了筹措军费而召开议会。议会一成立就极其严厉地批判国王。查理向议会让步是一个错误；但另一个错误比它严重多了：他为了安抚反对派而牺牲了自己最亲密的两个顾问。斯特拉福德伯爵和劳德总主教都被处决了。查理最后想以暴力手段对付下议院的代言人，导致形势变得更糟。1642 年，国王逃出伦敦并呼吁自己的支持者同好战的议会少数派进行武装对抗。

忠于国王的人起初明显数量占优。但是以长远的眼光来看，反对派在将自己包装成民族利益和新教自由的捍卫者方面做得更好。他们的军队战斗力也更强。风度翩翩的王家骑兵在战场上各自为战，他们的对手议会铁骑军（Ironsides）却排成整齐的阵型向前冲锋。铁骑军怀有坚定的清教信仰，还受过瑞

典式训练，因而在乡绅奥利弗·克伦威尔的指挥下战无不胜。斗争越是复杂，政治和宗教方面的派系分裂越是混乱，议会军就越能左右局势、凝聚人心。

军队还把流亡在外的国王抓了回来并在1648年底送 60
上法庭。大肆清除温和成员的剩余议会或曰“残缺议会”（Rumpfparlament）控告国王叛国且暴虐并判他有罪。1649年1月30日，查理不得不走上断头台。斯图亚特家族想要建立英国式专制的尝试以惨败告终。

君主制被推翻。但是革命的势头没有减弱，获胜的议会显然开始自食其果。因为此后形成的并非等级会议的专制，而是议会军的独裁，其领袖是魅力十足而又朴实的奥利弗·克伦威尔。后来他一再自作主张地调换议会成员，确保他们都忠于自己。其结果是，过去总唱反调的议会此时接受了克伦威尔打着共和国（Commonwealth）的幌子照搬查理的计划和手段。军功卓著的克伦威尔比过去的查理更无所顾忌，所以他可以高效地实现国王的理想：镇压爱尔兰人和苏格兰人，推行财政主义（Fiskalismus）——同它相比，被处决的国王的征税要求都算是温和的。

## 尼德兰

此时自由的尼德兰共和国展示了一个井井有条的等级共同体可以怎样低调地消除君主制要素。这个英勇的七省联盟在1591年宣布脱离西班牙，顽强捍卫自由达80年之久。依靠着专业性不逊于法国的外交手段，这个信奉加尔文宗的企业家天堂成功地尽量远离三十年战争，变成了所有想安全地进行资本投资、琢磨新点子的人的避风港。趁着其他国家在打仗，尼德兰还建立了一个了不起的贸易帝国（尤其是在远 61
东）。自从脱离西班牙，尼德兰就没有国王了。不过各省的权力以及它们共同的议会——“国会”——的权力由文官政府和军方共享。文官政府的领袖是一位由选举产生的主席［“议长”（Pensionär）］，军事执行权则掌握在“执政”（Statthalter）手中，他同时监督司法，因此地位等同于国王。1618 年，在尼德兰即将重新同西班牙交战之际，执政[①]——奥兰治亲王“自由英雄威廉”的继承人——成功地发动政变，推翻了大议长。他的继任者奥兰治亲王弗雷德里克·亨德里克（Friedrich Heinrich von Oranien，1625~1647 年在位）实行军事独裁，在海牙像国王一样上朝。弗雷德里克·亨德里克的儿子[②]（1647~1650 年在位）想将军事独裁变成常态，于是再次针对共和国的文官委员会发动政变，不过没成功。此后不久，这位发动政变的统治者出人意料地死了，联省共和国的一次“大会”（Große Versammlung）1651 年在海牙决定让他未成年的儿子在荷兰等级会议的监督下接受教育，暂时不再让人出任执政——这种状况延续到 1672 年。大议长约翰·德·维特（Jan de Witt）主政的时期是充满自信、注重实际且行事灵活的城市新贵统治下的一段时期。尽管与英国的海战形势多变，后人还是将那段日子视为尼德兰的“黄金时代”。

## 斯堪的纳维亚

1650 年前后，波罗的海沿岸地区三大强国的王权终于也暴露了明显的缺点。三国之一是同挪威和冰岛合并的丹麦，它靠易北河和波罗的海的通行税致富，然而丹麦想以政治和军事手段获利的大部分尝试都以失败告终，因为它的行动总是选不

---

① 指尼德兰执政拿骚的毛里茨（Maurits van Oranje，1567~1625），尼德兰联省共和国首任执政威廉一世（即后文提到的争取国家独立的“自由英雄威廉”）之子，继任者为其弟弗雷德里克·亨德里克。

② 指奥兰治亲王威廉二世（1626~1650）。

对时机。同芬兰合并的瑞典从17世纪20年代起在各个方面都更为成功，它是欧洲最重要的铜铁出口国，成功地向着波罗的海霸主地位迈进。三个国家中疆域最大的却是波兰—立陶宛， 62
这个巨大的多民族国家从波罗的海沿岸一直延伸至黑海，以国王爱摆排场而闻名。在西欧发生宗教战争的时候，这里成了宽容、和平以及文化的避风港。

这三个国家都是选举君主制国家，尽管它们的国王通常出自同一些家族，比如瑞典和波兰—立陶宛的国王出自瓦萨（Vasa）家族的不同支系。这三个国家似乎是各具特点的贵族共和国，不过丹麦和瑞典除高级贵族组成的参政会（Reichsrat）外，各自都还有等级会议，（路德宗）教会的代表、城市代表甚至自由农民的代表都可以在等级会议上参与决策。然而等级会议的影响力在1650年前后下降了，而贵族善于在这些国家间频繁的战争中展现自己不可或缺的作用，于是贵族势力不断增长。这体现在贵族随心所欲地侵占国王和农民的土地，1650年前后，瑞典六成以上的土地都归贵族。贵族势力的增长还体现在他们刁难所有被提名的国王人选，强迫对方发誓，比如丹麦的弗雷德里克三世不得不在1648年正式同意高级贵族组成的参政会以国家的真正主人自居。

这些贵族不仅要参与执政，还要进行与自身等级相配的活动，以及获得战士的美誉和许多战利品，所以瑞典的古斯塔夫二世·阿道夫这类聪明的君主就会刻意率领这些爱折腾的精英不断打仗。结果波罗的海沿岸诸国总是冲突不休。1631年，它们的矛盾发展到全新的高度：信奉天主教的法国成功花费巨资收买了信奉路德宗的波罗的海强国瑞典出兵对付哈布斯堡——枢机主教黎塞留的这个外交高招使欧洲政坛后来的主轴之一初见端倪。不久后瑞典国王在1632年去世，但是法国和瑞典的合作却顺利地延续了下去，因为老练的首相阿克塞尔· 63

乌克森谢纳（Axel Oxenstierna）领导的二十五人贵族参议会马上继续与法国合作。由此可见，瑞典的政策以前就深受贵族的影响，高度符合贵族的利益。

波兰—立陶宛的贵族显得比丹麦和瑞典的贵族还要自信。波兰—立陶宛贵族当中地位最高的是高级贵族，他们占有大片土地，统治土地上的农民，指挥地位较低的农村贵族“施拉赤塔”（szlachta）。在波兰—立陶宛，贵族也会让通常来自外国的国王人选宣誓服从，于是国王饱受掣肘。瓦迪斯瓦夫四世（Wladislaw IV，1633~1648 年在位）对此肯定深有体会，他一再呼吁军队在国王的率领下与土耳其人大战，国会却断然拒绝。哥萨克人的反对尤其激烈。这些地方上的精英是过去的国王为了保护国家的南部边境地区而扶植起来的。他们在等级会议上反对国王的计划，还向贵族会议提要求，争取更多特权。高级贵族表示拒绝，还对哥萨克人施压，这些举动在 1648 年引发了一场暴动，它很快变成了政治和社会层面的燎原之火。哥萨克人在酋长（Hetman）鲍格丹·赫梅利尼茨基（Bogdan Chmelnyćkyj）的领导下反抗波兰的统治，还偏偏和克里米亚鞑靼人结盟——以前国王优待哥萨克人就是为了抵御克里米亚鞑靼人。当地在波兰贵族军数度失败之后落入了暴动者之手，于是暴动者得以占领基辅并与奥斯曼结盟。王室的让步来得太迟了，1654 年，哥萨克人最终投靠了身在莫斯科的沙皇。两年前，正在局势最混乱的时候，低级贵族趁着王室和高级贵族正焦头烂额，强迫国会颁布了一条将贵族自治原则推向诡异极端的规定：将来某项决议生效的条件是所有人一致同意。后来这种所谓的自由否决权（Liberum Veto）使任何由多数人做
64 出的决定都可以被否定，最终导致任何有计划的政策都无法推行。于是贵族自由的表面胜利就使那个应当在政治层面捍卫贵族自由的机关陷入了瘫痪。

## 德 国

1650年前后，欧洲君主制的终极危机和国家法危机出现在了欧洲最大的贵族共和国——德意志民族神圣罗马帝国，时人平日里叫它“德国”（Teutschland）。它在各方面都很怪，当时的国家理论家根本无法定义这个政治架构，因为任何古代模板，不论是君主制、贵族制、民主制还是它们的亚里士多德式变体似乎都不符合德国的情况。德国——正如萨穆埃尔·普芬多夫1667年的评价——是一个“怪物”，似乎把以上所有制度的特点集于一身。[2]这说明，尽管神圣罗马帝国的历史可以追溯到查理大帝，但它是非常现代化的事物。

德国由大量邦国组成，从波罗的海延伸到意大利北部，从勃艮第延伸到摩拉维亚。邦国之间鲜有共同点，但都以独立为荣，都需要稳定和安全。加入了帝国，这两点就有了保障。帝国成员既有巴伐利亚、萨克森或者勃兰登堡等大型诸侯国，也有小型的迷你政权、自由市或者教会领地——在欧洲，教会领地只存在于神圣罗马帝国之内。而教会领地又是贵族的联盟，选举产生的首脑同时也担任（总）主教、修道院长或女修道院长等教会要职。就强权政治而言，帝国各成员之间差异极大，但这个法律共同体的魅力几乎并未因此而减弱。它的运转其实也相当高效，前提是选举产生的帝国首脑——皇帝——能扮演不偏不倚的法官，帝国的职能部门能大致发挥作用。最重要的帝国职能部门是帝国议会和两大帝国法院，即亲等级会议的帝国枢密法院和亲皇帝的帝国宫廷法院。

直到1600年前后，帝国的状态一直不错。因为皇帝们 65
（从1438年起都出自哈布斯堡家族，从1556年起只出自该家族居住在维也纳的大公一支）的实力足以维持秩序，却又不足以在政治上我行我素。奥地利的哈布斯堡家族十分强大，因为他们和西班牙的哈布斯堡家族一样手握几个王位。奥地利的哈布斯堡家族统治的共主邦联包括帝国东南和西南的哈布斯堡家族原有领地［含布赖斯高（Breisgau）的部分地区和阿尔萨斯的部分地区］，奥地利的核心地区蒂罗尔、施泰尔马克（Steiermark）、克恩滕（Kärnten）和克雷恩（Krain），“波希米亚王冠领地”，即波希米亚、摩拉维亚、西里西亚和劳西茨（Lausitz），还有匈牙利王国。但是匈牙利王国的大部分地区已经被奥斯曼人占据了一个多世纪（这使匈牙利的等级会议可以对哈布斯堡家族提很多要求）。正如西班牙的哈布斯堡家族必须对抗地中海西部地区伊斯兰势力的进军，地理条件也使奥地利的哈布斯堡家族必须保卫“与土耳其接壤的地区”。不过，奥地利的哈布斯堡家族看上去很弱，令人安心，因为它的领土都位于神圣罗马帝国边缘，几乎无法威胁帝国的大部分成员。因此，由它掌握皇权似乎保障了一种类似于总统制的政体，这种政体可以态度和缓地调解纠纷，也可以本着务实精神达成妥协。

1600年之前，这种平衡（也包括信仰平衡）尚可维持，尽管维也纳和马德里间或会紧密合作。后来平衡被打破有以下原因：帝国成员间的信仰裂痕越来越大，形成了好战的宗教阵营；皇权在斐迪南二世（1619~1636年在位[1]）统治时期开始袒护天主教阵营，态度咄咄逼人。信仰斗争显然阻碍了帝国职能部门的运转，使调解机关陷入瘫痪。结果是1618年波希米亚的一次平平无奇的等级会议矛盾升级为一场席卷欧洲的“世界大战”，使帝国的许多地区沦为战场、饱受蹂躏、人口减少。

66 大军过境、劫掠、破坏以及随之而来的疫病和饥荒对于大小帝国政治体（Reichsstände）而言都是末日般的灾祸，就

① 原书疑有误，似应为1619~1637年在位。——编者注

连偏激的皇帝也没法对暂时取胜感到高兴。1644 年起，法学专家组成的一百多个代表团就在明斯特和奥斯纳布吕克（Osnabrück）商讨和约内容，和约的签署时间是 1648 年，目的是竭力避免日后再度发生这种灾难。维护和平需要一个达成微妙平衡的政治—法律程序体系，它将在第一时间遏制、调解和平息初露端倪的信仰冲突。但是维护和平首先要牺牲皇帝的利益，增强帝国政治体的实力。和约保障它们对自己的领土拥有充分主权，还保障它们拥有自由选择信仰、结成各种同盟的权利，只要这些同盟不反对皇帝及帝国——具体情况五花八门。

这个体系明确反对皇帝争取至高权力，也严禁皇帝同西班牙的哈布斯堡家族结盟。皇帝在执行任何能影响帝国政坛的措施之前都得征得帝国政治体的同意。皇帝颁布法律、缔结协议、以帝国的名义打仗都需要经帝国议会同意。几年之内帝国议会就会忙得不可开交，所以从 1663 年起就以“永久帝国议会”的形式长期召开。1629 年，当华伦斯坦的军队横扫德国，皇帝似乎即将独揽霸权；到了此时，这类念头却彻底成了痴心妄想。

帝国首脑在政治上变得无足轻重还有一个原因：战胜国法 67
国和瑞典不让皇帝监督各方遵守和约，而是干脆亲自监督。作为“补偿”，它们拿走了帝国的土地：法国获得洛林地区的帝国直辖市图勒（Toul）、梅斯（Metz）和凡尔登以及莱茵河上游的一些据点，瑞典得到波罗的海南岸地区以及若干汉萨城市——这确保了瑞典甚至能常驻于帝国的疆域之内。上述例子说明，帝国各成员实力增强导致作为整体的帝国沦为许多势力区的拼盘。1658 年，法国还火上浇油，把自己在莱茵河地区的附庸国组成了所谓的第一次莱茵同盟，它归根结底是一个反对皇帝的同盟。

于是帝国最终定格为一个多中心的、政治上乱七八糟的结构，看上去就像由许多领地拼成的五颜六色的地毯。其中的部分领地——就是大型诸侯领地——完全可以被称为国家。帝国本身却不是国家，因为它没有中央政府，没有有效的行政权——皇帝不得不把“帝国执行令”（Reichsexekution），也就是执行皇帝做出的判决的权力交给各个大型帝国政治体——也不可能推行自己的外交政策。帝国允许其成员活动与发展。有些诸侯娴熟地利用这些机会，比如勃兰登堡的诸侯、维特尔斯巴赫家族、韦廷家族、汉诺威的诸侯。不过，通过种种安排，没人能凭借多数票操控这个帝国，足以影响、动员所有人的力量也无法形成。作为中欧的大型缓冲区，帝国保障了中欧的政治稳定——假如欧洲各国的军队不向此地进军或者在此打仗的话。就此而言，帝国更像是一种结构，而不是一个国家，但这个结构极为稳定，不像其他国体——比如波兰的贵族共和国。

## 俄 国

我们顺便再看看欧洲东部边缘的两个大国。我们在莫斯科和伊斯坦布尔看到的也是君主制原则，其代表在 1650 年前后受到了强有力的反叛者的挑战甚至威胁。

68 莫斯科是 1613 年开始统治国家的罗曼诺夫王朝的中心。自从残暴却又善使权术的沙皇伊凡四世死后，莫斯科几乎一直处于动荡之中。涉事者不仅有旧贵族波雅尔（Bojaren）中的一些氏族，还有想要提升自己地位的非贵族家庭，有时甚至有农民家庭。波兰—立陶宛和瑞典等强大的邻国也会来插上一脚。归根结底，各方都在关注沙皇的宝座，因为它有特殊的宗教意义。自从莫斯科在 1589 年建立独立的牧首区，脱离了君士坦丁堡教会，沙皇也就成了“第三罗马”的保护人。因为俄国没有西方式的等级会议，换言之，不存在凭借成文的旧法而得到共治特权的委员会，所以沙皇的成败主要取决于他在战场上的运气或者手腕：能不能巧妙地挑唆矛盾各方相互斗争，自己坐收渔利。

1648 年 6 月，莫斯科发生暴动，参与者的动机也五花八门、各不相同。市民反对税额大增；一部分贵族反对攻打土耳其人和鞑靼人的计划；军官反对为追捕逃亡农民设期限，还对莫斯科司法系统的弊病不满；士兵反对削减军饷。上述混乱局面引发了越来越多的抗议，使得它们比每隔一段时间就会发生的地方上的农民骚乱更加危险，因为它们的政治色彩更浓。城市下层民众在心怀不满的职官贵族和商人的操控下控制了首都。他们劫掠富人的住宅，冲进克里姆林宫威胁沙皇阿列克谢·米哈伊洛维奇（Aleksej Michajlovič），要求他惩罚顾问，还对一位顾问动用私刑。沙皇的卫队射击军（Strelitzen）也加入了暴动者。若干城区陷入火海。沙皇及其效忠者不得不花费巨款，做出巨大让步才得以脱身。秋末，一次与会者超过 340 人的全国大会将叛乱的成果写进了一本新的法典，即《法典》（Uloženie）。但是 1649~1650 年，城市暴动便卷土重来。

## 奥斯曼帝国 69

同俄国相比，奥斯曼帝国里酝酿的麻烦还要更多。直到 1566 年，也就是苏莱曼大帝去世那年，这个标准的军事独裁国家一直在扩张。它横扫了希腊和巴尔干的大部分地区，征服了整个近东和阿拉伯半岛，直抵波斯边境，占领了黑海沿岸地区和地中海南岸地区。奥斯曼帝国将一个个民族纳入版图，最终形成足有 3000 万居民的多民族国家。这个大国税率适中，以务实的宽容态度对待非穆斯林，因此成了来自欧洲各地的犹太人和受宗教迫害者的避难所。然而此时的它已经几乎耗尽兵力，显然深陷危机，因为苏丹无法继续把占领的土地赏赐给自己的精英部队禁卫军（Janitscharen）。这场危机在 17 世纪初便已十分严峻，所以奥斯曼人无力插手三十年战争，信奉基督教的欧洲由此躲过一劫。此时，也就是在 1650 年前后，奥斯曼帝国和西方之间的差距越拉越大，因为苏丹没能在自己的国家实现与西方相当的现代化。能干的大维齐尔（Großwesire）①试图通过零星的措施——强行卖官、征收新税、操纵货币、严打腐败——为政府开发新的资源，加强各省和中央政府的联系。然而这些尝试受到了两个制度性缺陷的拖累。第一，奥斯曼帝国里既没有享受特权的世袭贵族，也没有等级制度，否则世袭贵族及相应机构可以作为地方上的权威协助政府执行计划。相反，宗教保守派拼命反对内部改革，也就是反对削减现有特权。国内最高宗教权威伊斯兰教长老（Sheikh-ul-Islam）抨击改革，说它们渎神。于是大维齐尔成
70 了高危职业——身处大大小小的政治—宗教群体的无数阴谋和长期纠纷之中，任职者原本就够为难的了。这就是奥斯曼帝国的第二大制度性缺陷。欧洲使节一再惊讶于大维齐尔的更替速度——八年里换了十三个，四年里换了九个，没过几个月就换了好几个——这种速率更像是常态，而不是特例。[3]

奥斯曼陆军和海军的战斗力过去令人生畏，此时却因为上述原因而变弱，尽管它们一如既往地在战场上取胜。它们的指挥官有时是外国将军，比如著名的博内瓦尔（Bonneval）帕夏，此人是欧根亲王的学生及战友，后来改信伊斯兰教。奥斯曼帝国 1711 年尚可迫使沙皇及其军队投降，1739 年夺回了贝尔格莱德，但是当时的观察者相信奥斯曼帝国的军队正在走下

① 维齐尔是伊斯兰国家过去对宫廷大臣或宰相的称谓，又译“维奇尔”“维西尔”等。奥斯曼帝国的大维齐尔大致相当于总理。

坡路，尽管它在16世纪曾经战无不胜。

在这样的背景下，1648年8月，禁卫军和伊斯兰经学家结盟，密谋推翻苏丹易卜拉欣一世（Ibrahim I）。他的宫廷生活奢侈得令人咋舌，犹胜那些肆意妄为的前任苏丹。听说威尼斯人用80艘桨帆船（Galeere）封锁了达达尼尔海峡，还凭借桨帆船的掩护在达尔马提亚占领了越来越多的奥斯曼人据点，伊斯坦布尔的穆夫提（mufti）[①]、其他宗教权威以及禁卫军头目决定先推翻掌权的大维齐尔艾哈迈德（Ahmed）帕夏，再对付苏丹本人。大维齐尔想抢在他们前面采取行动。他计划在一场庆典上逮捕密谋者，但是失败了。苏丹将他交给了他的敌人。艾哈迈德帕夏第二天就被绞死了。不久后易卜拉欣本人也受到指控，过了几天就被处决。叛乱者推举一个七岁的小男孩——穆罕默德四世（Mehmet IV）——继位，掌权的其实是他们自己。此后几年混乱不堪，进一步拉大了奥斯曼帝国和西方之间的差距。“军人和神职人员之间的这种联盟最终将帝国推向毁灭。”[4]总而言之，在欧洲的很多地方，战后时期伊始， 71
反抗和叛乱频发。大部分乱局的出现都有“内政”和“外交”因素。加泰罗尼亚和那不勒斯的暴动以及投石党运动都和西班牙与法国之间的决战有关。英国内战的导火索既包括查理一世的改革——他试图借此为“全球玩家”（Global Player）的活动筹集资金——也包括苏格兰人的入侵。尼德兰联省共和国让自己的执政靠边站，贵族在斯堪的纳维亚以及波兰—立陶宛掌权，神圣罗马帝国的皇帝职权受限，这些都是惨烈的战争的直接结果。莫斯科和伊斯坦布尔发生动乱都是因为战事不利引发众怒。

尽管1648年在明斯特和奥斯纳布吕克签订的和约基本上

---

① 穆夫提：伊斯兰教教职称谓，指教法说明官。

稳定了中欧局势，但是惨烈的斗争仍在进行——不论是在相关国家内部，还是在它们之间。胜利者的位置毫不安稳。正是因为战局仍在变化、战争就要结束、参战者筋疲力尽，各方才会再度拼尽全力，投入剩余的所有财力和人力，争取在和约谈判中掌握最有利的条件。

## 2　1660年：国王归来

一二十年后再来看看这些地方，我们会发现形势发生了惊人的变化：反叛者变成了忠臣，失败者看起来是赢家。君主的权力无处不在，“专制主义”来势汹汹。

最能体现这种变化的是丹麦。它两次被瑞典击败，领导
72 国家的贵族寡头失去了财产和军事声望。于是神职人员和大商人主导的国会趁机发动了一场特殊的政变。1661年国会决定，不仅允许先前一直受高级贵族掣肘的国王得到绝对主权，还要强制规定这点。国王不受任何法律的约束，只有两条例外：他不得交出一丝一毫的权力，也不得背离路德宗的国家教会。作为博丹所说的“丹麦与挪威的专制世袭国王”，他对内对外都拥有完整主权，也领导教会。1665年，这场自上而下的资产阶级革命的成果被编成《王权法》(Lex Regia)，直到1849年，它都是丹麦的体制核心。它消灭了等级国家制度，也能帮助王室扫清这种制度的残余，用新的公职贵族替代世袭贵族。公职贵族由国王指定，能得到丰厚的赏赐。

瑞典扩张政策的另一个受害者也因为饱尝军事孱弱之苦而想实现君主制中央集权。勃兰登堡可能是神圣罗马帝国里受战祸荼毒最深的地区。1653年，选侯国的等级会议允许年轻的选帝侯弗里德里希·威廉建立一支常备军并向他提供经费。这支军队很快就颇具规模，以后还能强制实现君主提出的一切征

税要求。等级会议主动放弃了政治权力，后来被称为大选帝侯的弗里德里希·威廉则为此付出了高昂的代价：他不得不使农民完全听命于贵族。因为贵族地主退出政治领域是有条件的：国家要补偿他们，让他们成为地方上的最高社会权威，得到经济保障。他们现有的职权将逐渐转交给选帝侯指派的专员。只有在最低的层级——“县”，贵族容克还保有一些政治权力。

在瑞典，国王卡尔十世·古斯塔夫试图在国会的支持下拿回被贵族夺取的王室财产，这些尝试在 1660 年随着他的死亡而中止。他的儿子卡尔十一世刚成年（1679 年）就继续行动。 73
1680 年，由农民、资产阶级、低级贵族组成的多数派迫使国会通过了一项正式决议，批准了国王的计划，还规定——战胜国瑞典在这一点上模仿了战败国丹麦——国王以后只依据瑞典法律执政，只需要对上帝负责。1682 年，这群多数派又允许国王建立一支常备军。1693 年，国王如何执政不再受本国法律约束。

我们也可以发现俄国皇室和平民精英之间结成了时而隐蔽时而公开的同盟。1648 年的暴动者要求惩治腐败、改善行政管理及法庭的结构、将教会土地交给公职人员，所以第二年颁布的《法典》非常符合沙皇的利益。这部法典将传统固定成文（这十分符合“revolutio”一词的前现代定义，即“回归”惯例），使传统获得合法性，还能帮助沙皇为皇室争取更多权力，巩固皇室与低级贵族之间的同盟。然而社会氛围依旧充满火药味。1650 年和 1662 年，诺夫哥罗德（Nowgorod）和莫斯科再度发生暴动。而沙皇的中央政府面临的最大挑战是持续了三年的顿河哥萨克人之乱。直到 1671 年，随着其领袖斯登卡·拉辛（Stenka Razin）被处决，这场动乱才平息下去。不过上述叛乱与其说是针对沙皇本人的，还不如说是针对他手下的官员和贵族大地主的，所以它们在一定程度上正合君主的心意。

在伊斯坦布尔，年幼的苏丹身旁仍然风波诡谲。不过 1661 年出任大维齐尔的艾哈迈德·科普鲁律（Ahmed Köprülü）重新汇集起帝国的力量，并将其用于一个重大的政治计划——占领维也纳。

在法国，高官和高级贵族的大叛乱——投石党运动在 1652
74 年就因为缺乏一致的目标而告终。1661 年，在马萨林死后——这位首相在人生的最后几年里几乎大权独揽——政府由年轻的国王路易十四世接管。他的事迹详见后文。路易十四世在执政之初便郑重宣告，从现在起，一切决策都将出自他本人。

由于西班牙的费利佩四世没有孩子，哈布斯堡家族的王权似乎马上就要走到尽头，但是他的继承人奇迹般地在 1661 年降生，出人意料地增加了王室的力量。

君主制原则在英国的回归尤其引人注目。1660 年，王权在英国复辟。一年多以前，铁腕的独裁者护国公奥利弗·克伦威尔安然离世，他的儿子自愿放弃接班，于是 1649 年被处决的查理一世的儿子登上了王位——提出倡议的仍是克伦威尔的军队，而不是议会。人们对国王的权力大加限制，还要求他发下种种誓言，比如忘记过去发生的一切。不过，在接下去的几年里，尽管存在各种制度约束，国王仍能大幅扩充自己的行动力。

国王进入伦敦的时候，街边簇拥的人群都在欢呼。但是内战和流亡的经历把查理二世变成了一个平和的玩世不恭者，所以他根本不能代表那种令人欢欣鼓舞的、罩着传统光环的王权。他登上政治舞台时几乎不像一个备受期待的救星。大家更愿意考虑的问题是：他以后的成就能不能赶上先前的革命政府？哪怕只赶上一部分呢？独裁者克伦威尔虽然不受欢迎，办事却很高效，在他执政期间，英国非但没有衰落，反而在各个方面都取得了长足的进步。作为“收拾乱局的救星”[5]，他擅长

挑唆有竞争关系的宗教和政治团体彼此争斗，消解它们的革命
潜力，一个接一个地将它们击溃。克伦威尔恪守清教思想，但
他对内一直推行符合常识的实用主义，坚决抵制任何受宗教煽 75
动的政策。他采取有力措施，建立了一些机构，它们在他生前确实非常有用。他击败了苏格兰人和爱尔兰人，迫使海上的劲敌——尼德兰联省共和国——在1654年签署了一份对英国有利的贸易协议。一代代不列颠国王追求的目标几乎都被克伦威尔实现了。

查理二世当然不可能也不应当扮演护国公的角色。然而在当时的人看来，作为合法的王位继承人，他最适合去填补那个由革命领袖之死带来的巨大空缺。他最适合充当和解的化身，营造表面上的连贯性，而这种连贯性对平衡国内的各种派系来说必不可少。

上述例子足以说明，如果我们想知道为什么1660年前后的人会重新寄希望于国王，也就是解释君主制的中央权力重新崛起这桩怪事——当时许多欧洲国家的情况都是如此，我们就不能指望简单的答案。斯图亚特家族重登英国王位和路易十四世亲自掌权都是生物学上的巧合造成的，因为两国的前任执政者都去世了。哥本哈根和斯德哥尔摩的国会通过牺牲高级贵族的利益来改革王权是因为欧洲的整体局势，它们的改革能力同样源自欧洲大势。

欧洲局势最重要的特点是此前影响巨大的西欧大战结束了。正如1648年在明斯特和奥斯纳布吕克签订的和约给神圣罗马帝国带来了和平，1659年的《比利牛斯和约》则确保了法国和西班牙停战。这是马萨林的政策的胜利。法国赢得了战争，因为同面积更大的西班牙相比，法国能在这场决战中投入更多资源，也展现了更强的战略连贯性、外交手腕和民族凝聚力。此时法国战略性地兼并了一些周边地区。它

76 把 1640 年开始叛乱的加泰罗尼亚还给西班牙，换来了鲁西永（Roussillon）和塞尔达尼（Cerdagne），将敌人赶到了比利牛斯山另一侧。法国从西属尼德兰那里得到了阿图瓦（Artois）和埃诺（Hennegau）的绝大部分土地，还得到了卢森堡、洛林和意大利北部的关键要塞。这样一来法国就巩固了东部边境，还向外扩出一大块。法国将西班牙赶出于利希（Jülich），开辟了通往自由尼德兰的道路。法国迫使两国争夺的南锡（Nancy）要塞拆除城墙，削弱了洛林的力量。最重要的是，法国通过这套操作最终切断了著名的“西班牙之路”（Spanische Straße），它始于米兰，经瓦尔泰利纳（Veltlin）的阿尔卑斯山隘口沿莱茵河而下，通往布鲁塞尔和安特卫普。西班牙此前可以依靠这条通道在意大利北部和莱茵河下游之间快速调动军队。

西班牙并未因此丢脸，更没有被打垮。西班牙一直到 18 世纪末都是值得尊重的强国，它的海外帝国尤其使它不容小觑。然而它过去掌握的欧洲霸权此时已经转到了法国手里，这也体现在波罗的海沿岸地区的新格局上。瑞典也是依靠盟友法国的大力帮助在 1658~1661 年同波兰及丹麦签订的几份和约中得到了许多土地。丹麦还不得不允许各国船队今后在厄勒海峡自由通行。瑞典在波罗的海沿岸地区的优势地位由此得到承认，这也有力地证明了巴黎—斯德哥尔摩轴心的存在。

然而这些和约不仅改变了欧洲国家的外部权力格局，也改变了它们的内部权力格局。因为很多地方都出现了大家热切期盼的安定局面，大家决定趁此机会开展重建和整顿工作。

建立并保障秩序是各地统治者的职责。统治者在战争时
77 期受影响最小，哪怕是在那些遭受严重破坏的地区，统治者仍然最有可能掌握可供改善局面的权力和财力。因此所有盼望从头再来的人都紧盯着统治者。农村人口就是如此。他们现在像

许多乡村手工业者、仆佣和工人一样离开地主，搬去城里碰运气。所有发过战争财并靠着盈利过上奢侈生活的人也紧盯着统治者，他们想要通过为君主效力来提升社会地位乃至政治地位。资产阶级出身的法学家也紧盯着统治者，他们以可信的语言表达众人对井井有条、富于行动力的政府的憧憬并构想出可行的措施。由低级贵族和富裕的资产阶级组成的混合及中间阶层主要形成于战时的西欧地区，他们希望国家政府以后能奖励自己为其效力，使自己得到职位和声望。

他们的愿望很有可能实现。此前占据这些官职和地位的是更高级的贵族，其中的许多人因为失败或者背信弃义的墙头草行为而失势，经济上捉襟见肘，甚至可能变得声名狼藉。很多人觉得这批贵族就是推动此前的暴动和叛乱、投石党运动和宗教战争的罪魁祸首，他们的等级自豪感带来了无穷无尽的争斗。中间等级的成员再也不想听追求“自由”之类的贵族口号。他们觉得这些口号不是吉兆，而是难以预料的风险。他们迫切需要的不是口号，而是强大的、能够保障局面有序的中央政府。中央政府的机会来了。在此前的战争期间，谁都不该对承担国防的贵族提什么要求（奥利瓦雷斯没能认识到这点，还想在鏖战之际迫使各省贵族接受国王的监督），到了现在，下定决心的政府已有机会至少能对自作主张的贵族稍加约束。

于是君主制原则重获声望。与过去相比，大家对君主有更 78
多的期待和要求，君主承担的责任——经常是形势所逼——比过去更多。有些国家试图限制王室的权力，而这恰恰表明——尽管看似矛盾——人们觉得王室十分强大。相反，在那些仍要刻意扩大王室权力的国家，人们相信王室会遵守法律。信仰争端的时代里有过“反君权主义”（monarchomachisch）的国家学说，到了此时，人们的看法却变了。提到国王统治，人们的第一反应已经不再是担心它可能变成暴政，而是欢迎它，将它视作建立秩序的机遇。哪怕国王“不受法律约束”（legibus solutus），国王统治本身仍与法律绑定，离不开法律赋予的许可。所以当时的很多人更喜欢乏善可陈的国王统治，而不是虽然高效，但以传统原则来看无视法律的独裁。

思想先驱从 17 世纪 50 年代开始构想并助力实现的国王统治是一种崭新且现代的事物。因为这种国王统治创造了自己从未有过的权力：它可以打破旧精英的特殊性，将旧精英的一部分特权转交给新生的群体。杀死国王的人重新扶立国王，所以这种复辟其实是第二场革命、隐蔽的革命。不论专制主义多么喜欢援引古旧的传统，它都是一种新生事物：它预示着人们将被一位强大的统治者团结起来，在他的引领下走向胜利。

总而言之，人们对国王寄予很大的期望。国王必须有所行动，必须证明自己理应重掌权威。他们必须让人忘记体现国王受辱的意象，忘记逃亡或者走上断头台的君主；他们必须创造体现国王风采的新意象（它反映着一个运转完美的现代国家），并令人信服地成为这些意象的化身。从现在起，国王必须以新的形式展示权力，以令人信服的方式重新证明权力的合法性。

所以 1660 年前后对于欧洲的许多政府来说不完全是放松期。关键在于哪国政府能最早恢复元气，哪国政府能最快、最高效地开始重建秩序，哪国政府实现建立现代政权之梦的方式影响最大。

# 第三章
# 路易十四世时代

## 1　现代君主制

1660年前后，一种新的国王统治从欧洲革命、等级冲突 81
和国际战争的混乱中诞生。它最早的例子，也是令时人——以及后世——印象最深的例子是法国的国王统治。因为各种迷人的因素都汇聚于路易十四世统治下的法国：战胜西班牙以及一切国内敌人带来的声望，丰富的资源，堪为典范的成熟行政体系和外交手腕，总想用赢来的财富大手笔投资的愿望，还有国王统治带来的信心。现在，经过18年动荡的摄政统治，一位年轻且精力充沛的国王出面承诺理事，终于再度让人有望看到稳定性和连贯性。

所以23岁的君主敢于把自己开始主政包装成轰动事件。1661年4月10日，马萨林死后的早晨，国王对满怀希望地聚集起来的大臣说自己将不再任命新的首相，以后亲自决定一切。今后以他的名义发布的一切命令、通知和决定都必须经他本人复核。

这个计划雄心勃勃，几乎具有革命性：过去的国王满足于
得到王位，国内的所有较高等级原则上都能分享王权；而路易 82
十四世不仅要象征性地行使最高权力，还要彻底直接掌权。他以非常具体、务实的方式使他个人变成了主权理念的化身。主权指的是最高的、完整的决策权，这是让·博丹在1576年将

它作为衡量真正政府的标准时给出的定义。路易十四世使自己真正处于国家的顶端，使政府的意志具备了巨大的效力。过去你质疑国王决策的时候可以说他被糟糕的顾问误导了，而此时的批评者要承担攻击国王本人的风险。

新的观念改变了国王的日常生活。君主必须连续几小时伏案工作，翻阅卷宗，浏览鉴定报告，了解概貌，要求自己的顾问委员会提出意见并加以验证。君主要变成官僚，既是专家又是通才。路易十四世说到做到：他确实不停地工作，他真的事事关心。

他觉得自己最重要的任务就是去解决那些在他看来破坏了社会秩序的问题。它们是投石党运动的后果。1668年，他在备忘录里表示自己发现弊病无处不在：高等法院仍旧同他作对，官员无视指令，大资产者沉迷于无耻的奢靡生活，很多主教支持异端邪说，贵族压迫民众，不计其数的冒牌贵族享受着免税待遇，法学家更多地考虑金钱而不是正义。简而言之："到处一团糟。"[1]他要让所有个体利益服从国家利益。这只能由国王本人去做，因为只有他为国效力是为了自己的名誉。

他的计划的革命性也体现于以下方面：将前人的惯例视为罪行或错误，予以惩处或修正；作为头戴王冠的社会建筑师，
83 他要达成一种前所未有的和谐。不过路易在消除投石党运动的后果时也满足了投石党提出的若干要求。他剥夺了巨富的权力，借此扳倒了讨人厌的包税人，连那些用私人贷款帮助他的老师马萨林战胜贵族反对派的人也没有放过。他向全国各地派出检查团，以国王的名义撤销那些仓促卖出或贱价卖出的贵族头衔，这样一来，他就迎合了社会上普遍存在的对新贵的怨恨情绪，也认可了通过检查的旧贵族。他对腐败的法官和以权谋私的公务员进行公审和惩处，他声势浩大地追查所有在此前的混乱时期以不透明的方式获得官职、特权或者（其他）经济来

源的人，于是国王便高调地同平民百姓及有进取心的中间等级结成了同盟。

我们可以清楚地看到中间等级把高级贵族挤出了国王的行政体系。国王的全权特使，即所谓“督办官”（Intendant），就是从这批工作投入、训练有素的资产阶级成员里脱颖而出的。政府将他们派到旧贵族出身的各省总督身边，希望他们能严密监视总督，逐渐夺取总督的职权。自行主政的国王在所谓独立决策时离不开专家的团队工作，这些专家也出身于第三等级。他们组成了高效的小型委员会，专门解决各类专业问题——从税务改革到司法改革，从海外贸易到修造运河。此类奋发进取的新型公务员的一位代表也是那个以总管大臣的身份组建和领导所有工作组的人——让-巴蒂斯特·柯尔贝尔（Jean-Baptiste Colbert）。除了军事、外交和警察事务之外，他几乎管理一切，他的影响力其实超过了自己过去的伯乐和靠山马萨林。不过他只能就管理技术而言宣称“我就是国家”——众所周知，路易
十四世和柯尔贝尔都很少说这种话。柯尔贝尔是一个模范官 84
僚，他绝对忠于君主，坚决贯彻君主的意志。

柯尔贝尔推行的改革以统一机构为目的，也就是剥夺自治机关的权力（比如高等法院在1665年降格为按指令行事的委员会），稳定及提升收入，发现及开发国家的经济潜力，使各项措施积极地相互影响。这肯定不是新观念。但是法国在践行这一观念时展现了前所未见的条理性，集中投入了一个富庶大国的各种资源，所以取得了惊人的成就。路易的国家既不独特，也不具备创造性，但它拥有更好的物质基础，在利用物质基础时它也比大部分对手更有恒心。

法国的长处体现在一系列提振经济的措施上：扶植新产业（镜子、挂毯、家具），系统地招募国外专业人员，为穷人提供免费的职业培训，设定质量标准和规格标准，至少在核心经济

区消除关税壁垒，建设新的、舒适的道路，完成工程杰作——比如皮埃尔－保罗·里凯（Pierre-Paul Riquet）修建的“米迪运河”（Canal du Midi），它长达 250 公里，连接图卢兹和塞特（Sète）。法国的长处还体现在我们今天所说的“可持续性”上，比如采取全国性的森林保护措施（1669 年）。法国成了一片大工地。

上述措施改善了外省的基础设施，所以外省精英紧密且愉快地同督办官合作，成了中央政府的坚定盟友。圣马洛（Saint-Malo）、南特（Nantes）、拉罗谢尔（La Rochelle）和波尔多等过去死气沉沉的港口城市因为船厂和相关产业的建立而出人意料地蓬勃发展。柯尔贝尔的巨额投资使国王的贸易船队的规模在 25 年内从 60 艘船扩大到 750 艘船。太阳王依靠
85 这支船队开始进行忙碌的海外活动，还想接替西班牙成为大西洋贸易霸主——这些我们下文再谈。

## 2 路易的宫廷

路易将王权和国家结合在一起的象征和“实验室”是国王的宫廷，它是唯一的决策中心。它由约一万人组成，规模基本是维也纳的皇帝宫廷的十倍。周边工作人员也超过一万名。所以路易的宫廷就像一座中型城市。

所有人都会聚于此：有地位、有名望的大人物，想对国王提出请求的人，想晋升的人，想得到影响力的人，想探听新闻的人，或者就想在这里混混的人。不论这些人有什么目的，路易都要他们亲自去求他，这样他们就得跟宫廷里其他可能得到国王恩宠的人直接竞争。

路易宫廷里的生存原则是竞争，而不是一成不变的上下级关系。路易故意让每个宫廷成员和其他人竞争，给重要官员设

置同级别的对手。就连柯尔贝尔这样的人都能被制衡：对方出自与他针锋相对的官僚家族勒·泰利耶 / 卢福瓦（Le Tellier/Louvois）家族。所有宫廷成员都得博取主人的关注，他们的一举一动毫无秘密可言，因为宫廷里的所有人都在不停地相互观察。

这一切都发生在由一套严格的礼仪构成的框架之内，遵循礼仪规则。礼仪强调细致的差别。因为礼仪的标准不仅包括世袭的、以法律为依据的地位和级别秩序，还包括宫廷社交圈里某成员受国王关注的程度。受君主认可抵得上一个头衔。但是 86
没人能指望国王一直对自己青眼有加，所以得宠者必须赶紧利用自己稍纵即逝的好运。礼仪一方面反映着现有的级别秩序，另一方面也允许人们改变秩序。这就是礼仪的魅力所在。它十分开放，充满弹性，可以给每个人提供机会。它不仅能反映级别，而且能形成级别。假如某个资产阶级成员比莫里哀喜剧里的主角更机灵，他或许真的就能成为贵族。

这样一来，路易一方面重新树立起了此前摇摇欲坠的等级序列，另一方面又有抹平它的趋向。宫廷里的所有人归根结底都遵循同样的规则：每个人都必须展示自己愿意忠实、主动、无私且愉快地为国效力，而国王就是国家的具体化身。就连君主本人也要服从这条原则，他成了王权的首席仆人。因此，国王的全天活动——从起床到上床睡觉——几乎被排得满满当当，已经高度仪式化了，成了持续不断的表演、独一无二的仪式。

宫廷里举办的庆典、舞会、招待会、比赛、戏剧演出、狩猎、划船、溜冰等大场面的热闹活动可以给人提供宝贵的出风头的机会。在战争和投石党运动导致的拮据时期结束后，这些活动肯定显得倍加迷人。宫廷给有意引人注目者提供了华丽的舞台。打扮成太阳神的路易就是表率。在执政的头几年里，他以时髦国王的形象示人。他参加万众瞩目的户外活动时身着诡异炫目的戏服，大肆炫耀富贵奢华。这套做派是不对外开放的包税人俱乐部在几十年前发明的，因为他们想要展示自己发达了，而路易此时正让调查员审查这批暴发户。于是路易巧妙地留下了悬念：他是真的热衷于炫富还是戏仿此举？观众是应该欢呼还是应该自嘲？假定是后一种情况，哪怕国王让观众觉得
87 自己很可笑，他们还是巴不得待在宫廷里。同流传已久的说法相反，路易不强迫精英在宫廷里生活。实际情况是，精英会自愿利用这样的机会，甚至主动争取机会，因为他们想要加入象征意味浓厚的竞争，形成新的政治阶级——宫廷贵族。国王向他们支付年金，这个阶级的成员则形成人力、信息甚至财政储备，随时供政府调用。

宫廷生活的种种创新形成了一种新的格调，它显然赢得了各等级的观察者的欢迎。打扮成阿波罗的青年君主似乎使所有人都喜欢上了他所代表的国家。就此而言，国王搞的闹哄哄的活动和当下大众民主制（Massendemokratie）里的大型体育赛事功能类似：观众向日薪比自己的年收入还高的运动员欢呼。君主非常小心，绝不让这些活动失控。它们从不越界。大家前一晚还在国王面前舞蹈饮宴，第二天上午又得给他谋划提高国家收入的策略。玩乐的时候有多潇洒，工作的时候就得多认真。

当时及后世的人对路易的印象主要来自他执政的头几年。里戈（Rigaud）[①] 为跳舞的国王画过一张政治意味浓厚的肖像，它传递的生活态度也是路易执政初期的产物。年轻的路易十四世似乎想展示当时的现代王权有着何等巨大的力量。他那一半庄严一半挑衅的姿态自成一派。18世纪一再出现这样的君主：他们把自己包装成宝座上的叛逆者、头戴王冠的普通资产阶级的代理人、激进分子、高调的异见者。然而路易此后不久就开

① 亚森特·里戈（1659~1743）：法国著名肖像画家。

始同欧洲邻国打仗，这给他的形象蒙上了阴影，也使他的自我包装变得底气不足。

## 3 文化竞争 88

路易一执政，就把过去的小型猎宫凡尔赛宫扩建为展示宫廷魅力的大舞台。凡尔赛宫的几何中心是国王的床，周围环绕着一座巨大的、仍然以国王为中心的公园，公园里有许多华丽的喷水池。凡尔赛宫既是美轮美奂的实用建筑，也能以建筑形式象征一种崭新的完整性。一个例子足以说明问题：这座建筑完全是由本国工匠用本国产品建造和装潢的，例如，著名的镜厅不再使用产自穆拉诺（Murano）的镜子，而是使用产自法国工场的镜子。

路易对宫殿外观的选择尤其引人注目。当时的内行人都觉得这种规模的标志性建筑其实只能采用充满动感的意大利巴洛克风格，就像洛伦佐·贝尼尼（Lorenzo Bernini）此前以高超的技艺在教宗驻跸的罗马修建的那些建筑。这位当时最著名的建筑师在1665年来到巴黎，想要给卢浮宫设计新的外立面，结果其繁复且象征意味浓厚的设计令国王极为不满。国王打发走了明星建筑师，将这项任务交给一个国内团队，后者的设计更加简洁、严肃、庄重、古典，同时更加雄伟。成果震撼人心，但不是巴洛克风格的。它那简洁有力的风格更容易让人想起西班牙的埃斯科里亚尔（Escorial）——信仰争端时代的宫殿之典范，但它显然又缺乏埃斯科里亚尔的修道院式宗教特征。作为世俗国家政权的建筑典范，凡尔赛宫象征的不是宗教信仰，而是新式王权在人世间的伟大和稳固。尽管工程耗资巨大，凡尔赛宫仍象征着新式王权的节俭。

国王格外关注建筑和其他所有艺术，但这并非出于个人喜 89

好，也不是个人品位问题。路易很想在欧洲公众面前扮演风格以及高雅品位的权威，就其具体意义而言，我们更应当把这理解成他继续推行自己的政策的其中一种手段。

这一政策的核心是国王想通过令人印象深刻的象征物来展示自己对政治霸权的追求。从文艺复兴时期的国王弗朗索瓦一世开始，意大利及阿尔卑斯山以北的人文主义者就在争论模仿古代政治家、作家和艺术家的正确方式是什么，归根结底，他们争论的是，哪个后世民族有资格说自己是雅典和罗马的真正继承人。在那时以及后来的时代，尤其是信仰争端的时代，教宗统治的罗马曾经以宗教及文化领袖自居。不论是作为政治家，还是作为高卢主义教会（Gallikanische Kirche）的首脑，路易都无法接受罗马的要求；文雅的意大利人对法国人越傲慢，路易就越逆反。所以他统治下的法国人并不像其他民族那样崇拜古代。其他国家的人兴高采烈地宣称自己是古代民族的后裔——托斯卡纳人说自己是伊特鲁里亚人的后裔，荷兰人说自己是巴达维人（Bataver）的后裔，瑞典人说自己是哥特人的后裔，波兰人说自己是萨尔马特人（Sarmaten）的后裔，俄国人说自己是斯基泰人的后裔——贵族喜欢用这类谱系来支持自己所谓历史悠久的政治共决权。所以路易就更有理由去否定古代以及与之相关的“意大利”巴洛克风格的权威性了。不论如何，他手下的宣传人员努力使古今之争（Querelle des Anciens et des Modernes）的结论明显有利于今人。“我观察古人，但不会对他们下跪，”1687 年夏尔·佩罗（Charles Perrault）① 在献诗《路易大王时代》（*Le Siècle de Louis le Grand*）中解释说，“他们确实伟大，然而同我们一样是人。”[2]

① 夏尔·佩罗（1628~1703）：法国作家。

换言之，和那些推崇古代并承认其历史局限性的人相反，路易把自己包装成现代的化身。这倒不是说他偏爱的文化摒弃古典的形式——凡尔赛就充斥着古典的形式——但他偏爱的文 90
化敢于以现代的方式升华古典的形式和主题，而且使这类升华本身成为（当时的）经典标准。拉辛的正剧、莫里哀的喜剧以及哈杜安－孟萨尔（Hardouin-Mansart）设计的建筑外立面、宫廷布道师博须埃（Bossuet）的布道词都体现了这种雄心。它们创造了一些典型风格，这些典型风格——站在否定的角度（ex negativo）——甚至是其反对者都绕不过去的。

在音乐领域，路易也让人发明一种特殊的“法国”风格，它应当明显区别于在这一领域同样占主导地位的“意大利”风格。意大利音乐的形式“雄浑壮丽。弦乐是主体，乐器必须一直竭力模仿自己的榜样——意大利式的感性的人声演唱。华丽的装饰音由想象力丰富的阐释者即兴演奏”。被路易树立为其对立面的“法国音乐”指的是“简洁、明晰的形式，凝练的器乐小品、乐句极为简练短小的乐曲以及完全不同于意大利风格的歌剧”。“意大利”音乐是变体和即兴演奏的温床，它的法国竞争对手则遵循“无数细小的、必须精准演奏的装饰音规则，而且装饰音的用法也有严格规定。法国巴洛克音乐的意义和美感来自修饰过度的表象之下的秩序，来自最华丽的乐句也具备绝对明晰的形式”。[3]

国王偏偏委托意大利人让－巴蒂斯特·吕利（Jean-Baptiste Lully）去创造这样一种民族风格，此事再度证明当时的“民族性”还不是19世纪的“民族性”。当人们让那些民族特点浓厚的风格相互较量的时候，他们其实是在比拼哪种风格的美丽与庄严可以征服所有人。“民族性”指的是某些事物有风靡世界的潜质。

相反，“意大利”风格在维也纳的皇帝宫廷里几乎一家独 91

大。因为利奥波德一世和他的西班牙亲戚都没有理由回避“意大利”风格。作为天主教世界里的霸主，奥地利和西班牙的政策一直包含与教廷合作。直到 18 世纪，西班牙、哈布斯堡家族的世袭领地以及神圣罗马帝国中教会领地的很多地方仍在新建教堂、修道院和宫殿，它们通常十分宏伟。萨拉曼卡的新主教座堂、马德里的大圣方济各圣殿（San Francisco el Grande）和王宫、那不勒斯附近的卡塞塔宫（Schloss Caserta）、维也纳的嘉禄堂（Karlskirche）以及梅尔克（Melk）和克洛斯特新堡（Klosterneuburg）等集修道院、教堂、城堡于一身的建筑群的巴洛克风格宣扬着帝国式的诉求。

问世于这一时期的有君主气派的标志性建筑不都是君主修建的。除了教会、修道院和市政府，其他贵族也会让人修建颇具王家风范的宫殿和华丽的市内府邸。“美丽的维也纳”（Vienna gloriosa）在先前与土耳其人的战争中受损严重，1683 年以后，那些通常十分奢华的豪宅和宫殿拔地而起，揭开了城市的重建序幕。被征服的中东欧地区的宫殿很快也大肆仿效维也纳的建筑形式，这一现象说明与君主争当文化领袖的当地等级会议取得了胜利。就恢宏壮丽而言，布拉格的切宁宫（Palais Černin）和匈牙利艾森施塔特（Eisenstadt）的爱斯特哈泽宫（Schloss Esterházy）与维也纳霍夫堡皇宫里同样修建于 1660 年前后的所谓利奥波德侧翼相比毫不逊色。欧根亲王的美景宫很有王家气派，他的不列颠战友马尔博罗（Marlborough）公爵的宫殿布伦海姆宫（Blenheim Palace）也是如此。在华沙，克拉辛斯基宫（Palais Krasiński）① 甚至比不远处的维拉诺（Wilanów）王宫更胜一筹。此类竞争不会导致政坛失意，说明皇帝（以及各地君主）与臣子总体而言关

① 大贵族克拉辛斯基家族修建的巴洛克式宫殿。

系融洽，也说明哈布斯堡的融合政策取得了成功。

但贵族造房子的时候要是过于张扬也可能引发其他结果，路易统治下的法国就有这种例子。财政总监尼古拉斯·
富凯（Nicolas Fouquet）极为富有，属于晋升为贵族的资产 92
阶级。他想在自己美丽的沃勒维孔特城堡（Schluss Vaux-le-Vicomte）举办一场奢华的招待会，在年轻的路易十四世面前出风头，而君主的回应极为严厉：路易命人逮捕东道主，将他送上法庭，然后聘用富凯的建筑师和艺术家参与自己的凡尔赛宫建设项目。只有国王本人才有权出风头。

相反，斯图亚特王朝的末两位国王根本没钱同法国在建筑政策方面竞争。查理二世不得不搁置雄心勃勃的设计。为了展示国王对法国文化的各个领域负责，路易在1648~1671年一共建立了六个学会，查理二世似乎没有能力或者兴趣在这一点上跟他竞争，不过查理和弟弟詹姆斯对1660年建立的皇家学会（Royal Society）十分照顾。皇家学会对于所有对自然科学、试验方法和研究感兴趣的人而言是当时最重要的聚会场所，众人的学术成果可以被运用于航海及军事目的。于是查理将他的王权包装成了一种奉行科学理性和军事原则的统治，他很清楚许多臣民怀疑他的宫廷生活过于自由，还怀疑他暗地里对天主教抱有好感。

能激励君主制定文化政策并相互竞争的仍是大都市。路易十四世的凡尔赛宫不仅要成为国王的驻地，这片能容纳上万人的区域同时也要成为一座理想城市，它时髦而宽敞的设计同中世纪风格的逼仄巴黎形成了鲜明的对照。凡尔赛宫采取几何形布局，这种设计允许甚至要求不断扩建设施——扩建的潜力是无限的，将美泉宫扩建成超大建筑的愿景就体现了这点。神圣罗马帝国皇帝的建筑师约翰·伯恩哈德·菲舍尔·冯·埃拉赫（Johann Bernhard Fischer von Erlach）在1721年提出了上述愿景，它要以建筑的形式神化皇帝的无限权力。

93 时人似乎沉迷于按照几何原则修建大片城区的梦想。1666年的伦敦大火之后，克里斯托弗·雷恩（Christopher Wren）不想按照旧的道路重建伦敦城，而是想把它建成一个高雅、宽敞的“规划城市”（Planstadt）。他的计划一直未被采纳，90年后葡萄牙首相蓬巴尔（Pombal）却做到了这点。蓬巴尔命人以现代式样彻底重建了1755年毁于地震的里斯本。在此之前，沙皇彼得大帝已经聘请西方专家将帝国最重要的堡垒圣彼得堡建成了一座经过精心设计的、样板式的规划城市。此后，都灵、曼海姆（1699年）和卡尔斯鲁厄（1715年）也被扩建为规划城市。大选帝侯及其继任者仿效荷兰的模板，按计划扩建波茨坦；波兰国王则把华沙变成了一座时髦的城市，使其与中世纪风格的克拉科夫（Krakau）形成对照。欧洲各国的海外据点——从新奥尔良到智利的圣地亚哥——都遵循标准化的建设计划。南北卡罗来纳和佐治亚的规划既富有理想又非常切合实际，注重对称性。我们可以看到，不论在哪里，当时的人都不愿意延续可敬的传统，而是想建立井井有条的新秩序，创造独一无二的风格。

这种自信的大城市文化看重的并不是风格的纯粹，而是大胆突破传统。在音乐领域，格奥尔格·弗里德里希·亨德尔就是例证。1714年随汉诺威家族前往英国之前，亨德尔首先“熟悉了历史悠久的意大利式歌剧流派”，“（吸收）天主教世俗化的丰富养料，为的是最终脱离小家子气的德意志故乡，参考上流社会（high life）成员、信奉自然神论的贵族和思想非常开明的主教的丰富多彩的生活，为英国天主教化的新教创作清唱剧，它们将（赢得）盎格鲁高级贵族的赞赏”。[5]这里指的是当权的辉格派，其成员在受到宪
94 法监督、长期手头拮据的国王的眼皮底下按照威尼斯城市

新贵的方式互相竞争，看谁在自己广阔的领地上建造的帕拉蒂奥（Palladio）①风格的别墅更漂亮。然而亨德尔创造那种辉煌的标志性风格——后来被人认为深具“不列颠”特点——不仅是为了乡贤名流。他觉得自己最重要的客户是当时出现的付费欣赏作品的大规模受众（Massenpublikum）：“（其作品）相对简单的结构、占据主导地位的旋律性、中声部的伴唱作用（……）肯定都有社会原因（……）他的歌剧和清唱剧的受众是老百姓。”所以亨德尔在为付费受众创作大协奏曲（Concerti grossi）时“没有遵循当时常见的严格形式要求”,[6]而是采用了一种富于变化、令人惊讶的风格。

## 4　启蒙之始

这类体现文化政策的作品的受众起初数量有限，都是精英。他们由宫廷社交圈的成员和城市资产阶级上层组成，远非普通公众。不过普通公众从17世纪末开始也发展了起来。因为大城市里诞生了新的社交形式和场所。在大城市里，财富和文化经常比出身更重要；人们在拥挤的大城市里比邻而居，只得务实地忽视等级界限——至少有时如此。新的社交场所包括由名媛主持的沙龙、俱乐部、共济会会所（1717年出现在英国，1725年出现在巴黎）、科学院、文物及自然史博物馆、经济学会（爱丁堡1723年、都柏林1731年、伦敦1754年）以及读书会（1750年起），但也有营利性的剧院、音乐厅［比如伦敦的沃克斯豪尔花园（Vauxhall），1732年］、印刷厂、书店、图书馆、购物中心、咖啡馆、餐厅以及各类娱乐场所。在这些地方会面的有知识分子和公务员、艺术家和开明的神职人 95

① 安德烈·帕拉蒂奥（1508~1580）：意大利文艺复兴晚期最重要的建筑师。

员、政治家和说客、记者和靠年金生活的人、女歌手和演员、旅行者、作家和警方密探。上述场所虽然没有官方属性却经常很有声望，新老精英可以在这里为了发现共同利益、找到新门客或新靠山而对话。

他们的对话似乎经常围绕以下话题：此前被视为天经地义的事情（因为教会随时都能拿出明确的教义），只与专业人士相关的话题（比如政治和哲学），被认为同等级不相称的话题（比如农业或卫生），甚至是被认为令人反感的话题（比如疾病或性爱）。此类对话的基础和温床是新媒体，它们是正在扩大的图书、印刷和报刊市场的产物。

学术型期刊诞生于 17 世纪下半叶，比如巴黎的《学者杂志》（*Journal des savants*，创刊于 1665 年），奥托·门克（Otto Mencke）[①] 在莱比锡出版的《博学学报》（*Acta Eruditorum*，创刊于 1682 年）或者由被驱逐出法国的新教徒皮埃尔·培尔（Pierre Bayle）在鹿特丹出版的《文人共和国新闻》（*Nouvelles de la république des lettres*，创刊于 1684 年）。早在 1650 年，第一种地方性报纸就已经在莱比锡问世；1700 年起，英国出现了若干全国性日报［《每日新闻》（*Daily Courant*），1702 年］以及所谓的道德周刊（moral weeklies）——比如《闲谈者》（*The Tatler*，1709~1711 年）、《旁观者》（*The Spectator*，1711~1712 年）以及《卫报》（*The Guardian*，1713 年），它们的主编是作家理查德·斯梯尔（Richard Steele）和剧作家、议员、政务次官（Unterstaatssekretär）约瑟夫·艾迪生（Joseph Addison）。它们定期刊登以“生活和风俗”为主题的文章，向男女读者奉上关于时尚、品位以及风格问题的实用生活指南。设计周到的发行方式——《闲谈者》的出版日正是每周寄送全

① 奥托·门克（1644~1707）：德国学者、莱比锡大学教授。

国邮件的三天——使这些读物能传递最新鲜的信息，它们跨越
了城乡之间的鸿沟，培养出了新的读者阶层，即中下层资产阶
级。艾迪生写道，中间等级“在我看来最适合学习知识。我的
雄心是让后世赞扬我把哲学带出了档案馆和图书馆，把中小学 96
和大学搬进了（俱乐部）集会、茶话会和咖啡馆”。[7]

以当时的标准而言，这些周刊的印数十分可观，《旁观者》达到了 3000 份，《爱国者》（*Patriot*）6000 份，18 世纪 40 年代出版的《绅士杂志》（*The Gentleman's Magazine*）甚至高达 10000 份，这说明大家似乎很需要建议和生活指南。这些周刊启发了国外模仿者，举例而言，德国有约翰·克里斯托夫·戈特舍德（Johann Christoph Gottsched）主编的《理智的女批评家》（*Die Vernünftigen Tadlerinnen*，1725~1726 年）和 1724~1726 年在汉堡出版的《爱国者》（*Patriot*）。出版期刊几乎成了自由作家和记者这类新型社会群体的脑力劳动义务。

出版者宣称这些刊物的目标是传播各类知识，将专家学者的研究成果公之于众，使它们能派上用场，讨论、建立、内化社交的规则以及正确和体面的标准。周刊尽量回避的内容只有政治及宗教争议问题，因为艾迪生希望女读者不要接触它们蕴含的“愤怒而残酷的激情”[8]。相反，报纸和小册子［18 世纪最著名的小册子是匿名出版的《朱尼厄斯书信》（*Junius-Briefe*，1769~1772 年）］会探讨这类主题。

上述刊物的撰稿人不将自己视为传道授业的学者或者无所不知的专家，而是公众的代表和发言人：有文化的业余爱好者，不属于某个机构，也没有相应的顾忌。他们作为独立个体观察政治、社会和学术事件，并且以常识（common sense，或称 bon sens）为标准——也就是既不按宗教教条也不按权威观点——做出评判。作为实干者，他们探寻这些知识的具体

用处，探寻它们或隐或现的意图。就此而言，他们不仅报道新
97 闻，还从各个角度探讨事件。他们不仅解释对象，还把它讲得明明白白，使读者足以自行评断，走向成熟。

所以，我们所说的“启蒙”至少在初始阶段既不是教育运动（如 200 年之前的人文主义）也不是哲学。以哲学的标准看，“启蒙”缺乏理论性与系统性。要理解“启蒙”现象，我们就得先把它视为一种态度、一种言说和论证的方式、一种社会姿态和一种特殊的激情、一套与媒体打交道以及传播和应用知识的特殊方法。[9]当时的“启蒙者”是这样一群人：他们以雄辩、机智、有趣的方式宣扬让“理性”支配一切。这可以——不论是在当时还是现在——有很多种意思：做出合乎逻辑的推理或者开展以经验为依据的研究，进行数学运算或者“自然地”感受事物。

因为启蒙者觉得“自然”是真知的唯一来源。他们眼中的自然成了前辈虔敬主义者眼中的上帝：至高无上的、决定一切的权威。启蒙者按照牛顿的思想将自然想象为一个和谐的整体，被明确的、可认知的法则支配着；同样，启蒙者的理性的特殊之处在于它是“太一”（Eine）——无处不在的、覆盖所有人的、明智且可以被理解的权威。因为启蒙者也将理性视为自然的直接表现。约翰·洛克早已把感官形容为认识的关键器官，他的学生第三代沙夫茨伯里（Shaftesbury）伯爵安东尼·阿什利·库珀（Anthony Ashley Cooper）则将理性等同于有能力感受对真善美的热情（enthusiasm），而苏格兰哲学家大卫·休谟在 1740 年进一步宣布理性是“情感的奴隶”，它“除了服务和服从情感之外，再不能有任何其他的职务”[①]。[10]

启蒙者将理性的工作称为“批判”。人文主义语文学家进

① 汉语译文参考《人性论》关文运译本，有改动。

行传统的文本批判，目的是从经典文本中找出流传中形成的错 98
误并予以纠正，启蒙后的批判与此不同。区别首先在于启蒙后的批判包罗万象，这源于它主动担负的责任——要使所有的观点和意见、一切情况和局面经受严格检验。区别还在于活力，这种活力来自不断工作的必要性。检验当下生活世界的方方面面，引发“进步”，抵达更好的、开明的未来的唯一途径就是孜孜不倦地行动。人们要求国家接受世俗的、开明的理性的检验。

启蒙的策略之一是使被批判的人物、制度或者局面遭到质疑——这种质疑是此前的批判性检验所避讳的。“启蒙”这一概念假定：假如你主张把此前藏起来的东西拿到光天化日之下，那你就不仅是在宣称此前存在着黑暗，也是在宣称有人从黑暗中获利、助纣为虐。不论如何，要求理性处处发挥作用是有言外之意的：相关的局面和权威恰恰不符合理性的原则。总而言之，以启蒙者自居的人要求得到发表意见的权利。

谁都不该拒绝“理性”。它的不可抗拒之处在于没人能反对它。没人能正经地宣称“理性”对自己不重要。所有人都坚称自己的行为、观点、自己代表的机构完全符合理性，于是就得接受由非专家组成的公众及其意见领袖的检验。公众及其意见领袖在“理性”话语的媒体中以公共福祉之代表的身份发言。

意见领袖并不固定。启蒙的魅力之一在于它没有世界观
方向，可以服务于任何意识形态。启蒙的激情既可以吸引虔诚 99
的教会高层人士，也可以吸引玩世不恭的“放荡主义者”；既可以吸引雄心勃勃的君主，也可以吸引闷闷不乐的仆人。人们可以用“开明”的论据要求宗教宽容和出版自由等自由主义改革，也可以用它们维护贵族的特权（作为抵抗君主“暴政”的堡垒），为君主独裁辩护（作为暂时必不可少的民众教育行

为），同平等对待宗教少数派的要求唱反调（为了抵抗“狂热”），为书报检查或蓄奴辩护（因为总还有人不够“成熟”）。启蒙的唯一要义在于你得准备好把常见的、约定俗成的、代代相传的、传统的东西放在一边，不能满足于这些，而是要加以改进、改革，把它们变得现代化；或者，假如它们被证明无可救药，你就得消灭它们。

在清除陈规的行动中，“启蒙”使其追随者得到了自己心目中最值得追求的东西：自主。因为 18 世纪“——至少是当时最有才华的代表——想要自由地追求幸福、探寻真理。它既需要享乐的自由，也需要研究的自由”。[11] 研究的自由更具解放性，这是启蒙后的理性不可或缺的特征之一。

启蒙者将个人的自信和对集体的责任结合在一起的热情正符合贵族的气质。“启蒙”创造了一种思考、表达和论证的风格，它肯定得到了所有想得到领导岗位者或者争取晋升者的青睐。所以启蒙者一开始就对贵族有好感。而贵族则喜欢说君主专制的坏话，说它背弃了“自然”的王制；贵族还喜欢证明自身的传统才是真正的传统。贵族和城市资产阶级的联盟对于 18 世纪晚期十分重要，“启蒙”是双方的共同语言。

# 第四章
# 第二次三十年战争

## 1 军队改革和尼德兰战争

独掌朝政六年之后，路易十四世开始打仗。直到漫长的执 101
政生涯的末尾，他将一直如此。战争如影随形地伴随着路易的专制统治。这位国王不认为发动战争是卑鄙之举。西欧人当下奉行的和平主义对路易那个时代的人来说是陌生的——尽管路易的敌人试图将他的战争行为贬低为犯罪，但他们自己在需要的时候也会干出类似的事情（不仅是在海外）。大家基本上都赞同路易 1671 年的说法：开疆拓土是与君主的身份最相配也最令他愉快的事业。这将给他带来无上的尊荣（magnificence）和美名，因为这不仅会使他在本国得到认可，被当成最伟大的人，而且能使他享誉世界。[1]路易的座右铭“Nec pluribus impar”（无与伦比）精辟地表达了这种绝对诉求。

路易一开始就想为此类计划奠定军事基础。柯尔贝尔的社会改革增加了国家收入，其中的一大部分被路易用于扩充及整顿军队，于是到了他的统治末期，军人的数量是起初的十倍多——从早先的 4.5 万人增加到 48 万人。法国一般有 10 万人左右长期备战。与军队有关的一切都变得现代化和井井有条，
而且得到了改良：首先是资金筹措和军饷发放——这是士兵遵 102
纪、忠诚的基础，其他方面还包括主管部门、征兵、训练和晋升规则。为了培训军官以及炮兵和工程师等专业人才，军事学

院诞生了。在全国各地，尤其是边境地区，出现了仓库和军械库、兵营和要塞、生产武器装备的工场，还有医院和伤残者收容院；沿海地区出现了港口和船厂，必要时甚至新建城市。路易的军队是覆盖全国的动态体系。

军队里地位最高者仍是国王本人，他是最高军事指挥。此前预留给高级贵族的有自主权的军队岗位被取消了。资产阶级可以——至少有些时候可以——购买军官的职位，或者担任地方上的平民军事专员，监督军队是否执行国王的意志。就此而言，专制主义绝不是“军国主义的”。而且军事决策中心也不是总参谋部，而是宫廷。

集中的指挥权使路易的军队成了一台精密仪器。它使得所有分支领域都能完美协作，因此特别擅长像下棋一样以谋略战胜敌人，上兵伐谋在专制时期的战争中很典型。为士兵提供装备的成本很高，训练士兵也很耗时间——军队很宝贵，所以值得爱惜。军事决策者更愿意选择巧妙的包抄或封锁，而不是进行会战。人们试图根据周详的计划包围敌军、要塞或者有防御工事的城市，切断后援，使它们断粮，迫使它们（最好不抵抗地）投降。在后续的和谈中，获胜方会索要被占领地区本身，或者以它们为土地筹码，更有底气地提出其他要求。

所以维尔纳·内夫（Werner Näf）[1]曾评价道，路易的战
103 争“不怎么有趣”：“它们机械地进行；一个大国想要扩张，一位强大的国王想要变得更强，（……）这引发了战争，（他）动员起任人摆布的军队，操弄外交手腕和金钱，令所有邻国君主紧张。反对他的人都想挫败他的打算。一切只关乎权力，但是权力本身没有价值。权力有可能带来好处，然而这一次结果并非如此。权力造成的消耗超过了它带来的好处——至少法国的

① 维尔纳·内夫（1894~1959）：瑞士历史学家。

情况是这样。”[2]不过权力毕竟顺带产生了积极影响：路易出于实用缘故而发动的战争迫使其他欧洲国家组成了一个善于行动的政治体系。

路易侵犯周边地区时最重要的敌人（或者是不是应该说“最大的牺牲品”？）是西班牙。1665年费利佩四世去世之后，“统治”西班牙的是一个残疾的孩子，他看起来活不了多久。因此，提前弄到1659年曾被击败的西班牙的一些土地对法国而言是明智之举，毕竟整个帝国似乎很快就要被瓜分。但是卡洛斯二世其实一直活到了1700年，于是他生前出现了“罕见的局面：40年里，西欧列强时时刻刻都在等待那个事件，因为它必将动摇地球上最大的地产的政治前途”。[3]我们可以把路易的所有战争都理解成先下手为强，即抢先为这一影响世界政坛的继承行为而动武。

时人大多将这些战争中的第一场（1667~1668年）看作路易为了把自己包装成自信的统帅而进行的表演，这种观点不无道理。为了震慑他国，强调法国对西属尼德兰、勃艮第自由伯国以及卢森堡的部分地区拥有所谓的继承权，国王高调地亲自领军进入这些地区，占领了若干要塞，不过法军只对易于占领
的地方下手。一年后在亚琛签订的和约好歹让路易得到了十余 104
座此前属于西班牙的边境要塞。他可以凭借这些要塞威胁布鲁塞尔和根特（Gent），但也能威胁尼德兰联省共和国。

法国的下一轮更凶狠的攻击就针对尼德兰联省共和国。这个信奉加尔文宗的共和国经过为期80年的独立战争最终脱离西班牙，它一直让法国感受复杂。一方面，它是法国对抗哈布斯堡的重要盟友；另一方面，许多法国人——甚至包括注重实际的柯尔贝尔——都对它心怀妒忌，因为尼德兰联省共和国只用了不到50年就飞速成长为名列前茅的欧洲贸易与海上强国，成了法国的对手。更令法国人嫉妒的是，尼德兰联省共和国的

成功源自一套完全不同于法国的运行模式。它的结构就像一家大型康采恩的股东大会；在主持大局的“大议长”的领导下，尼德兰政府的运行效率就像管理水平优秀的大型银行。看起来十分可靠的国家信用机构——其基础是简单、公平的税务体系，一家现代中央银行和一家半国有股份公司——“联合东印度公司”（VOC）使尼德兰联省共和国可以在世界各地采取行动，比如夺取葡萄牙在远东的殖民帝国或者同英国进行了三次（并不总能占上风的）海战（1652~1674年）。

此时尼德兰的舰队十分亮眼，但是大议长约翰·德·维特领导下的政府出于内政原因不再让人坐上从1650年起就空置的执政之位，还十分危险地忽视军队。鉴于外部格局有变，这些做法都会变成麻烦。金融专家的独裁暴露了自己的弱点：共和国在经济方面有多强大，在军事及外交方面就有多无力。路易十四世在开战之前就懂得大笔撒钱召集起一个以自己为中心
105 的大联盟，其成员都嫉妒“小商贩民族”（Krämervolk）：他们包括英国国王和有影响的议员，西班牙和许多意大利国家的大臣，从科隆到巴伐利亚的德意志帝国政治体，还有神圣罗马帝国皇帝以及瑞典。过去外交手腕十分灵活的尼德兰此时却只赢得了一位盟友——大选帝侯。

所以法国军队在1672年春季发动的进攻势不可当。法军很快就击败了尼德兰的部队，使其退守几座要塞。尼德兰军队的规模几乎不足以保卫阿姆斯特丹。路易似乎马上就要完成西班牙最好的统帅花了80年也没能办到的事。

在这生死存亡的关头，反对派冒险针对德·维特政府发动政变。候任执政奥兰治亲王威廉三世（共和国建立者的重孙）此时22岁，他的追随者推翻了约翰·德·维特，任由海牙街头的极端加尔文宗暴民对其动用私刑。身负厚望的奥兰治亲王威廉三世被拥立为执政及最高统帅。他不再同法国谈判，而是

命人掘开堤坝，水淹大片国土。实力不减当年的强大舰队航行在过去是土地的地方。法军只能撤退。为了报复，法军肆意破坏未被水淹的地区，要是他们怀疑某地政府不忠于法国，其土地也会遭到蹂躏。

法国以破坏作为威胁，其他国家也明白法国的意思。于是所有受法国威胁的国家此时组成了一个同盟，它们的领袖是处境最危险的国家，也正是自由的尼德兰。在威廉的推动下，1673 年 8 月，荷兰、西班牙、洛林等国与神圣罗马帝国皇帝和若干德意志帝国诸侯在海牙结为同盟。同盟成分奇特，其成员曾是敌人；路易试图重振 1657 年的“莱茵同盟”与之对抗，但是没成功：这两件事都是小小的外交革命，至少明确象征形势已变。路易让瑞典军队入侵勃兰登堡，结果瑞典军队在费尔 106
贝林（Fehrbellin）附近被大选帝侯打得落花流水（1675 年 6 月 28 日），然后就被赶出了德意志北部。

不过反法同盟起初实力太弱，这也是因为它缺乏积极的共同目标，只想干点什么对抗军事和外交实力占优的法国。所以尼德兰战争在 1678/1679 年以路易又得到好处而结束。他迫使勃兰登堡交出所有过去属于瑞典的据点，迫使西班牙再交出十几座佛兰德地区的要塞以及整个勃艮第自由伯国。勃艮第自由伯国后来成了所谓“重盟”（Reunionen）的基础。重盟指的是法国专门设立特别法庭，通过看似合法的程序判定国王有权得到东部邻国的许多领土，国王必要时可以通过武力强迫当地政府对自己效忠。法国就这样一步步地吞并了莱茵河和摩泽尔河之间的大片地区，包括阿尔萨斯的几乎全部土地。1681 年 9 月 30 日，法军占领了帝国自由城市斯特拉斯堡和皮埃蒙特的卡萨莱（Casale）要塞。帝国议会讨论了此事，但是觉得自己没有能力采取应对措施。1684 年 6 月，法军又占领了卢森堡全境，帝国政治体被吓住了，决定暂且认可这种新局面。后来局面未有改变。在神圣罗马帝国覆灭的120年前，“重盟”就让我们看到了问题：假如没人捍卫法制，那么法制再好也不能存续。

这次果断且成功的行动使太阳王实现了亨利四世以来历代法国统治者的理想：使莱茵河成为边界，巩固法国的“自然边界”。然而路易越是对内对外完善专制，法国及欧洲其他地区很大一部分公众就越是不信任他。

107

## 2 1683年：维也纳的奇迹

1680年前后，大家似乎觉得路易的帝国主义假以时日确有可能获胜，因为它步子虽小却坚持不懈。法国本身已经足够强大，路易还通过定期援款招揽了一帮盟友，若有需要就能同他并肩对敌。这些盟友包括瑞典、波兰和奥斯曼帝国，不过最重要的是英国，斯图亚特王朝的国王从1670年起就一直接受路易的援助，所以感恩戴德、愿意效劳。这一局面使路易原本有可能在卡洛斯二世去世的时候将整个西班牙帝国收入囊中，把其中一部分转交给自己的附庸国，完全不让哈布斯堡和尼德兰染指。他原本也有可能依靠各种同盟建立法国的海外帝国。

然而欧洲局势使法国无法取得世界性的胜利。欧洲的国家格局在17世纪80年代发生了变化，创造了全新的环境：此前显得十分弱小的神圣罗马帝国皇帝克服了危机，奥斯曼帝国经历了一场灾难，英国则从法国的伙伴变成了法国的敌人。

最晚从1648年开始，神圣罗马帝国皇帝就是失败者。1657年，他容忍“莱茵同盟”；后来他看着路易占领土地以及“重盟”，却无所作为；他还不得不同法国签订秘密协议，同意不久后分割西班牙。因为神圣罗马帝国的东部边境受到了严重威胁：匈牙利有宗主奥斯曼撑腰，几乎总在暴动。而奥斯曼也因为东面的基督教世界实力弱小而跃跃欲试，从17世纪60年代就开始重新威胁皇帝世袭领地的边境。大维齐尔科普鲁律推行的奥斯曼帝国内部改革造成了国内压力，其释放途径是对外侵略。1663年，奥斯曼人进攻奥地利，占领了重要的边境要塞，108
他们从那里出发一路劫掠，兵锋深入哈布斯堡的领地。1664年8月初，神圣罗马帝国皇帝的一支部队在拉布（Raab）河畔击败了人数两倍于己的入侵者，但是利奥波德一世宁可花重金向苏丹购买20年停战期。不过这没什么用。每当路易在西面战场上发动进攻——比如1683年法军占领阿尔萨斯——奥斯曼人总会虎视眈眈。

停战协议也在1683年到期，奥斯曼随即入侵。奥斯曼从巨大帝国的各省调集了一支人数在12万~25万的奥斯曼—匈牙利军队，它越过边境，杀向维也纳。神圣罗马帝国皇帝和宫廷人员仓皇出逃。维也纳眼看就要失陷。这场战争即使不是路易和他的参谋部促成的，“他们也是知情的。他们的目的不是毁灭德意志或者基督教世界，他们没这么过分；但是他们想拿下维也纳，甚至想任由土耳其人推进到莱茵河畔。这样路易十四世就能凸显自己是基督教世界的唯一保护伞（……）。上述计划在维也纳城下失败了”。[4]

发生了很多奇迹。军事奇迹在于维也纳那些破败的、因为缺钱而未得到修缮的堡垒顶住了土耳其军队的炮击，面对咄咄逼人、实力更强的对手，1.1万名守军硬是使这座被皇帝和宫廷抛弃的城市整整三个月都没有失陷。政治奇迹在于恰恰是经历过严重危机的打击后，受到强大的亲法派影响的波兰成了哈布斯堡最重要的盟友。国王扬三世·索别斯基（Jan III Sobieski）——越发昏暗的环境中最后一位光彩夺目的伟人——亲自指挥规模不到7万人的联军。还有一个奇迹是，由于通信问题或者土耳其大军的内部斗争，战略要地卡伦山

109 （Kahlenberg）一直未被占领，援军在1683年9月12日从这里出发对围城部队发动攻击。胜利之后，圣母——她护佑信徒免遭异教徒和瘟疫的伤害——马上被宣布为奥地利的特殊主保圣人，这种做法符合神明裁判（Gottesurteil）的套路。

基督徒的部队大获全胜。神圣罗马帝国皇帝的军队立即开始将奥斯曼人赶回东面。一些渴望冒险、战利品或者想得到皇帝特殊恩宠的帝国诸侯也派兵增援。在此过程中被占领的（匈牙利）土地——最终共30万平方公里——落入皇帝之手，于是他得到了大量新资源，可以出手阔绰地拉拢封臣。路易想使哈布斯堡降格为中等势力的计划落空了，相反，神圣罗马帝国皇帝出人意料地变成了他危险的敌人。更糟的是，皇帝在战略上已经没有后顾之忧。因为爱反叛的匈牙利此时别无选择，只能同皇帝搞好关系。此前一直是失败者的皇帝最后得到了“受上帝眷顾的异教徒克星”和“基督教世界保护人”的美名。皇帝重新回到了欧洲国家格局的顶峰和欧洲政坛的中心。

利奥波德也通过建筑展现自己再度崛起。随着来自欧洲各地的垦殖者涌入多瑙河流域，维也纳城的居民数翻了一番。美轮美奂的市内豪宅证明帝国各地的贵族都来到了皇帝居住的城市，也能证明他们对哈布斯堡皇室的忠诚。

同时，基督教欧洲“疆域翻倍”[5]也意味着带有特殊的哈布斯堡特征的天主教文化迅猛发展。这种特征指的是一种新的、与俗世紧密联系的、自信的精神性，它被称为“奥地利的虔诚”，决定着哈布斯堡治下臣民的集体身份。

110

## 3 1685年：迫害虔敬主义者

神圣罗马帝国皇帝升级为天主教的胜利在俗世的象征，这破坏了路易十四世的两项看似自相矛盾的努力：其一，他想将自己置于一个强大的天主教会的顶端；其二，他开始执行尽量忽视信仰因素的路线。这两项尝试是一体的。因为战胜西班牙在内政方面离不开战胜西班牙在法国国内的盟友——所谓“笃信派”（Devoten），这个影响很大的党派由忠于罗马的宗教激进主义者组成，曾经在宗教战争时期扮演煽动者的恶劣角色。亨利四世过去只能通过金钱和职位收买他们，让他们消停。

路易是统领宗教事务及世俗事务的国王，所以他也讨厌这类反对派。正如他要求亲自执政，他也主持礼拜。因此，1670 年前后他的宫廷布道师雅克 – 贝尼涅 · 博须埃（Jacques-Bénigne Bossuet）简直把他描述成了上帝的现代翻版：“请您想象一下君主在办公桌前的样子。（……）整个国家集于他一身（……）正如上帝包孕着一切完美和德行，君主身上集中了一切权力。”[6] 这不是表达宗教甚或信仰观点，而是表达政治观点。尽管如此——同时正因为如此，这番话也隐含了一个目标：要实现国家统一，就要实现法国民众的信仰统一。路易觉得三股势力威胁着信仰统一，即教宗、胡格诺派和天主教极端分子。

面对罗马，路易援引所谓的高卢主义自由（gallikanische Freiheiten）。法国国王曾一直向教廷争取这种自由，直到 1516 年才成功，它的主要内容是国王有权自行决定教会要职人选。1673 年 2 月，路易还要求掌控约 60 个主教管区之中无人任职管区的收入和职位，而他是否有权这样做是有争议的，
矛盾由此产生。1682 年 3 月，路易争取到了国内神职人员同 111
他一起对抗罗马。一次由国王召集、博须埃主持的法国神职人员大会（其实就是国家宗教会议）确认了路易的要求是合法的，还确认了（为此目的而重新极端地加以表述的）高卢主义自由的普适性：国王不听命于教宗，只有宗教会议而非教宗才不会犯错。

而英诺森十一世不让路易任命的主教上任。结果到了1688 年共有 35 个主教管区出缺。1687 年 11 月，教宗将路易的告解神父——此人是耶稣会士——和法国驻罗马大使革出教门，1688 年 1 月又（秘密地）将国王和他的大臣革出教门。于是路易在 1688 年 9 月派人占领了教宗国飞地阿维尼翁和维奈桑伯爵领地（Comtat-Venaissin）。很多耶稣会士支持国王。但此时发生在英国的事件使路易做出了让步；教宗则允许国王任免教职，并且对下文即将介绍的种种措施表示支持。自此之后，路易在推行这些措施时，经常顶着本国主教的反对和罗马紧密合作。

路易十四世和教宗有矛盾，所以他更需要向臣民证明自己的天主教信仰。这使他陷入了一种吊诡的局面：为了展示自己是教会的政治领袖，他必须“反对”教廷，执行 1563 年特利腾（Trient）大公会议通过的改革令。所以他必须格外严酷地对付宗教异见者。

首当其冲的是胡格诺派，也就是法国的新教徒。他们约有 100 万人，超过总人口的 5%，其中的资产阶级上层、企业家和贵族的比例高于全国平均水平。他们的财富和社会地位引发了嫉妒和猜忌。他们忠于王室，柯尔贝尔出于经济考虑也建议国王采取宽容态度。然而柯尔贝尔去世（1683 年）之后，天主教的宗教激进主义者对国王的影响变大了。他们说
112 服国王推行越发恶劣的监控措施，破坏新教教堂，禁止新教徒结婚。随之而来的是公开袭击，比如臭名昭著的“龙骑兵”（Dragonaden）迫害新教徒事件：骑兵队进驻信奉新教的村庄和城市，不断虐待那里的居民，直到他们“自愿”改信天主教。

1685 年 10 月 18 日，路易最终撤销了《南特敕令》——1598 年亨利四世就是用它奠定了结束信仰内战的基础。路易

在《枫丹白露敕令》中谴责福音派信仰，尽管法国的许多反西班牙盟友都是它的信徒。路易下令拆除新教徒的所有教堂，禁止他们礼拜，驱逐所有新教牧师，但是禁止其余新教徒移民。

尽管如此，还是有约 20 万名胡格诺派信徒移居国外，其中大部分是商人、技工、医生、学者，但也有军官和水手。邻国很乐意接纳他们，尤其是英国、尼德兰和勃兰登堡，其中勃兰登堡选帝侯在 1685 年 11 月 8 日颁布《波茨坦敕令》，正式邀请这些流亡者。愿意接纳他们的还有黑森 – 卡塞尔、巴登 – 杜拉赫（Durlach）、汉诺威、普法尔茨选侯国、汉堡和法兰克福。路易的宣传机器异口同声地赞美他的禁令实现了王室和信仰天主教的大部分人的团结，勃兰登堡和瑞典则以罕见的默契疏远了路易。两国达成一致，还与神圣罗马帝国皇帝联手，皇帝在 1686 年 7 月建立了奥格斯堡同盟，这个跨越信仰差异的同盟会集了路易的所有敌人。法国的威胁催生了这个几年之前甚至令人无法想象的联盟。

路易和他的顾问还怀疑所谓的“詹森主义”的拥护者是敌人。詹森主义指的是一场由首都社交圈的领袖主导的天主教教育运动。从 1609 年起，这场运动的中心是巴黎城外的田园皇港修道院（Port-Royal des Champs）。詹森派延续保罗—奥古斯丁主义的思想，相信人类极端邪恶，只有少数被选中者 113
才有机会得救。詹森派表现了明显的极端新教的特点，引起了国王身边的耶稣会士等人的怀疑。1653 年，这些耶稣会士将詹森主义的纲领性著作列为禁书，而布莱士 · 帕斯卡尔［《致外省人信札》（*lettres provincials*），1656/1657 年］这类名人公开抗议如此定罪。与帕斯卡尔等人相反，自从詹森派在投石党运动中支持高等法院，路易就很讨厌他们。路易刚开始执政就要求神职人员宣誓反对詹森主义学说。1664 年，路易命人关闭巴黎的詹森派熙笃会修女学校。教宗克雷芒十一世

（Clemens XI）等有影响力的大人物、若干重要政治家以及剧作家让·拉辛等知识分子支持詹森主义，所以它能在资产阶级、贵族和低级神职人员当中继续传播。矛盾直到 1703 年才开始激化。1709~1711 年，路易命人关闭了皇港修道院，将它和附属墓园夷为平地。1713 年，教宗应路易的请求颁布了一道通谕［《独生子》（Unigenitus）[①]］批判詹森主义的 101 条原理。不过詹森主义早就变成了一场影响力深入较高等级的反对派运动，其成员讨厌罗马、耶稣会士、主教和政府。

上述宗教政策方面的暴行令受害者本人和欧洲各地的关注者都感到震惊与愤怒。尤其令大家气愤的是，很多人都认为路易过去的施政风格别具魅力，因为他曾坚定不移地遮掩信仰的鸿沟或者把它们变成审美差异。现在国王本人却似乎成了其先辈反对的笃信派的一员，当时的很多人都觉得这是危险的信号。

法国政论家、博学多才的皮埃尔·培尔开始抗争，此人早
114 在 1681 年就因为法国对胡格诺派的刁难而移居鹿特丹。他对欧洲各地的近况了如指掌，想要借助自己主办的杂志《文人共和国新闻》（1684~1687 年）和自己编写的《历史及批判词典》（*Dictionnaire Historique et Critique*，1695 年）里的讽刺性论战文章和书评去削弱天主教会的《圣经》与神学基础及其政治威望。在此过程中，他既能娴熟地开展语文学和古文字学批判——莫尔修会（Maueriner）[②] 等学术型修会也用这种方法（但目的是维护教条）——又能熟练地使用现代自然科学知识。他在《杂感》（*Pensées diverses*，1682 年）中论及一颗不久前出现的彗星，反对用任何知识规则对自然现象作预言式的、

① 教宗发布的通谕全名为《上帝的独生子》（Unigenitus Dei filius）。

② 莫尔修会：法国本笃派修会，以教会史研究闻名。

末世论式的解读。“培尔已经把批判的方法用于人类知识和人类历史的所有领域，使它们不断暴露自己的局限性，于是批判就成了理性的本职工作。”[7] 培尔孜孜不倦地寻找深藏不露的矛盾之处，坚持不懈地从流传下来的《圣经》文本中剔除所有被他的批判理性斥为不可信的内容。几乎什么也没剩下。此前充当信仰之助力的古籍研究型批判恰恰变成了攻击信仰的武器。它们没能使流传下来的宗教文本变得更可信，反倒动摇了信仰的根基。

## 4　1688 年：英国的转折

英国的局势此时有所变化，它原本似乎能给路易带来好处，却出人意料地对他不利。新的英国国王很想仿效路易，结果却为专制统治在英国的覆灭和崩溃奠定了基础。

路易从 1670 年起就和查理二世结盟。他们共同的敌人是尼德兰。克伦威尔总是战场得意，新的英国国王却输掉了 115
第二次英荷战争（1667 年），因为海军上将德·鲁伊特（de Ruyter）指挥的尼德兰舰队战斗力惊人。所以英国人很愿意同强大的法国结盟。

6 月 1 日在多佛尔签订的协议里的秘密条款却根本不受欢迎。为了每年从路易十四世那里得到 22.5 万英镑，斯图亚特王朝的国王不仅有义务协助法国进攻尼德兰——1672 年他尝试这样做，但是失败了——还必须竭尽所能地让英国重新信奉天主教。出于自身利益，查理对改变英国信仰的态度比同尼德兰打仗还要坚决（1674 年，他通过单独媾和从英荷战争中脱身）。查理要摆脱议会的管束，就只能靠招揽一批新的追随者。根据当时的情况，他需要的追随者只能是这样的群体：他们不能站在亲议会的高教会派（Hochkirche）① 一边，换言之，他们要么是福音派的非圣公会信徒（Nonkonformisten），即所谓“不奉国教者”（Dissenters），要么就是天主教徒。

查理执政期间确实一直试图促成对上述两个群体的宽容。但是议会成员——即使他们忠于国王——绝不同意，而且 1660 年开始形成的两个“党派”都是这个态度。“辉格党”遵循清教传统，和伦敦商界往来密切，重视海外及欧洲大陆上的行动。“托利党”较为保守，遵从高教会派的观点，主张外交活动克制低调，主张用强大的海军保卫英国，代表农村大地主的利益。议会迫使国王在 1661 年［《结社法案》（Corporation Act）］和 1673 年［《测试法案》（Test Act）］之间颁布了多项法律，禁止各类“不奉国教者”和天主教徒上大学和担任公
116 职，大大增加了他们坚持自己信仰的难度。国王与议会的分歧导致国王多次解散议会，矛盾在关于王位继承人的辩论中达到高潮。

查理的弟弟詹姆斯二世于 1685 年继位，他曾在 1670 年无所顾忌地公开皈依天主教，这引发了一场延续数年的关于他能否继位的辩论，即 1679~1681 年的“排除危机”（Exclusion Crisis）②，他也不讳言自己决心竭尽所能地支持天主教。詹姆斯二世当过军官，热爱秩序，他钦佩路易十四世，想要得到对方的资助和建议，憧憬着把对方的政治原则搬到英国。同路易一样，他也开始精力充沛地对现状做出系统的修正。“大刀阔斧的政治复辟”[8] 开始了。詹姆斯大批量地解除行政精英和军

① 高教会派（英文为 High Church）：圣公会派别之一，因要求维持教会较高的权威地位而得名。

② 排除危机：1679 年，有人因为王弟约克公爵，即后来的詹姆斯二世信仰天主教而向英国下议院递交《排除法案》（Exclusion Bill）的草案，主张排除他的王位继承权，引发了延续数年的政治危机。

官的职务，目的是把自己的亲信提拔到这些位置上去。一次未遂的暗杀［1683 年的“黑麦屋阴谋”（Rye House Plot）①］以及查理二世私生子的叛乱（1685 年）给了他借口，于是他建立了一支规模为三万人、由信仰天主教的军官指挥的部队。在要求议会取消《测试法案》却遭到拒绝之后，他在 1687 年 4 月初利用自己的无限权力宣布实行普遍的宗教宽容。

这样一来，詹姆斯二世相当顺利地走上了通往专制的道路。质疑国家教会的英国人显然要比人们预想的多得多：有些人一直信仰天主教，有些人已经对没完没了的宗教争论麻木了，有些人更关心自己的升迁而不是信仰。议会、议会控制的媒体以及圣公会的反对十分激烈——七位主教因为拒绝在布道坛上宣读国王的宽容公告而被捕——但是收效甚微。

于是政治派别各异的七位贵族决定联手开展一次冒险行动。1688 年 6 月 20 日，他们以议会和国家的名义请求尼德兰 117
执政奥兰治亲王威廉三世出任国王。作为查理一世的外孙和詹姆斯二世的女婿，威廉本来就很有希望继承王位。短短十天之后，随着一位王子的降生，由天主教徒担任王位继承人似乎已成定局。②

那些贵族争取威廉并不是因为喜欢他，而是出于冷静的谋划——跟死敌联手，在政治上“孤注一掷”。从 1686 年开始和威廉谈判的贵族想得没错，只有威廉可以保证既不同法国联手，也不推行天主教化。要是他当上国王，英国就能应付可怕的竞争对手荷兰，这一前景也很诱人，前提是你没有早就投资

① 黑麦屋阴谋：针对查理二世及其弟兼王储约克公爵的刺杀计划，内容是在赫特福德郡（Hertfordshire）的中世纪豪宅“黑麦屋”附近埋伏人马，趁外出的国王和约克公爵途经此地刺杀他们。

② 威廉收到七位贵族邀请他当英国国王的信是在 1688 年 6 月 30 日，詹姆斯二世之子出生于同年 6 月 10 日，本书作者似乎弄错了这两个日期。

了尼德兰的企业，并希望两国之间利润丰厚的合作继续加深。威廉也不喜欢英国。他同意的原因是尼德兰只有联合英国的兵力和财力才有可能避免两线作战，顶住路易的法国正在发动的新一轮进攻。

1688年11月15日，性格冷淡、军事才能平庸的奥兰治亲王果真成功进入英国，继征服者威廉1066年的壮举之后，这是来自欧洲大陆的军队首次成功攻入英国。有利的风向在最后关头把威廉的舰队吹到了岸边——尽管最初的靠岸地点是托贝（Torbay），也就是严重偏南——虔敬主义者将其视为上帝的信号。威廉和他的荷兰军队在进军伦敦途中几乎受到了所有人的欢迎，这说明议会很擅长引导舆论，也说明詹姆斯没能赢得民众的广泛支持。威廉没有遇到任何阻力，连那些由詹姆斯任命的官员也没有抵抗。在詹姆斯的新王权即将打造一批新精英的时候，旧秩序的受益人取得了胜利。虽然斯图亚特王朝此时和后来仍有许多追随者，但是事实证明这些人“最在乎的是新的、反对詹姆斯的英国能不能在接下来关键的几十年里做买卖”。[9]

尽管詹姆斯是一位有经验、有胆量的军官，但他不敢派出
118 军队对付篡位者。对方越是靠近伦敦，他就越孤立。威廉耀武扬威地进入伦敦，詹姆斯则逃往法国。路易十四世恭恭敬敬地接待了他，此后一直把他当作外交棋局中的棋子。

英国则想尽办法预防詹姆斯回归。1689年，选举产生的“非常议会会议”（Convention Assembly）宣布詹姆斯二世退位，威廉和玛丽成为新的国王。两人必须向一套新的、具有辉格党色彩的基本权利，即《权利法案》宣誓。它把英国变成了君主立宪制，使国王服从法律与议会，议会给国王发工资并自行决定一切重要问题。君主制国家的政府从半神圣的机构变成了国王与民众之间“信托”（trust）的受托人。

通才、医生、外交官约翰·洛克跟随奥兰治亲王从流亡地荷兰返回英格兰。1690年，洛克在《政府论》中解释说，建立这种（可终止的）契约关系的目标和意图是保护公民的生命、自由和财产。他认为政权绝不是神授的，其合法性必须来自理性的、人道的、有益于公共福祉的行为，而且必须以明确的三权分立为基础。假如国王违背了这一约定，国民可以并且应当反对，必要时甚至可以并且应当修改宪法。

与此同时，洛克在《人类理解论》（*Essay concerning Human Understanding*，1690年）中批驳了对君权神授的神学解释。他否认观念是与生俱来的。他认为人的精神并不是上帝启示的产物，而是一张受"感觉"（sensation）和"反省"（reflection）影响的白纸；人本身是一种感性存在物（Sinnenwesen），受控于意志、利益和激情。所以真正的知识永远是感性的知识。感性知识可以发挥指引作用（甚至针对道德问题），能够合乎逻辑地证明上帝的存在，除此之外却无法言说可感知的世界以外的事物。因此，洛克在后期撰写的关于宽容的论文（1695年）里主张教会与国家分离。他认为教会
属于私域，原则上都应该被宽容（作为坚定的辉格党人，他只 119
把天主教排除在外）；自然的理性符合原初的基督教；按照基督教的要求生活意味着理性地行事，反之亦然。

洛克是不久后得名为"光荣革命"的转折的首席思想家，他把围绕何谓正当政权的讨论带出了神学领域，带进了讲求实际的现实当中。他宣布赋予专制主义合法性的形而上学是不可知的，由此否定专制主义。他认为政权合法性的源头不是《圣经》里的启示，而只是合乎理性的论证。对洛克来说，评价政权的标准是"自然"。只有按"自然"律令行事之人才能成为统治者。为了认识自然的意志，人类必须观察自然，进行计算，通过经验推导出自然法则。

几乎就在同时，那个时代里英国思想界最著名的代表展示了以上种种是如何实现的，此人就是艾萨克·牛顿。这位剑桥大学的数学教授在《自然哲学的数学原理》（*Philosophiae Naturalis Principia Mathematica*，1687 年）中设计了一个据说能解释世间万物的模型。然而牛顿做到这点不是靠冥想，而是借助了一种归纳法，它使可通过经验把握的、经试验查明的个别现象升华为普遍规律，而不是相反。牛顿用自己的座右铭“我不做假设”（hypotheses non fingo）表达了现代科学精神的至高理想。

牛顿提出了针对宇宙中（天文）物体运动的亚里士多德式问题。他发展了一套可以用同一原理解释一切行星运动的理论——重力（引力）原理。他认为所有的自然现象都遵循重力法则，它们根据普适的运动定律相互影响，这些定律可以在一套独特的物理学理论内被数学概念表达出来。

牛顿以数学方式证明了上帝的领域和俗世的领域、自然
120 的世界和超自然的世界是一体的，以“一个”宇宙取代了笛卡尔主义的精神与物质的二元论。在这个宇宙里，所有对立物和谐地彼此制衡，所有力量相互平衡。牛顿以数学的精确性证明了“光荣革命”的政治理想：各种力量自行其是，自发地、无拘无束地达成平衡。牛顿把问题从“为什么”转移到了“怎么样”，因为他根本不研究引力是如何诞生的，他只是证明了引力的存在。作为完美的钟表匠，上帝将世界打造成了同样十全十美的机器，所以他现在不必再作干预。以上思想符合牛顿同时代人的技术想象，所以他们不仅觉得牛顿的模型有道理，而且觉得它确系真理。

# 第五章

# 关键年份

## 1　1688~1697 年：九年战争

对于英国、尼德兰以及法国来说，“光荣革命”都是划时 121
代的事件。它使两个“海上强国”的局势长期稳定。对路易十四世而言，它却意味着一位盟友变成了敌人，敌方力量显著增强。它还是一个不祥之兆：路易专制主义的最佳门徒被国内外敌人联手夺走了王位。

在后人看来，路易对这些事情袖手旁观是他犯过的最严重的政治错误。他似乎高估了英国人和尼德兰人对彼此的敌意，可能还指望爆发新的战争或内战。英国人和尼德兰人日后确实无法长久地和平共处，但是当时没人能确定英国将是两个经济强国中榨干对方的国家。 正如“光荣革命”的发动者所计划的，两个“海上强国”起初形成了一个轴心，18 世纪的关键结盟倡议都将以它为基础。

此时开始的战争延续了整整九年。哪一方的力量都不足以使战局朝着对自己有利的方向发展，尽管路易在战争初期赢得了几场较为重要的胜利。他想要循序渐进地得到神圣罗马帝国境内的据点，把此前经常推行的和莱茵河沿岸国家结盟的体系
升级成附庸国体系。1688 年 6 月，路易促成法国候选人当选科 122
隆总主教，把科隆变成了法国的堡垒。1688 年 9 月，他开始派兵进入莱茵河上游地区，借口是所谓的继承要求。普法尔茨－

锡门（Pfalz-Simmern）家族的最后一位选帝侯——路易的弟媳普法尔茨郡主莉泽洛特（Liselotte von der Pfalz）的哥哥——去世之后，路易就以弟媳的名义要求普法尔茨选侯国全归法国。普法尔茨选侯国的领土零零碎碎，便于出手交换；它位于莱茵河上游的中心，四周都是教会领地。假如能得到它，路易就极有可能借助“重盟”吞并莱茵河上游的几乎全部地区。

为了阻止他，较大的帝国政治体在10月就组成了同盟。到了年底，同盟的军队把法国人赶出了科隆和科布伦茨。在陆军大臣卢福瓦的敦促下，路易以焦土战略予以回应。从1689年初开始，他命人系统性地破坏科隆和施派耶尔（Speyer）之间紧邻法国要塞地带的所有帝国地区，使它们无法充当敌人的军事据点和后勤中心，同时恫吓当地的政府和居民。科隆的所有城堡以及莱茵河、摩泽尔河沿岸的其他宫殿和居民点被拆毁，宾根（Bingen）和奥本海姆（Oppenheim）、曼海姆、海德堡和海尔布隆（Heilbronn）等城市连同附近的村庄空无一人，遭到劫掠、破坏，被烧成平地。在帝国宫廷法院所在地施派耶尔，法国人格外卖力地破坏了皇帝权力的一切象征物。

法国人的挑衅之举激怒了整个欧洲。结果是帝国政治体坚定地团结到了一起。1689年2月15日，神圣罗马帝国议会全票通过对法国开战。到了10月，皇帝同帝国政治体、尼德兰联省共和国、西班牙、英国和萨伏依结成了一个大同盟，它首先夺回了美因茨和波恩等法军堡垒（它们此时又遭到了
123 同盟军的蹂躏）。此后进攻有所减弱。皇帝的部队一直无法离开巴尔干地区，因为土耳其人试图反攻。土耳其人确实在1690年夺回了两年前被巴登边区伯爵“土耳其人克星路易”（Türkenlouis）[1]占领的贝尔格莱德。

① “土耳其人克星路易”：巴登－巴登的路德维希·威廉（Ludwig Wilhelm von Baden-Baden, 1655~1707），因多次战胜奥斯曼军队而得到这个绰号。

奥兰治亲王威廉此时在尼德兰战绩不佳。直到1693年，法国对尼德兰的攻势才会减弱，但这只是因为法国当时在加泰罗尼亚发动了一场绝妙的进攻，其高潮是1697年占领巴塞罗那。威廉在爱尔兰取得了更多胜利。1689年，詹姆斯二世率领一支法国资助的军队在爱尔兰登陆，想要从那里出发夺回自己的国家。1690年7月1日，威廉总算在（都柏林以北的）博伊奈（Boyne）河畔击败了准备不足的詹姆斯，迫使他再度流亡法国。随之而来的是针对天主教徒的新的迫害措施以及新一轮人口外迁潮。

同年，一支由海军名将图尔维尔（Tourville）指挥的法国舰队在英国海岸附近击败了英国—荷兰舰队，詹姆斯二世和他的靠山受到鼓舞，仅时隔两年便再次试图入侵英国。1692年6月2日，图尔维尔指挥44艘船在瑟堡（Cherbourg）附近攻击了规模远在己方之上的英国—荷兰联合舰队，将对方赶走。但在入侵军登陆前夕，法国舰队中的12艘船在拉乌格（La Hougue）的停泊地遭到敌军突袭，陷入火海。这段小插曲并非英国宣传部门吹嘘的重大胜利。不过法国舰队一段时间内确实只能突袭，而无法再开展常规海战了。

这次战争旷日持久，结局难测，成本越来越高，法国派出作战的40万名士兵消耗了国家收入的74%，所以1692年后各方都渴望停战。形势很糟。路易早就不得不重新启用那些过去好不容易才制止的手段，比如包税制、出售公职，对农民征收 124
的税越来越多。1693~1694年，约1/10的法国人口死于饥荒。然而各方一直拖到1697年9月20日才签订了《赖斯韦克和约》（Friede von Rijswijck，现在一般将该地写作Ryswick）。

它是第一份没让路易成为明确的胜利者的和约。他不得不承认威廉和玛丽是英国国王，承诺不再支持斯图亚特家族就足以说明问题。他还不得不归还大量占领地区，大致恢复《奈梅亨和约》（Der Friede von Nimwegen，1679 年）规定的边界：将卢森堡和巴塞罗那还给西班牙，把洛林（连带所有重盟地区）、弗赖堡和凯尔（Kehl）、普法尔茨以及科隆还给神圣罗马帝国皇帝或者该地原来的主人。尼德兰联省共和国得到了一些重要的边境要塞（“屏障区”），更重要的是，它还得到了一些过去属于西班牙的要塞［比如阿特（Ath）、沙勒罗瓦（Charleroi）、科特赖克（Courtrai）和蒙斯（Mons）］。不过手握阿尔萨斯、斯特拉斯堡和萨尔路易（Saarlouis）的路易好歹仍旧把持着进入神圣罗马帝国的重要关口。经常被人忽略的是，他还得到了圣多曼格（Saint-Domingue）——海地岛的西部地区及全球最大的产糖地，并保持对加拿大的控制。和约很少涉及海外世界，因此“反映了各方普遍关注的是欧洲的均势”。[1]

和约造就了均势。然而就在此时，在各方亟须休养生息的时候，西班牙的王位继承问题又开始棘手起来。

## 2　1701~1713/1714 年：西班牙王位继承战争

西班牙王位继承战争是路易参加的战争中延续时间最长、最惨烈的一场，吊诡的是，也是他责任最轻的一场。更确切地说，这场战争是世袭制不可避免的结果：血缘最近的男性亲属
125 应当继承政权——此事涉及西班牙大帝国。1701 年起，这场战争将所有欧洲大国再度拖入了长达 12 年的武装冲突。各方对世袭制没有异议，问题是两名人选——路易十四世和利奥波德一世——资格完全相同。不论其中哪个成功继位，失败者以及整个欧洲的均势都会遭受致命打击。假如法国成功了，它的霸权就会无比强大；假如神圣罗马帝国皇帝继承了王位，旁人就会担心查理五世当政时那样的哈布斯堡世界帝国卷土重来，而

且它甚至会更强大，因为西班牙的海外帝国此时更加庞大、有序。路易和利奥波德也不接受任何机构担任仲裁者，所以继承问题实际上无法解决，双方为了面子一直分毫不让，战争不可避免。

在西班牙的哈布斯堡家族绝嗣之前，大家一直忙着寻找折中方案。最可行的方案是把伊比利亚半岛交给巴伐利亚选帝侯的一个儿子，然后把帝国的剩余地区分给法国和海上强国。这个孩子的夭折导致方案失败。两位继承人不喜欢让哈布斯堡家族统治西班牙、波旁家族统治意大利的折中方案。

卡洛斯二世于1700年11月1日去世，此前不久，他宣布路易的孙子安茹公爵菲利普为自己的唯一继承人。假如菲利普拒绝继承，那么一切就全归哈布斯堡家族。路易接受了遗产。他必须这样做，否则利奥波德就会毫不犹豫地包围法国。于是菲利普在1701年1月登上西班牙王位，史称费利佩五世。马德里、布鲁塞尔和米兰立即认可了他。为了保护这份遗产，路易派法国军队进入西属尼德兰。他命令西班牙港口向法国船只开放，接管了西班牙的奴隶贸易，派遣商人前往西班牙殖民地。他这样做自然是为了防止政治真空。

利奥波德决心绝不容忍这类举动。自从战胜奥斯曼并签 126
订《卡洛维茨（Karlowitz）和约》（1699年1月26日）之后，皇帝在军事方面就没有了后顾之忧，他手下还有名将可用，现在他们可以领兵对付法国。1701年，大名鼎鼎的土耳其人征服者萨伏依的欧根亲王率领一支部队进入意大利北部，将法国人赶出了若干据点。在此之前，路德维希·威廉，也就是巴登的“土耳其人克星路易”已经为皇帝夺回了兰道（Landau）要塞。

1701年9月7日，皇帝和海上强国结成了新的大同盟，法国的敌人信心大增。到了1703年，大部分帝国政治体都加入了大同盟。它们的计划是把伊比利亚半岛留给费利佩，让神圣罗马帝国皇帝得到西属尼德兰和意大利，英国和荷兰得到殖民地。

这是奥兰治亲王威廉的最后一次行动，1702年3月，他意外坠马而死。他在荷兰的继任者是他过去的下属安东尼·海因斯（Anthonie Heinsius）。英国王位由安妮继承，她是威廉1694年去世的妻子玛丽的妹妹。安妮让闺蜜的丈夫马尔博罗（Marlborough）公爵约翰·丘吉尔（John Churchill）担任她最重要的顾问。他曾是詹姆斯二世的宠臣，不过及时转变立场，变成了辉格党的领袖。他在战争开始时马上亲任佛兰德的英军总司令。他和海因斯的合作非常顺利，却不得不同托利党控制的议会反复扯皮，因为议会一再以距离太远为由不同意部队在欧洲大陆上开展行动。但对于作战而言，政治和军事领导权的结合将有很大的好处。

敌人在1702年5月宣战，路易十四世的回应是承认詹
姆斯二世的儿子是英国国王詹姆斯三世。维特尔斯巴赫家族
成了他的盟友，其中包括巴伐利亚选帝侯马克斯·埃马努埃
尔（Max Emanuel）、科隆选帝侯约瑟夫·克莱门斯（Joseph
127 Clemens）和若干意大利君主。马克斯·埃马努埃尔成了路易
一方的重要统帅。1703年夏季，他率军从巴伐利亚出发首度
攻击哈布斯堡家族的原有领地，与此同时，法军将神圣罗马帝
国皇帝的军队赶出了莱茵河上游地区。到了年底，马克斯·埃
马努埃尔占领了帕绍（Passau）主教领地，维也纳似乎门户
洞开。

利奥波德此时被其子约瑟夫说服，从意大利召回了萨伏依的欧根亲王，让他担任宫廷军事委员会主席。这是妙招。多次战胜土耳其人的欧根亲王是马萨林外甥女的儿子，曾因路易的怠慢而感到失望，于是从1683年开始为神圣罗马帝国皇帝

效命。维也纳之围解除后，欧根亲王曾参与或指挥所有对土耳其人的关键战役并连战连捷。他身材矮小，长着娃娃脸，原本（同利奥波德本人一样）被安排担任教士，后来却不仅成了魅力十足的统帅和天赋异禀的冒险者，还是天才外交家以及正人君子——这一点更受同时代的人瞩目。他是开明、宽容、具有世界公民气质、爱好艺术和科学的“雅士”（honnête homme）之典范。此后的战局转而不利于法国，原因之一是欧根亲王——和马尔博罗一样——对军事和政治问题都有最终决定权，而法国的元帅在做任何战略决策之前都得耗费时间征询国王的意见。

进军维也纳的法军一败涂地。在欧根亲王的劝说之下，马尔博罗决定违背英国议会和荷兰盟友的意志，带领自己的佛兰德军在多瑙河畔支援皇帝的军队。1704 年 8 月 13 日，他和皇帝的军队在赫希施泰特（Höchstädt）附近遭遇人数占优的法国—巴伐利亚军队，结果大获全胜。法军元帅塔拉尔（Tallard）成了俘虏，他手下的 5.6 万名士兵半数阵亡或被俘。然而胜利的一方也损失了 1.2 万人，即总兵力的 1/4。巴伐利亚选帝侯流亡布鲁塞尔，他的土地落入了皇帝之手。 128

自此之后，西班牙王位继承战争的关键“实际上是争夺对尼德兰、德国和意大利北部的控制权。（……）最重要的战线都在神圣罗马帝国境内；其他战场——意大利、西班牙和海外——都不如它重要”。[2] 不过胜利鼓舞了同盟国更多地干涉西班牙本土。利奥波德的次子卡尔大公从 1704 年起试图依靠英国的帮助从葡萄牙发兵实现自己的诉求。①1705 年，他在加泰罗尼亚和瓦伦西亚取得胜利。但是马德里的高级贵族支持费利

① 利奥波德一世计划让次子奥地利大公卡尔（即后来的神圣罗马帝国皇帝查理六世）王位。

佩。卡尔只在1706年和1710年短暂地进入过这座卡斯蒂利亚的大都市。

1706年，同盟国的连胜纪录又增加了两场。马尔博罗在拉米伊（Ramillies）附近击败法军（5月23日）并追击溃逃者——这不符合当时的习惯——把他们赶出了尼德兰。9月7日，欧根亲王在都灵城外战胜法军，迫使其撤出意大利北部。1707年3月，法国不得不签署正式的撤军协议。马尔博罗和欧根亲王分别从比利时以及萨尔和摩泽尔河流域出兵，发动联合总攻，使得法军1708年7月在奥德纳尔德（Oudenaarde）附近一败涂地。马尔博罗此时想直取巴黎。欧根和海因斯不同意，觉得风险太大。不论如何，到了年底，比利时全境都被占领了。

法国完了。重要的盟友都离它而去，国家濒临破产。年财政赤字在1701年就从0.729亿利弗尔上涨到了1.787亿利弗尔[①]，1711年还将升至2.25亿利弗尔。和过去的费利佩二世一样，路易十四世也只能依靠来自（西班牙的）海外殖民地的黄金救命。全国各地都陷入了严重危机。许多地方的危机升级为暴动，就连国王的亲信也毫不留情地批评他。

各方从1709年5月开始在海牙讨论和约内容。但是同盟

129 国提出了过分的要求：它们要路易放弃西班牙王位，放弃斯特拉斯堡和阿尔萨斯，放弃法国在尼德兰占领的所有土地。路易一度愿意照单全收。然而当英国议会要求他亲自派兵去西班牙把孙子赶下王位，路易就收回了所有承诺。战争继续进行。

这一回同盟国不怎么走运。对土伦（Toulon）的进攻以及神圣罗马帝国军队出兵弗朗什－孔泰（Franche-Comté）都失败了。马尔博罗和欧根亲王从佛兰德出发率军去往巴黎。唯一

① 法国古代货币单位，又译“里弗尔”，1利弗尔约等于1法郎。——编者注

保有一支军队的法军元帅维拉尔（Villars）公爵想要挡住他们的去路。1709年9月11日，埃诺的马尔普拉凯（Malplaquet）附近发生了18世纪规模最大的战役：7万名法国士兵对阵11万名同盟国士兵。同盟国取得胜利，却无力追击按战术撤退的法军。同盟国损失了1.5万人，法国损失了约1万人。就军事而言，法国得救了。

因为同盟国拖不起：伙伴之间的利益冲突越来越大，战争的成本也越发高昂，越来越多的人相信共同的战争目标——建立各方势力的合理均势——早就被抛在脑后。猜忌的种子正在发芽：1705年起继任神圣罗马帝国皇帝的约瑟夫一世摆出的盛气凌人姿态让同盟国疑心重重；英国人遭到怀疑是因为他们越发公开地试图把西班牙变成自己的经济殖民地，英国国内也弥漫着不信任情绪——商人和地主质疑执政的辉格党及其严苛的税务政策。

1706年起，曾在1688年将国王扶上宝座的辉格党逐渐失势。女王本人支持反对派。1710年10月，托利党获得了党史上最大的选举胜利。以牛津伯爵罗伯特·哈利（Robert Harley）和博林布鲁克（Bolingbroke）子爵亨利·圣约翰（Henry St. John）为首的新政府同神圣罗马帝国皇帝决裂，拉拢费利佩五世，还开始和法国秘密谈判。到了1711年底， 130
马尔博罗失去了最高军事指挥权。他流亡了。英国军队撤出了欧洲大陆。欧根亲王想独自继续扩大战果却无法如愿。1712年7月，他在最后一场大战中在德南（Denain）附近被维拉尔打得落花流水。

战争加速走向终点——就像它当初爆发那样——也是因为一个人的死亡。1711年4月，皇帝约瑟夫一世出人意料地去世了，在10月继位的是卡尔大公，也就是此前自称卡洛斯三世并争夺西班牙王位的那位。结果是海上强国不愿意继续支持他争夺西班牙。

各方从 1712 年开始在乌得勒支讨论和约内容，一年多以后正式签署。1713 年 4 月 11 日，几大海上强国、萨伏依、葡萄牙和普鲁士在乌得勒支签约；1714 年 3 月 7 日，神圣罗马帝国皇帝在拉施塔特（Rastatt）签约；1714 年 9 月 7 日，帝国议会代表在巴登（瑞士）签约（1715 年 11 月 15 日，皇帝和尼德兰之间的一份补充协议在安特卫普通过）。《乌得勒支和约》以近乎理想的方式展现了当时的政治均势理念。

费利佩五世被承认为西班牙国王。然而他统治的是一个缩水的帝国：只剩下伊比利亚半岛上的西班牙核心地区［除了直布罗陀和梅诺卡（Minorca）］及其殖民帝国。

作为交换，西班牙的波旁家族必须放弃潜在的法国王位继承权，法国的波旁家族也必须放弃潜在的西班牙王位继承权。博林布鲁克规定：假如法国的波旁家族绝嗣，那么王位就由他们的旁支奥尔良家族继承。对法国王室的弱势分支而言，这种合作建议十分诱人。谁能保证他们一直弱小，没准英国有朝一日也能对法国的王位继承问题有发言权呢。

同 1697 年相比，法国的国境线收缩了。它失去了伊珀尔（Ypern）、弗尔内（Furnes）、梅嫩（Menin）和图尔
131 奈（Tournai）等佛兰德地区的要塞以及弗赖堡和布赖萨赫（Breisach）等莱茵河上游的据点。不过法国保住了兰道、斯特拉斯堡和阿尔萨斯，还得到了奥兰治。

神圣罗马帝国皇帝（气愤于和约对西班牙的处理而持续作战至 1714 年 3 月）得到了过去的西属尼德兰、米兰、托斯卡纳和那不勒斯。西西里则落入英国的宠儿萨伏依之手。

在神圣罗马帝国之内，巴伐利亚和莱茵河以东地区都开始重建。帝国诸侯在战争期间从皇帝那里得到的头衔——普鲁士的国王头衔（1701 年）和汉诺威的选帝侯头衔（1692 年）——

得到了各国的承认。除此之外，帝国政治体没什么收获。维特尔斯巴赫家族没有得到意大利的王位。促成和约的普法尔茨的约翰·威廉什么好处也没捞到。

对尼德兰联省共和国而言，战争的结果同样十分屈辱。它的一大块贸易和资本优势被英国夺走。它唯一的新收获是一项任务：阻止神圣罗马帝国皇帝向几大洋扩张势力。大家都觉得英国在挑唆自己先前的两大盟友相互争斗。

英国确实是同盟核心中坐收渔利的一方。它从西班牙那里得到了地中海基地直布罗陀和梅诺卡。法国把北美的纽芬兰、新斯科舍（Neuschottland）和加拿大的门户哈得逊湾（Hudson Bay）、阿卡迪亚（Akadien）以及加勒比地区的圣克里斯托弗岛（Saint Christophe）都交给了英国。英国还得到了可以带来丰厚利润的贸易优势：法国不得不把关税降到1664 年的水平；西班牙不得不把它在非洲奴隶贸易中的份额［许可证（asiento）[①]］交给英国，并让出自己殖民地的一些特权，举例而言，英国得到了每年派一艘载重 500 吨的商船前往西属美洲的权利。

以上种种都是巨大的利益。以全球视角来看，欧洲范围内的表面均势却是英国实力大增，而且这种势头会延续下去。

## 3　1700~1721 年：北方战争 132

当西欧强国如痴如醉地关注西班牙，在佛兰德地区、神圣罗马帝国和海外争夺势力范围时，波罗的海沿岸地区的政治

① asiento 为西班牙语单词，意为“协议、许可证”，此处指“Asiento de Negros”（关于奴隶贸易的许可证），即西班牙王室在 16~18 世纪与合作者缔结的将非洲黑奴贩运至美洲的协议。

局势却戏剧性地陷入了动荡。趁着未被西班牙王位继承战争波及，那里的势力格局发生了天翻地覆的变化。西欧的战争以精心构筑的各方力量平衡告终，而所谓的大北方战争却蕴含着不可估量的动能且后续发展难料。在瑞典的战术再度获胜——在后世看来也是最后一次获胜——之后，该国戏剧性地失去了波罗的海霸主的地位，沙皇俄国却迅速且不可阻挡地崛起了。

北方战争在某种意义上说也是王位继承战争。1697 年，瑞典国王卡尔十一世出人意料地去世。他曾得到国会的许可坚定地推行专制主义路线，削减贵族的共治权，收回被贵族占据的王室土地，依靠这笔收入推动行政管理、陆军和海军的现代化改革。现在权力转移到了他年仅 15 岁的儿子卡尔十二世手中。强大王权的时代似乎暂时落幕了。

君主专制的所有敌人过去对有法国撑腰的卡尔十一世无计可施，此时却看到了机会。贵族——也包括利沃尼亚（Livland）等瑞典各省的贵族——都要求停止“收回王地”（Reduktionen），因为这项政策已经使贵族失去了一半土地。瑞典的外部敌人之一丹麦则希望夺回 1689 年失去的石勒苏益格公国。波兰—立陶宛的新国王，即萨克森选帝侯奥古斯特二世想要兼并利沃尼亚，于是勾结了利沃尼亚的骑士阶
133 层（不过奥古斯特也计划效法卡尔十一世的先例，通过一场胜利征服对方）。俄国沙皇彼得一世在残酷的氏族斗争之后在 1694 年独立执政，他大力推进西化，所以急需波罗的海沿岸的据点，而瑞典一直不让他得手。1699 年秋季，这对有矛盾的伙伴结成秘密同盟。勃兰登堡选帝侯弗里德里希被邀请加入，但他拒绝了，因为他不想触怒神圣罗马帝国皇帝——他一直在争取皇帝同意他得到普鲁士国王的头衔。理想的结果给了他底气：不到两年他就在柯尼斯堡自行加冕为“在普鲁士的国王”。

战争始于几场突袭。1700年2月，奥古斯特二世不宣而战，命令波兰—萨克森的军队进军利沃尼亚并围困里加（Riga）。4月，丹麦向荷尔斯泰因－戈托普（Holstein-Gottorp）派兵。不过这两场进攻很快就停了下来。海上强国需要瑞典和丹麦充当对抗法国的盟友，于是希望年轻的卡尔能让自己出面调解矛盾。然而卡尔表示拒绝。

少年国王调动起父亲整顿过的军队，以雷霆万钧之势发动反攻。他派兵渡海前往西兰岛（Seeland），在8月就迫使丹麦停战并退出同盟。此后，沙皇对瑞典宣战，一支俄国军队开始围困爱沙尼亚的纳尔瓦（Narwa），卡尔遂率领1.2万名士兵乘船前往利沃尼亚。11月30日，他无视当时的所有战术规则——冒着漫天的暴风雪——在纳尔瓦城外与4万名俄国士兵作战，把他们打得落花流水。年轻的沙皇也遭遇了惨败。

然而卡尔没有乘胜追击，将敌人彻底赶走，而是在瑞典的东部几省待了一年。直到1702年春季，他才开始对付波兰。他的目标是推翻奥古斯特。他看不上奥古斯特平庸的军事才能，更看不上奥古斯特为了得到波兰王位而改信天主教。这次 134
军事行动也带来了一连串胜利。5月，卡尔的军队占领华沙。7月，它们消灭了波兰—萨克森的军队，占领克拉科夫。倒霉的波兰国王此后又接连失败，1704年卡尔让国会宣布他退位，宣告卡尔支持的人选——高级贵族斯坦尼斯瓦夫·莱什琴斯基（Stanislas Leszczyński）为新的国王。此后瑞典又获得了一些胜利。俄国的军事援助也帮不了奥古斯特。1706年春季，卡尔的军队进入萨克森，将当地守军赶走，迫使选帝侯在9月于阿尔特兰施泰特（Altranstädt）附近（靠近莱比锡）签订了一份极其屈辱的和约。奥古斯特不得不摘下波兰王冠，承认莱什琴斯基，解除与俄国的同盟，将利沃尼亚贵族反对派的领袖约翰·赖因霍尔德·冯·帕特库尔（Johann Reinhold von

Patkul）交给瑞典，也就是使此人必死无疑。卡尔大获全胜。

但是年轻的国王没能利用好胜利。和此前在利沃尼亚一样，他先在萨克森驻跸一年。也许他的主要目的不在于耀武扬威，而在于掠夺该地丰富的资源。50 年后，弗里德里希二世也在七年战争之初有过类似的举动。卡尔是一个只爱打仗的魅力十足的英雄人物，弗里德里希二世很钦佩他。卡尔显然计划吞并波兰和萨克森，扩张瑞典帝国，也就是使神圣罗马帝国北半边的一大块听命于自己。马尔博罗亲自前往阿尔特兰施泰特劝他放弃这种打算并取得了成功。所以我们看到以下局面也不奇怪：瑞典的外交手腕通常十分灵活，此时却未能（或者拒绝）通过结盟为激进的国王开展战争活动提供助力。卡尔越发只能指望军队的实力。

面对俄国人，他浪费了太多时间。沙皇却分秒必争。兵败纳尔瓦之后，沙皇马上竭尽所能地彻底整顿被击溃的俄军。他
135 招募了 13 万名士兵，让他们接受系统训练。从 1705 年起，全国性的新募兵体系带来了几乎用之不竭的兵源，法国到大革命时的兵源才比这更多。大炮在纳尔瓦之战中损失，彼得便命人从 1/3 的教堂里拆下大钟铸造大炮。一段时间内，最高达到 95% 的国家预算都被用于军备。

与此同时，俄军占领了瑞典在波罗的海沿岸的大片地区——1702 年夏季占领了利沃尼亚、英格里亚（Ingermanland）和卡累利阿（Karelien），1703 年 5 月又占领了它们的附属要塞。为了让瑞典人无法利用这些地区，沙皇命人大肆破坏它们，赶走牲畜，将有劳动能力的居民迁往与鞑靼相邻的地区。1703 年 5 月，彼得为彰显自己的胜利在涅瓦河口新建了一座要塞：圣彼得堡。1704 年夏季，俄国又占领了纳尔瓦、塔尔图（Dorpat）和喀琅施塔得（Kronstadt）。

卡尔看不起俄国人。他觉得自己随时都能收回俄国人占领

的地方。何况卡尔已经和哥萨克人（他们想要阻止俄国控制乌克兰）以及奥斯曼人讨论结盟。所以当他在 1708 年 6 月对俄国人出兵的时候，他的兵锋直指南边，去往乌克兰，而不是指向波罗的海。

后续事件是近代人进攻俄国的恐怖模板。俄国人撤退并砍光森林，想让路况本就很差的主干道彻底无法通行。他们诱使扑空的进攻者不断深入俄国腹地，离自己的后勤补给基地越来越远。1708 年 10 月初，也就是瑞典主力部队在斯摩棱斯克以西抵达俄国边境的一个月之后，俄国人成功击败了一支从波罗的海前来的瑞典增援部队，缴获了辎重和火炮。瑞典人只能硬抗过严寒的冬季。哥萨克人没有兑现承诺去帮助他们。

决战发生在遥远的南边，在基辅东南的第聂伯（Dnjepr） 136
河畔打响。从 1709 年 5 月开始，卡尔率领 3.2 万人围困波尔塔瓦（Poltawa）要塞。他很快就受了伤，无法继续亲自指挥军队在 1709 年 7 月 8 日攻击 4 万俄国援军。瑞典军因为缺乏大炮、火药及配合不佳而惨败。卡尔靠着运气和 1000 名士兵艰难地逃到了土耳其。其余瑞典部队被俄国人俘虏。这终结了瑞典的霸权，并且“瓦解了卡尔十二世强行维持的局面”[3]。主动权遂转移到俄国手中。

瑞典帝国很快就要覆灭。1709 年 8 月，莱什琴斯基已经被驱逐。得到俄国支持的奥古斯特二世作为波兰国王重返华沙。俄国、波兰—萨克森和丹麦开始疯狂夺取瑞典帝国的土地。这几个盟友竞相占领波罗的海沿岸的瑞典堡垒。到了秋季，俄国军队已经占领了波罗的海东岸的所有重要贸易点［里加、雷瓦尔（Reval）①］。海上强国、神圣罗马帝国皇帝、帝国议会和瑞典国会在 1710 年 3 月 31 日签订保护瑞典—德意

① 雷瓦尔：爱沙尼亚首都塔林的曾用名。

志的所有省份、石勒苏益格以及日德兰半岛的《海牙协定》（Haager Konzert），但这没用。瑞典国王卡尔在1710年12月说服收留他的土耳其人对俄国开战，鞑靼人、哥萨克人以及波兰的莱什琴斯基追随者也开始进攻乌克兰的边境地区——这些举动更没用。1711年夏季，沙皇及其部队在普鲁特（Pruth）河畔［瓦拉几亚（Walachei）① 和奥斯曼帝国之间的边境地区］被包围，苏丹没有趁此机会大肆报复，而是提了几个小条件——归还两处要塞、让卡尔十二世平安回国——就退出了战争。

此时俄国、丹麦、萨克森的军队还在继续攻击德国的波罗的海沿岸地区。丹麦夺取了不来梅、施塔德（Stade）和
137 戈托普的要塞滕宁（Tönning）。俄国人围困施特拉尔松德（Stralsund）和什切青（Stettin）并在1713年9月占领两地。沙皇抓紧时间利用俄国皇室与库尔兰（Kurland）、梅克伦堡和荷尔斯泰因的统治家族的政治联姻辅助自己的军事行动。与此同时，俄国人还占领了芬兰的大片地区，连同奥布［Åbo，德语名为图尔库（Turku）］和奥兰（Åland）群岛。

加入瓜分行动的还有此前竭力保持中立的勃兰登堡—普鲁士——俄国军队在1711年穿过它的领土——以及同样觉得自己的边境岌岌可危的汉诺威。1714年，英国也加入了瓜分。1712年，汉诺威占领了费尔登（Verden）公国，免得它落入丹麦手中；1715年，一支不列颠舰队驶入波罗的海。1715年底，普鲁士和丹麦的部队占领了吕根（Rügen）和施特拉尔松德。1716年4月，瑞典失去了自己在波罗的海南岸的最后一座堡垒——维斯马（Wismar）。

尽管遭遇惨败，疾驰16天于1714年11月回国的卡尔

① 瓦拉几亚：历史上的大公国，位于现在的罗马尼亚南部。

十二世还是不肯做任何妥协。这就是强大的瑞典专制主义的缺陷：想阻止疯狂的国王却不存在符合宪法的手段。他相信自己能夺回一切，靠自己的力量击溃敌人的同盟。就后一点来说，他的判断是对的，前一点他或许也能做到。但在 1718 年 12 月 11 日，他在围困挪威东北部的边境要塞弗雷德里克斯哈尔特（Frederikshald）的时候阵亡，时年 36 岁。时人私下议论说他是被自己人开枪打死的。

高级贵族，更确切地说参政会再度掌权。他们将卡尔的妹妹乌尔丽卡·埃利诺拉（Ulrika Eleonore）和她的丈夫黑森－卡塞尔的弗雷德里克一世选为国王。此时的瑞典在内政和外交方面都同英国走得很近。专制主义被消除，王室仅起代表作用。“自由时期”从此开始，一直延续到 1772 年的新专制主义政变。自由时期的基础是等级会议执政。在国会中，亲法的贵 138
族党派“礼帽派”与亲俄的、代表商人和城市资产阶级利益的“便帽派”相互对立。

“病态的天才”[4] 卡尔十二世的退场使英国可以推行坚定的亲瑞典路线，目的是遏制俄国咄咄逼人的霸权。1720 年夏季之前，一个个国家迅速退出同盟：萨克森—波兰、汉诺威、普鲁士以及丹麦。为了保全战争双方的面子，每一个前同盟成员都可以保留一部分占领地区，但是必须向瑞典支付相应的补偿。只有丹麦交还了占领的所有地区，不过它得到了补偿，瑞典还承诺以后恢复缴纳厄勒海峡通行费。

这些外交表现给沙皇留下了深刻印象。前不久他还试着同法国以及瑞典政府中的亲俄势力结成同盟，此时则急着加入签订和约的行列。俄国收获颇丰。通过 1721 年 9 月签订的《尼斯塔德（Nystad）和约》，俄国得到了利沃尼亚、爱沙尼亚、英格里亚和包含维堡（Wiborg）的南卡累利阿，再加上萨雷马（Ösel）、希乌马（Dagö）、默恩（Mön）等岛屿。作为补偿，俄国要付给瑞典200万帝国塔勒[①]，允许瑞典免税进口利沃尼亚的谷物，也要放弃芬兰。由于法国的介入，瑞典还保住了包含施特拉尔松德、格赖夫斯瓦尔德（Greifswald）、吕根和维斯马的前波美拉尼亚（Vorpommern）西部。

于是波罗的海地区形成了小范围的势力平衡——但是不包括俄国和波兰。尽管和约也涉及波兰，但它没有在瓜分中扮演积极角色——它此前在战争中的表现也是如此。自从奥古斯特二世再度发动政变却失败，他就完全依附于俄国了。随之而来的是新一轮的斗争、破坏、针对宗教少数群体的迫害和天主教极端化进程。1717年，国王因为缺钱而不得不将波兰军队裁撤掉3/4（从8万人减到1.8万人）。这样一来，俄国就可以在波兰为所欲为了。

139 这进一步证明了俄国的辉煌胜利。它不仅在两强争霸中战胜了瑞典，赢得了进入波罗的海的通道，还建立了影响范围很广的霸权，实际上瓦解了1648年的和约体系。俄国发展为强国，将瑞典、波兰、普鲁士纳入自己的势力范围。“自此之后，”兰克表示，“俄国开始在北方发号施令。”[5]

俄国没能做到彻底取代瑞典的“波罗的海霸权”（dominium maris baltici）主要是因为英国的胜利——英国至少控制了波罗的海西部。这两个大国瓜分了波罗的海。

## 4 两个受益方

两个差异显著的政治体成了18世纪前20年里关键战争的受益方，虽然它们并非战胜国。它们就是英国和俄国。

英国采取君主立宪制，支配它的是政治上极为专业的等级

① 1524年至18世纪中期德意志民族神圣罗马帝国的通用货币。——编者注

会议，也就是议会；议会中掌舵的是一群见多识广、由贵族和商界人士组成的精英，在精英身边献计献策、提出批评的是地位上升的城市公众，他们有着活跃的媒体及信息文化。这一切的基础是生机勃勃的贸易，它依靠规模庞大的现代舰队有力地向海外铺开。相反，俄国是沙皇军事独裁的专制国家，同时代的大部分西方人觉得它很野蛮。沙皇依靠若干高级贵族氏族和不断变化的宠臣统治着大量在政治方面毫无权利、无法发声的农村居民，而这些居民提供着几乎无穷无尽的兵源。

沙皇们从 15 世纪开始尝试同西方接轨。在 1689 年经历 140
巨大波折登上皇位的彼得一世向这个目标迈出了一大步。在他治下，西化举措力度很大，使社会充满活力，所以学术界至今一直喜欢将俄国的变化归因于这位极具魅力的君主的坚定意志——伏尔泰 1731 年在《查理十二传》(*Histoire de Charles XII*)[①]中的写法就会使人形成这种印象。只要旁人稍不注意，这位头脑聪明、目光锐利、行为粗暴的巨人[②]就会迅速且极其坚决地把握时机，在自己的庞大国家里不断推行一系列改革。他争分夺秒地建立起一支新的、按照西方模式武装及训练的军队，它能压制由旧波雅尔贵族领导的部队以及总爱叛乱的宫廷卫队射击军。他建立了一个还算有效率的官僚体系，通过监督部门和严刑峻法防止官僚过于腐败。他让教会听命于自己。教会首脑、一部分贵族和人数很少的城市精英都听他调遣，因为他总能成功地唤起人们向上爬的愿望。沙皇试图在各地搭建新的高效体系，设立有吸引力的岗位，所以整个国家都变得可爱了。他树立并宣扬一种新的、充满活力的生活态度。在 18 世纪，哪儿都不如俄国的发迹机遇迷人——或许只

---

① 此处的查理十二即指卡尔十二世。——编者注

② 彼得一世身高超过两米。

有苏丹身边例外（不过你得先改信伊斯兰教）。瑞士的商人学徒弗朗茨·雅各布·勒·福（Franz Jakob Le Fort）成了彼得的心腹顾问，荷兰犹太人彼得·夏皮洛夫（Peter Schapirow）晋升为枢密顾问，农家子弟亚历山大·缅什科夫（Alexander Menschikow）当上了陆军元帅、首席大臣、英格里亚公爵和神圣罗马帝国贵族，籍籍无名的立陶宛农妇成了女沙皇叶卡捷琳娜一世。所以野心家、冒险家、难民和专家从欧洲各地涌向俄国，如荷兰和英国的造船工人和工程师，爱尔兰、苏格兰、普鲁士的军官，德国工匠、犹太商人、移民国外的詹姆斯党
141 人，也有大学毕业生，他们觉得自己在圣彼得堡比在老家的家族大学（Familienuniversitäten）① 更受赏识。1722 年颁布的“官秩表”使所有在沙皇的军队或政府中展现才干的人都有机会成为贵族。

改革对于其反对者而言是残酷的压迫，对于所有愿意参与的人来说却是开明的现代化进程的起点。没有能对抗沙皇权力的等级委员会是俄国的政治缺陷，这在社会领域里倒是优点：在俄国，忠于沙皇的能人——极端一点说——根本不受等级限制。沙皇正是通过高调地无视等级限制来展示自己的权力。他赐给手下的前程是其他地方的人无法想象的，他借此宣扬自己的独裁统治的好处。于是政治压迫成了社会机遇。当时显然有许多人觉得发迹比自由更重要。

因为大家都明白：在精英内部实现唯才是举的代价是农村人口受到严重束缚。农民任由地主摆布，不可能减轻负担，更不要说改善生活，反而被越来越深地推入农奴制的泥淖；农民一直效命于新旧特权者，因此承担着看似十分开明的沙皇政策的社会成本。

---

① 家族大学：由若干家族把持教席的旧式欧洲大学。

俄国此时对农民的压迫和英国相当。英格兰议会在1707年苏格兰加入之后成了大不列颠议会，它利用新巩固的自由允许议员和他们的朋友兼并土地，损害残存的小农的利益。大地主可以为了自己的利益圈占公地，由此“制造”既成事实。这个看似最自由却又最独裁的欧洲国家对国内农民的压迫简直是绝无仅有的。

英国和俄国的相似之处可能在于它们都努力且有计划 142
地——时而作为大战的参与方，时而趁着别国大战——扩大势力。其他欧洲国家虽然不喜欢它们赤裸裸的扩张欲和堂而皇之要当仲裁者的愿望，却几乎无力阻拦。所以英国和俄国在18世纪里成了能在每份和约里捞到好处的两个大国。

欧洲均势政策毕竟很难约束这两个国家。俄国的辽阔疆域可以让沙皇几乎无限地扩张，也给他带来了取之不尽的兵源。作为岛国，英国不用太在意欧洲大陆国家对自己的不满。只要不列颠海军能牢牢控制几大洋，随时击退入侵者，还能在海外顺利掌握主动，不列颠帝国在对外主权方面就可以跟俄国媲美。

这两个国家都统治着以当时的欧洲标准来看空旷且不受法律约束的空间：俄国统治着人烟稀少、游牧者四处游荡的无垠草原，英国统治着大洋。卡尔·施米特（Carl Schmitt）认为“陆地和海洋的区别”在于前者“被划分为国家领土”，使得政治—军事行为必须符合国际法规则，公海上则“没有国家”，其主宰者没有上述顾虑，[6]而俄罗斯帝国的辽阔疆域使它既像陆地又像海洋。

这两个国家的显著区别在于它们对待政治组织改革的态度。沙皇——及其后继的几位女沙皇——曾将改革提升为施政纲领的核心，英国的内政则几乎没有经历过改革。

# 第六章
# 欧洲的海外影响

## 1　西班牙的世界帝国

143 以欧洲内部的视角来看，1713~1714 年的和约似乎建立了欧洲强国之间的均势。但是假如将目光投向欧洲之外，我们就会形成截然不同的印象。西班牙和葡萄牙在路易十四世参与的最后一场战争中似乎是输家，然而这两个强国恰恰一如既往地统治着巨大的帝国，其规模在当时只有俄国可以匹敌。

早在 16 世纪，西班牙王室（现在是波旁家族）已经掌控了加勒比海诸岛的一大部分——哥伦布和后来的征服者就是以这里为跳板开始占领新大陆的；此外，西班牙还掌控着整片中美洲地区和南美洲大陆的西部地区。在西班牙和葡萄牙结为共主邦联时期（1580~1640 年），西班牙又掌控了巴西甚至全南美。西班牙的官僚体系将前现代手段发挥到了极致，对上述巨大区域的细致管理堪称典范。那里被划分为两个（后来变成四个）总督辖区——新西班牙（Nueva España）和秘鲁，下分省、区，建立了中央及地方管理部门，官员都是职业化的专业人员，还建立了层级分明的现代法庭。主要由大型传教会负责的教会组
144 织分为 5 个总主教区和 31 个主教区，根据特利腾大公会议的规定安排训练有素的神职人员加入圣职团（Kapitel）[①]，承担各类

① 主教座堂（Dom）或者修道院教堂（Stiftskirche）里负责管理及仪式活动的地位较高的神职人员团体。

职务。定期举行的省内宗教会议以及宗教裁判所的调查有利于协调工作。密集的学校网，包括小地方也有的修道院学校和所有较大地区都有的文理中学带来了提升社会地位的机会，促使种族差异极大的居民相互融合。神学院和大学不仅把白人男青年培养成教士和行政管理人才，即所谓 letrados，也培养印第安领袖家族的子弟。尽管殖民地社会在日常生活中经常按照种族出身和肤色将人细分为三六九等，但它仍然较为宽容，并且愿意且有能力融合来自世界各地的人。为帝国提供外部军事保护，同时监控美洲内部贸易路线的是常规部队（同欧洲的军队相比，规模小得可笑）、民兵（部分成员是印第安人）、一支 17 世纪 40 年代成立的海军（同样太小）以及大量的沿海岗哨和建有防御工事的港口城市。

从 16 世纪 40 年代后期开始，人们在安的列斯群岛和现在的哥伦比亚地区发现了可观的（河沙中的）黄金储备，同时在墨西哥北部［尤其是萨卡特卡斯（Zacatecas）和圣路易斯波托西（San Luis Potosí）］和秘鲁［尤其是波托西（Potosí，现属玻利维亚）］发现了意义重大得多的银矿。1575 年起，人们开始系统地采矿。秘鲁的白银储量确实是最大的——西班牙八成的白银都产自这里；16 世纪 90 年代，这里的银产量达到了数百吨。于是航运和大量殖民者从加勒比地区转到了秘鲁。来自世界各地的碰运气的人大多取道巴拿马前往新矿区。波托西整整一个世纪都是全球最重要的白银产区，成了名副其实的“兴旺之城”（boom town）。

为了给这些采矿中心提供食品，1600 年以后出现了由西 145
班牙贵族经营的大型农场及农场领主制（haciendas），它们开展大规模的农牧业生产，雇佣因为它们的存在而生计艰难的印第安农民当劳动力。马德里的中央政府不赞成这种封建化举动，但也只能听之任之，因为中央政府不想得罪自己在地方上最重要、最有干劲的代表。

中央政府对通货膨胀同样无计可施。南美白银充斥欧洲至少是通货膨胀的诱因之一，可是人们起初没什么感觉，因为物价升高是伴随着经济繁荣出现的。学术界一直在争论南美白银到底是不是“价格革命”（Preisrevolution）的唯一原因。不过可以确定的是，起初有过多财富从美洲流入殖民母国，导致母国太长时间不发展本土产业，于是西班牙本就薄弱的基础设施越发萎缩。

尽管如此，1713~1714 年以后的西班牙仍是不可小觑的强国。它不仅主宰大西洋部分海域的航路以及秘鲁—墨西哥太平洋沿岸的航路，而且主宰从秘鲁—墨西哥太平洋沿岸的港口到菲律宾的航路。两三艘载着白银的盖伦大帆船（Galeonen）每年一次从阿卡普尔科（Acapulco）出发，横穿太平洋抵达马尼拉，为的是在那里大批量采购中国丝绸、瓷器和其他奢侈品去欧洲市场贩卖。太平洋由此变成“西班牙的海”[1]，西班牙帝国也真正发展为世界帝国：受到刚刚兴起的全球经济的影响，它将世界各地的文化连接起来。1550~1800 年，有 9.8 万吨白银落到欧洲人手里，其中的 3.9 吨继续流向中国。

146

## 2　葡萄牙的世界帝国

西班牙人专心开发新大陆的理由之一是他们雄心勃勃的邻居葡萄牙人经营与旧大陆的贸易已有数十年。这始于葡萄牙人在非洲西海岸建立据点。随着瓦斯科·达·伽马（Vasco da Gama）1498 年绕过非洲，发现了通往印度的航路，葡萄牙人顺利推进着贸易。葡萄牙卡拉维尔帆船（Karavellen）上的船员——来自欧洲各地的冒险家，但也有北非人和撒哈拉沙漠以南的非洲人——作战经验丰富，他们肆无忌惮地利用现代舰炮一路占领印度西部沿海地区直至锡兰的许多城市和要塞，还占领了东非沿海地区、波斯湾地区和红海沿岸的许多岗哨。他们经塞舌尔前往东南亚，1511 年战胜了规模是自己 20 倍的敌人，拿下了马六甲，控制了苏门答腊和马来西亚之间的海峡。这为他们打开了通往“香料群岛”，即马鲁古群岛（Molukken）的航路，使他们能在 1512 年抵达那里。他们在马鲁古群岛成功地干预了两位穆斯林苏丹的权力斗争，让胜利者欠他们的情。1543 年，他们在日本站稳脚跟。1554 年，他们在中国得到一个据点——澳门。

根据教宗的托尔德西里亚斯（Tordesillas）仲裁裁决（1494 年），巴西也“属于”葡萄牙，所以葡萄牙人不仅在米纳斯吉拉斯（Minas Gerais）寻找黄金，而且以巴西的行政中心巴伊亚（Bahia）为基地建设以出口为导向、大规模化种植的农业。他们依靠巴西产品（牲畜、糖、巴西红木）开发（以北欧为主的）各地市场，还（从秘鲁和亚速尔群岛）吸引来大量垦殖者。

所以伊比利亚半岛上的两个强国都有规模远大于母邦的帝国。西班牙征服者和葡萄牙征服者的关键差异在于西班牙人遇
上的当地国家和原住民在军事技术和文明程度上都远远不及西 147
班牙，对外来的病毒也没什么抵抗力，所以西班牙人可以占领那些国家并且像管理自己的土地一样管理当地；相反，葡萄牙人遇上的国家至少不低于欧洲水平，因此，在其他地方令人畏惧的葡萄牙海军的威力只够夺取并保护几个贸易据点。建立西班牙式帝国远远超出了葡萄牙的能力；再者说来，葡萄牙国内人口压力不大，不足以推动目标明确的垦殖政策。

其他国家等待着攫取葡萄牙的完美物流网的有利时机。机会最大的是成立不久的尼德兰联省共和国。

## 3 东印度公司

其他欧洲国家的商人起初惊讶地观察着西班牙和葡萄牙的成功——有时也会投资它们的活动。西班牙和葡萄牙通过海外活动得到了惊人的利润，这使它们的竞争对手下定决心且态度日益坚决：至少让一部分利润流入自己囊中。（反对罗马的）英国国王和（信奉天主教的）法国君主都觉得教宗的托尔德西里亚斯裁决不能约束自己，于是暗地里支持一些私营业主，他们结队出海，目的是劫掠西班牙和葡萄牙的商船，将对方的港口变成自己的贸易场所。

英国的伊丽莎白一世为这种由国王担任保护人和帮凶的奇
148 特做法提供了一个早期著名案例。1600年底，“童贞女王”把英国东印度贸易的垄断权赐予一个由101人组成的股东团体。此后不久，“东印度公司”就首次发船驶向爪哇和苏门答腊，它尽量避开西班牙人和葡萄牙人，运回了利润丰厚的胡椒。

尼德兰联省共和国——反抗西班牙和葡萄牙王室的国度——的商船起初也避免太接近这两个国家的海外土地，而是首先只将注意力集中在美洲东北部。1597年之前它还想找到一条通往印度的北方航路；1609年，它委托不列颠人亨利·哈得逊（Henry Hudson）去探索圣劳伦斯河（Sankt-Lorenz-Strom）和那条后来因哈得逊而得名的河流之间的沿海地区；1624年，尼德兰联省共和国在哈得逊河河口附近建立了一座名为新阿姆斯特丹的城市，它位于从印第安人那里买来的曼哈顿岛上。垦殖者在此从事农业生产，主要是种植烟草，也开展皮毛、武器和酒类贸易，这些是该纬度地区特有的利润丰厚的经济活动。尼德兰联省共和国把居于统治地位的易洛魁人（Irokesen）变成了自己的贸易伙伴和盟友，此举使它在竞争对手法国面前占据巨大优势，因为法国人遇到的是地位较低的休伦人（Huronen）。于是加勒比海和北美之间利润丰厚的黑市交易不久后也由尼德兰人接管。

1621年，尼德兰联省共和国和西班牙的12年停战期结束，尼德兰的解放战争和贸易战都重新打响。针对斯海尔德河（Schelde）被封锁以及安特卫普的船舶交通被切断，西班牙曾在1585年发动贸易战反制。敌对双方明知彼此依赖，所以它们的斗争越发惨烈。正如西班牙需要尼德兰船只从波罗的海沿岸地区运来的原材料（木材、粮食、焦油、金属、腌鲱鱼），荷兰也需要西班牙的银币——当时全球通用的交易货币——以 149
及奢侈品（比如香料、糖、上等羊毛、高级布料、烟草、法国和西班牙的葡萄酒）。这些奢侈品一部分供国内挑剔的城市新贵消费，一部分被转卖到欧洲东北部。因为里斯本港1580年起就不对尼德兰人开放，所以他们别无选择，只能直接在东方购买这些高档商品。尼德兰人需要自己的殖民地据点。

尼德兰的人口从1585年的3万人增加到1622年的10.5万人，兴旺的手工制造业本来就需要新的销售市场；来自佛兰德和布拉班特（Brabant）的商人从安特卫普迁居到阿姆斯特丹，他们需要新的业务领域；所有因为战争而四处寻找更加稳妥的投资方式的人也需要新的投资机会。有一种情况对上述新探索有利：移居到此的人带来了自己的资本和业务关系网，移民中还有许多被驱逐的葡萄牙犹太人，他们熟悉地中海和大西洋市场，往往还了解远东市场。

1595年，阿姆斯特丹的一个商团派一支小型船队驶向万丹（Bantam），带队的是4名曾经为葡萄牙工作的船长。这趟航行堪堪回本，而下一次行动（有5家公司的22条船参加）给投资者带来了400%的盈利。到了1601年，有65条船（分为14支船队）驶向远东。政府此时介入了：大议长约翰·范·奥尔登巴内费尔特（Johan van Oldenbarnevelt）担心国内商团之间恶性竞争，于是说服它们在 1602 年 3 月 20 日组成一家联合公司——联合东印度公司（Vereenigde Oost-Indische Compagnie，简称 VOC）。

VOC 是一家股份公司，目标是在亚洲得到安全的贸易据
150 点。所以它——以 2.5 万荷兰盾的代价——获得了此后 21 年里对从好望角到麦哲伦海峡地区的航行及贸易的国内垄断权。VOC 可以充分自由地做商业决策。它可以自行确定每年派往亚洲的船只数量、运载货物的价值、出售货物的时间以及股东如何分摊成本和分享盈利。VOC 被允许在贸易据点蓄养部队和船队，修建要塞，同欧洲以外的统治者谈判或者打仗，同他们签订协议、组成同盟以及缔结和约，在自己统治的地区征税、行使司法权、铸币，简而言之：承担国家的核心任务。

不同于过去的同类公司，VOC 眼光长远。它出售给（总计 1800 名）股东的不是每艘船的收益份额，而是全年所有航行总收益的份额。VOC 及时且定期地支付股息，从 1645 年起基本以现金形式支付，但是支付间隔时间很长，所以 VOC 的投资者必须足够富有，至少要能投资 50 荷兰盾（后来变成至少 3000 荷兰盾），而且能为股息等上几年——此时船队还在海上。不过任何人原则上都可以参股，你也可以在交易所卖出股票，随时退出。不过 VOC 的股票走势一路上扬。

VOC 分设 6 个办公室，它们都根据公司前身所在的港口命名，包括阿姆斯特丹、米德尔堡［Mittelburg，代表泽兰（Zeeland）］、鹿特丹、代尔夫特（Delft）、霍恩（Hoorn）、恩克赫伊森［Enkhuizen，代表西弗里斯兰（Westfriesland）］。每个办公室都被允许在各自范围内以自己的方式行使 VOC 的特权。特权包括造船——尼德兰的造船工匠以产品质量（航行能力、容量、武器）闻名——每个办公室都有自己的造船厂；特权还包括挑选船员，他们的纪律性不逊于奥兰治的军官。

办公室的成员是股东。60 名董事（Bewindhebbers）出 151
自持股比例最高者，董事（在市政府监督下）自行增补董事会成员，并安排一部分董事进入制定一切决策的中央委员会——十七人董事会（Heeren zeventien）。公司的路线大多由荷兰把控，因为阿姆斯特丹的资本在所有 6 个办公室里都占大头。公司的一切都得到中央银行（成立于 1609 年）和证券交易所（成立于 1611 年）的保障与支持，它们都位于阿姆斯特丹。

西班牙和葡萄牙建立了一种国家控制下的殖民地模式，VOC 则建立了一种与之相反的半“私有”模式。就此而言，VOC 是一个国中之国。但是它能对抗联合后的各省里始终存在的地方分治主义势力，使各省至少在经济方面合成整体。于是 VOC 具备了有效挑战竞争对手西班牙和葡萄牙的实力和机会。1613 年，英国东印度公司已然参考 VOC 的模板进行重组，这一事实说明迅速发现 VOC 优势的恰恰是尼德兰联省共和国的竞争对手。

## 4　远东争霸

时人看到的后续大戏是欧洲最小的两个海上强国为了争夺最大的海外势力范围而在全球各地进行的激烈斗争。在此过程中，尼德兰到 17 世纪 30 年代后期便成功夺得了葡萄牙在远东的一大部分土地，这不仅是因为尼德兰的船只设计精良、配备了许多大炮，船员航海本领更好，组织管理优秀得多，而且也得益于政治形势：1640 年之前由西班牙兼管的葡萄牙几乎得不到马德里中央政府的支持。

VOC 的商船不断侵入葡萄牙人的贸易区。17 世纪 20 年 152
代，VOC 的商船把竞争对手一步步地从安汶（Amboina）、特尔纳特（Ternate）、蒂多雷（Tidore）等出产丁香的岛屿上挤走，还把对手赶出了有特殊的肉豆蔻种植场的班达群岛（Banda-Inseln）。VOC的贸易据点遍布印度的东部沿海地区和南部沿海地区，并且在日本和中国台湾地区［的热兰遮（Zeelandia）[①]］建立了定居点。VOC入侵台湾，使其发展成（实际上被北京政府禁止的）中国贸易的中心。VOC占领了巽他海峡边的万丹和雅加达，将雅加达命名为巴达维亚（Batavia），使之成为马来群岛的核心大都市。统治这里的是VOC的总督，他们类似于资产阶级出身的总督。VOC总督的领导及谈判风格是外交手腕和残暴的混合体，扬·彼得斯佐恩·库恩（Jan Pieterszoon Coen，1619~1623年及1627~1629年在任）为他们树立了榜样。他和VOC的其他战略家同当地统治者达成协议，不让欧洲和亚洲的竞争对手接近香料生产中心。他们用武力摧毁对手的种植园，残酷镇压当地人的反抗，屠杀或奴役了许多人，使自己在远东的岛屿和国家中成了说话分量最重的欧洲人。在等待返回欧洲所需的顺风的几个月里，尼德兰船只还会从事利润丰厚的亚洲内部的中间贸易（Zwischenhandel）。

然后VOC又开始把葡萄牙人从几内亚湾、好望角和其他重要的中转站赶走。VOC对葡萄牙人的核心据点果阿（Goa）实施海上封锁；到了1663年，把葡萄牙人从马拉巴尔海岸（Malabarküste）挤走，还把他们赶出了锡兰（1640年）；VOC也不让葡萄牙人使用前往中国和日本的最便捷路线——马六甲海峡（1641年）。葡萄牙人手中只剩几个小据点，包括中国南部的澳门、帝汶、果阿和苏拉特（Surat）——葡萄牙人同莫卧儿王朝的皇帝结盟，将苏拉特变成了古吉拉特邦的主要贸

---

① 位于今台南市的“热兰遮城”是荷兰人入侵台湾后修建的城堡，是荷兰人控制全岛和开展贸易的总枢纽。

易港。葡萄牙人还在东非保有几个据点。

尼德兰人还在向中南美洲，尤其是巴西扩张势力，这对 153
葡萄牙人而言几乎更加危险。17 世纪 20 年代，尼德兰人在中南美洲占领了若干重要的沿海地区。虽然尼德兰 1625 年占领的巴伊亚转年就回到了西班牙人手中，但是泽兰私掠者（Korsar）柯那利·斯考滕（Cornelisz Schouten）1627 年在加勒比地区一共抢来了 69 艘西班牙船，他的荷兰同胞皮特·海恩（Piet Heyn）还发动了一场针对巴西沿海据点的小型战争。荷兰人在 1630 年拿下累西腓（Recife），并将其更名为毛里茨城（Mauritsstad），1634 年又拿下库拉索（Curaçao）。在这一时期，皮特·海恩的一次壮举被整个新教世界称颂：1628 年，他率领 31 艘船在古巴附近袭击了运载墨西哥银矿全年所得的西班牙舰队，战利品价值 1150 万盾。

这一系列成功离不开尼德兰人在 1621 年——与西班牙的停战期结束后不久——仿照 VOC 建立的第二家公司：西印度公司（Geoctroyeerde West-Indische Compagnie[1]，简称 WIC）。WIC 对北回归线以南的非洲西部、纽芬兰以南的美洲各地以及太平洋拥有贸易垄断权，但它只在海上劫掠，以暴力且高效的方式确保尼德兰在加勒比地区的影响。直到 1750 年前后，加勒比地区无穷无尽、神秘莫测的岛屿仍是极具魅力的海盗天堂和欧洲人眼中最危险的航路之一。

加勒比地区东部的小安的列斯群岛从 17 世纪 20 年代起就变成了西班牙—葡萄牙帝国敌人的重要海上进攻通道。西班牙人放弃占领岛链，而且大部分来自伊比利亚半岛的垦殖者都继续前往秘鲁，所以他们的欧洲竞争对手就在一些岛上站稳

① 原作者此处写作 Verenigde West-indische Compagnie（联合西印度公司），疑有误，经查应为 Ceoctroyeerde West-indische Compagnie（特许西印度公司）。

了脚跟：英国人和其他人占据了巴巴多斯和圣克里斯托巴尔（San Cristóbal，1624/1625年）、蒙特塞拉特（Montserrat）和安提瓜（Antigua，1632年）；法国人占据了马提尼克（Martinique）、瓜德罗普（Guadeloupe，1635年）、圣巴泰勒米（San Bartolomé）和圣卢西亚（Saint Lucia，1639年）以及托尔图加（La Tortuga），即所谓“龟岛”（1640年）；
154 荷兰人占据了库拉索（1634年）。西班牙—葡萄牙的竞争对手结成各种联盟，以这些岛屿为基地越来越大胆地攻击西班牙的船只、据点和城市。法国人在1641年进攻圣多明各（Santo Domingo），1647年进攻卡塔赫纳（Cartagena），1666年进攻马拉开波（Maracaibo）。英国私掠者在1662年袭击古巴圣地亚哥（Santiago de Cuba），1667年袭击库拉索。英国私掠者亨利·摩根（Henry Morgan）在1668年占领巴拿马地峡边的波托韦洛（Portobelo），1669年突袭马拉开波。他得到了大量战利品并造成了巨大损失：400多座种植园和农庄陷入火海。1670年，摩根率领37艘船和2200人（其中1/3是法国人）进攻巴拿马本土，任由手下劫掠当地一月之久。1680年，英国人又数次进攻波托韦洛和巴拿马；1683年，荷兰人进攻韦拉克鲁斯（Veracruz）。

这些人肯定确信政府支持自己。哪怕政权更替，支持态度也一直没变。1628年，一个英国—尼德兰商团组织对巴巴多斯的首次进攻，授予它特权的是查理一世；1655年，一支英国船队受护国公克伦威尔委托占领了牙买加——加勒比诸岛中战略及经济地位最高的岛屿之一。查理二世也继续以这种常见的形式支持海上活动。

在海外的日常生活中，贸易竞争、打仗和海盗活动之间的界限非常模糊，尽管当时的人很清楚由统治者赋予特权的海上突击队和爱用暴力的私营业主之间的法律区别。“和海盗（Pirat）相反，私掠者拥有合法权利，得到政府授权，持有国王颁发的正式私掠许可证，他们可以挂本国的国旗。相反，海盗没有合法的全权证，他们只能挂海盗的黑旗。(……)(不过)有些东西比上述法律问题更重要。拉罗谢尔海盗（Rochellois）、海上乞丐（Seegeusen）、掠夺者（Buccaneers）①——假如他们还要面子的话——原则上全都只劫掠天主教国家的船只，还心安理得地觉得这样做能让上帝高兴，得到了上帝的祝福。”[2]

这类活动始于伊丽莎白时期的英国私掠者，巅峰时期 155
为1573年，弗朗西斯·德雷克（Francis Drake）在巴拿马附近夺取了一批从秘鲁运来的白银。此时这类活动仍在继续，其形式是可怕的海上豪杰之间几乎持续不断的残酷的代理人战争。不过信仰或民族归属感在海上豪杰的日常生活中无足轻重，他们更看重升官发财。人称“木腿”的席凡宁根（Scheveningen）私掠者科内利斯·约尔（Cornelis Jol）就是海上豪杰。据说他在1628~1637年为荷兰西印度公司劫掠了113艘船；他在攻击奴隶贸易港罗安达（Luanda）时感染病毒，1641年病死。上文提到的亨利·摩根也是海上豪杰，他1688年去世时的身份是受人尊敬的牙买加政府成员。“私掠者最终是被国王委以重任、身居要职，还是作为海盗被判死刑，命丧绞刑架，这经常纯属偶然。”[3]

正在形成的国家还不能放弃支持这类人物以及雇佣他们的企业家集团的犯罪行为。直到《赖斯韦克和约》的时代，这种半民间半官方的海盗活动才开始逐渐减少。

---

① 拉罗谢尔海盗：从法国城市拉罗谢尔出发，专门劫掠天主教国家船只的突击队，成员都是胡格诺派。海上乞丐：尼德兰海上突击队。掠夺者：加勒比地区的欧洲垦殖私掠者。

## 5 英国—尼德兰海战

葡萄牙与西班牙的共主邦联状态在 1640 年结束了，这对葡萄牙及其殖民帝国而言是一桩幸事。此后再度统治葡萄牙的布拉干萨家族便可以坚定不移地努力夺回落入 VOC 之手的据点。尼德兰和同样信仰新教的兄弟国家英国陷入贸易战的事实对葡萄牙的计划有利。英国商人担心自己再也追不上尼德兰贸易船队的优势，克伦威尔政府对此的回应是在 1651 年 10 月 9 日颁布所谓的《航海法案》（Navigationsakte，1660 年、
156 1663 年及 1673 年增补）。英方建议共和国和尼德兰联省共和国干脆合并为一个国家，而荷兰使团表示拒绝，于是革命政府宣布同英国及其殖民地做生意的船必须符合以下条件：在英国或其殖民地建造，船员中有英国人。此外，尼德兰人在不列颠沿海地区捕鱼要上交收获的 10%。

尼德兰联省共和国气愤地拒绝了上述无理要求。此后，英国人开始在各大洋上劫掠荷兰商船（仅 1651 年就有约 140 艘船遇袭），将它们拖到伦敦出售。尼德兰人安排武装船队（到 1652 年共有 150 支）为商船护航——甚至在英吉利海峡也是如此——英国人觉得自己的领海受到了侵犯。1652 年 5 月，海上军备竞赛升级为战争。英国在 1649~1651 年造了 40 艘新船，尼德兰因为缺钱只改造了一些商船。

此后发生了一系列海上冲突，不过胜负经常很模糊。英国战舰优于荷兰战舰，而荷兰商船又优于英国商船。但是 1654 年尼德兰匆忙签订和约主要出于内政原因——荷兰政府首脑德·维特不想让出身于拿骚（Nassau）—奥兰治家族的大权旁落的执政在国内赢得声望。

然而这些时间对葡萄牙人来说已经足够了：同年，随着累西腓被占领，始于 1645 年的收复巴西行动完成了。葡萄牙可

以重新在英国航道上活动了——然而我们很快就会看到，葡萄牙为此付出的代价是自己的政治独立。后来葡萄牙的政治独立严重受损。最晚从1703年的《梅休因（Methuen）条约》开始，葡萄牙及其海外帝国都处于英国的影响之下。只有一个强 157
大的葡萄牙才可能帮助英国制约尼德兰。

尼德兰和英国之间的表面和平状态维持了9年。不过双方的商船其实总在世界各地斗争和摩擦。就连共同的信仰也不能缓解矛盾。海外竞争仍在进行，但是竞争主体是两国的船舶工程师，他们争分夺秒，都想实现雄心勃勃的船队建设计划。

1665年，战争又开始了，不过尼德兰这次似乎落了下风，因为查理二世拿了路易十四世的钱，站到了尼德兰的敌人一边。同年夏季，查理二世的弟弟约克公爵已经占领了荷兰的殖民地新阿姆斯特丹。自此之后，该地就因约克公爵而得名“纽约”。原本属于尼德兰的东部沿海地区的其余部分成了新泽西和特拉华。

而决定性的战事发生在英吉利海峡。英国起初取得了几场胜利，即洛斯托夫特（Lowestoft）的胜利（1665年6月14日），这得益于英军训练有素的战列线战术（Kiellinientaktik），后来战局转而对荷兰人有利。在四日海战（1666年6月11~14日）中，荷兰海军上将米歇尔·阿德里安松·德·鲁伊特（Michiel Adriaanszoon de Ruyter）灵活调动船只，使尼德兰的船可以炮击英国船的两侧。1667年6月，传奇的梅德韦突袭（Raid on the Medway）上演了：德·鲁伊特指挥舰队沿泰晤士河而上，向查塔姆（Chatham）的码头以及停泊于此的船只开火。再加上鼠疫和后来的伦敦大火的影响，无心恋战的英国政府让步了。《航海法案》有所松动。矛盾双方通过《布雷达（Breda）和约》（1667年7月31日）划定势力范围：英国保有纽约，活动重心主要放在北美；尼德兰的重心主要放在南美［苏里南（Surinam）］、印度尼西亚和西非奴隶交易的几处中心。

和约使 VOC 可以专注于商业问题，不必考虑战争成本。
158 结算表非常漂亮。接下去的 50 年将一直如此。1688 年，VOC 在世界各地有 22000 名雇员，其中约 8500 名是海员；到了 1750 年，海员人数翻了一番，总雇员数增加了 1/3。驶向亚洲的 VOC 船只的贸易额直到 18 世纪 20 年代都在持续增长，而尼德兰的其他海上贸易及捕鱼活动则无甚变化。（尼德兰的）快速衰落直到 18 世纪 40 年代才发生。

## 6　英属北美

并非所有在新大陆活动的欧洲人都是海盗，他们不都是出于经济缘故或者自愿去新大陆的。自愿移民美洲者（不像很多囚犯和娼妓被强制送去）的重要原因是宗教异见，或者更确切地说，希望能在新大陆过上符合上帝意愿的生活。

这类尝试始于美洲东北部，亦即在远离西班牙和葡萄牙的殖民地。尝试起初都失败了，原因是寒冬、印第安人的敌意或者内部纠纷。直到 1607 年，垦殖者才成功建立了第一个定居点——詹姆士镇（Jamestown）。它位于“弗吉尼亚”（Virginia），这个名字是该地区的发现者沃尔特·雷利（Walter Raleigh）爵士在 1584 年为了向“童贞女王”致敬而起的。詹姆士镇的建立者是一家被授予特权的股份公司，股东为伦敦商人，他们按照自己熟悉的股东大会的模式建立了一个垦殖者议会，使众人拥有共决权，然后在 1624 年将这片殖民地交给王室。

垦殖便这样继续下去。1620 年，被迫害及驱逐的英国清教徒已经开始在普利茅斯（马萨诸塞）定居。人们从此处出发，建立了有同样信仰的殖民地康涅狄格（1635 年）和罗得岛（1636 年）。1634 年建立的马里兰是被迫害的英国天主教徒的避难所。英国内战和克伦威尔的独裁结束之后，人们从 159
1663 年起在后被称为南卡罗来纳（1709 年）和北卡罗来纳（1729 年）的地区定居；这两片地区后来因查理二世而得名，被他授予特权。仍是在查理二世统治时期，从尼德兰人手里抢来的以新阿姆斯特丹为中心的地区被划分成了纽约、新泽西和特拉华等殖民地。不久之后，新罕布什尔（1679 年）和——由高尚的贵格会信徒威廉·佩恩（William Penn）建立的——以宽容而闻名的宾夕法尼亚（1681 年）也诞生了。宾夕法尼亚一视同仁地保护与接纳受迫害的不奉国教者、天主教徒、犹太人以及原住民族的成员。

各处英国殖民地居民的宗教团结会让一些人想到当时的欧洲各国构建国家信仰的过程。但是宗教团结使这些新的政权成了不奉国教者和各类空想家的庇护所，广受尊重；而且尽管这些政权在其他方面差异极大，它们却都具备依法确保上述庇护的政治制度。

不论是英王直辖殖民地（比如纽芬兰、新斯科舍、纽约、新泽西、弗吉尼亚、南北卡罗来纳和佐治亚）、业主殖民地（比如宾夕法尼亚、特拉华和马里兰），还是公司殖民地（比如罗得岛和康涅狄格）或兼具几种要素的殖民地（马萨诸塞），都有选举产生的殖民地议会（colonial assemblies）。殖民地议会以英国议会为模板，通常由两院组成，以保护殖民地利益为己任的主要是下院。各殖民地的议会和母国的议会一样讨论财政和其他重要事务。作为王室代表的总督则扮演着复杂的双重角色，他类似首相，一方面要代表政府的意志，另一方面又要在政府和殖民地议会之间斡旋。于是殖民者可以不受干扰地
信仰各自教派，还知道自己拥有前人留下的辉格派主张的自由 160

权，这是欧洲各地的垦殖者家庭不久后不断去往殖民地的重要原因。

## 7 法属北美

法国尝试在加拿大立足，却收效甚微。萨缪尔·德·尚普兰（Samuel de Champlain）从1603年开始考察加拿大，并代表国王占有了它。加拿大矿产稀少、气候恶劣、印第安部落势力强大且总是打仗，所以这片位于圣劳伦斯河入海口和五大湖之间的巨大区域显得比东海岸更没吸引力。此外，英国人一直不让法国人在纽芬兰定居，因为担心法国人会在当地渔场同自己竞争。所以法国人只能在芬迪湾（Fundy Bay）附近活动，他们把那里称作“阿卡迪亚”（Acadie）。法国人以那里为基地，沿着圣劳伦斯河修建了一串带有防御工事的据点，但它们一直受到英国人和印第安人的威胁。

总之并没有垦殖者和投资者前往此地，尽管枢机主教黎塞留的政府在1627年成立了新法兰西公司（Compagnie de la Nouvelle France）或称百人公司（Compagnie des Cent-Associés），试图以优厚的奖励吸引潜在股东。除了贸易优惠和针对贵族及神职人员的贸易许可——这在法国本土是无法想象的——法国政府还提供为期15年的免税待遇和提前获得“师傅”（Meister）头衔的机会等。不过只有天主教徒可以享受这些特权。加拿大的政治—社会秩序的原则仍是封建制的，也就是和母邦法国相同，不同于不列颠殖民地：非贵族出身的垦殖者在贵族领地里当佃农、服劳役，领主则承诺保护佃农，不让
161 他们受到（其实很常见的）印第安人的攻击。这种自由可吸引不了多少人。1645年，加拿大全境只有约300人垦殖，1663年前后也只有3035名殖民者。

人们不得不彻底从头做起，建立新制度，创造新的物质基础和激励办法，以现代贸易船队取代规模极小、陈旧不堪的船队，占领丢失的据点或者新据点——还耽搁了许多时间。

柯尔贝尔刚上台就开始以他标志性的投入态度推进这个项目。路易的这位模范官僚明白殖民政策的重大意义，终其一生都在坚定不移地调用现代君主国的全部力量满足殖民政策的需求，这再次证明了柯尔贝尔大权在握。

他早在 1661 年便建立贸易委员会（Commmision de Commerce）来充当贸易问题的协调中心，又在 1664 年将它扩大为贸易理事会（Conseil de Commerce）。为了建设一支贸易船队，柯尔贝尔在 1662 年就把航务预算从 30 万利弗尔提升到 300 万利弗尔。他命人新建船厂，仅 1671 年就建了 70 座。1686 年法国拥有 750 艘船，总排水量约 8 万吨。这样一来法国就很接近英国和德国汉萨城市（总排水量都是约 10 万吨）了，不过同尼德兰（56 万吨）相比仍旧差得远。

柯尔贝尔主要试图通过保护性关税对付极其强大的竞争对手。1664 年，他（效仿克伦威尔的《航海法案》）将由荷兰船或英国船运来的货物的关税提高一倍。1667 年，这一税率又变成了先前的三倍。此举将英国和荷兰暂时挤出了市场，却也降低了它们购买法国商品的积极性。

与此同时，王室建立了一些贸易公司，它们拥有针对世界上特定地区的垄断权。黎塞留执政时期已经建立的西印度公司（Compagnie des Indes occidentales，1662/1664 年）在 1664 年彻底改革，垄断了美洲和西非贸易（也就是奴隶贸易）。除 162
此之外，由招募来的荷兰人领导的东印度公司（Compagnie des Indes orientales，1665 年）垄断法国与东非和印度的香料贸易，北方公司（Compagnie du Nord，1669 年）将负责在波罗的海沿岸地区采购造船所需的原材料，黎凡特公司

（Compagnie du Levant，1670 年）垄断余下的地中海贸易。塞内加尔公司（Compagnie du Sénégal，1673 年）和 1685 年从西印度公司分出的几内亚公司（Compagnie de Guinée）将组织西非的奴隶贸易。

上述雄心勃勃的计划背后是建立覆盖全球的殖民帝国的愿景，150 年后，拿破仑仍有这样的梦想，然而实现梦想的将是 19 世纪的不列颠人。除了一个大西洋帝国（北美和西印度），法国还想控制印度洋，这样它就将以马达加斯加为中心，有途经西非奴隶市场和（仍属于荷兰的）开普殖民地（Kapkolonie）的航路，使法国商人能畅行于锡兰和马六甲海峡，在海上取道亚丁（Aden）去往埃及继而进入地中海，或者——取道黑海和俄国的大河——去往波罗的海沿岸地区（不过首先得把那里的荷兰人赶走）。

于是柯尔贝尔开始给加拿大宣传造势。政府公开承诺为将来的垦殖者提供免费的越洋交通和伙食、便宜的土地和经济奖励。只要能招募到 20 名以上的垦殖者并陪他们前往美洲，你就能晋升贵族。政府尤其支持未婚女性移民海外。这些策略奏效了。到了 1683 年，加拿大的居民数变成了原来的三倍，达 10251 人。到 1715 年已有 15000 人，不过其中的许多人要么是士兵——从 1663 年开始就被派往加拿大抵御易洛魁人，却再也没被接回法国——要么是对印第安人传教的耶稣会士。能干的总督和督办官优化行政管理体系，支持建立工场，促成了
163 较好的融合：改信基督教的印第安人得到了公民权，垦殖者同本地人的通婚受到支持。与原住民的良好关系今后也将在世界上的其他地方给法国带来好处。

两次考察行动象征着法国殖民事业的起点以及原住民、传教活动和法国行政管理体系之间的融洽互动。主持考察的是受托于总督弗龙特纳克（Frontenac）的耶稣会士勒内 – 罗

贝尔·卡弗利耶·德·拉萨勒（René-Robert Cavelier de La Salle）。1670 年，他勘察了到圣路易斯瀑布（St. Louis Falls）为止的俄亥俄河部分河段。1682 年 1 月，他带领法国人和印第安人组成的 50 人小队驶向 1673 年刚被发现的密西西比河的下游，在 1682 年 8 月抵达了它注入“南太平洋”的河口——墨西哥湾。为了向国王致敬——也为了表明国王对这片土地的所有权——拉萨勒将这次考察途经的所有地区命名为“路易斯安那”。以南海岸为基地对抗西班牙的北部殖民地的战略机遇出现了，同时出现的还有通向法属加勒比岛屿的海上捷径，那里的种植园正经历着前所未有的蓬勃发展。

针对印度的行动却一直不怎么成功。法国想靠 1500 名垦殖者和士兵将马达加斯加变成法国的印度贸易核心据点，截至 1668 年，尝试屡屡失败，原因包括内部矛盾、管理混乱和原住民的攻击。不过法国那一年总算在苏拉特（孟买以北）建立了一个贸易站。1672 年和 1674 年，法国又分别在本地治里［Pondichéry，马德拉斯（Madras）以南］和金德讷格尔（Chandernagore，孟加拉地区的加尔各答以北）建立了贸易站。不过这三个据点都只能带来少量盈利——印度人更喜欢英国和荷兰的商品——而且处境艰难，因为它们的存在全靠当地统治者的容忍和欧洲的竞争。1672 年，当路易进攻尼德兰的消息传到印度，VOC 的军队不费吹灰之力就占领了这三个据点，过程之轻松令人不安。十年之后，柯尔贝尔的东印度公司失去了垄断权。北方公司和黎凡特公司分别在 1684 年和 1690 年失去垄断权。这几家公司似乎没能让法国在海外业务方面赶 164
上大幅领先的竞争对手。仅在印度一地，VOC 的士兵最多时达到了 1.2 万名，它还有 60 艘战舰和 150 艘商船。

思想障碍也在拖后腿。法国的精英向来更喜欢为官职和土地而不是贸易投资。柯尔贝尔建立的公司也有一个缺点：不同于荷兰和不列颠的公司，法国的这几家公司是由国家主导的。王室本身持有所有股份的 1/3 以上并强迫城市和公务员认购，国王还会亲自检查大家是不是都买了。大部分股东都属于这两个群体。因为商人本身没什么积极性，尤其是那些在 1661 年以前得到过垄断权，后来却因为政府照顾新成立的公司而几乎倾家荡产的商人。在加勒比地区，法国殖民者觉得自己与荷兰之间兴旺的贸易受到了西印度公司垄断权的威胁。所以法国公司发展缓慢。举例而言，人们预计西印度公司能吸引到的投资额为 1500 万，实际到位的只有 880 万，其中的 500 万都是王室出的。结果 1666 年柯尔贝尔就不得不收回西印度公司的垄断权，然后在 1674 年底解散了这家负债额超过 300 万的公司。如此看来，法国在欧洲的全球贸易中分一杯羹的尝试失败了。

## 8 糖与奴隶

加勒比地区是各方争夺之地，它的经济开发问题完全不同于加拿大和美洲东海岸。很多不列颠人——和他们在哈得逊河谷的同胞一样——起初改种烟草，大部分人都在小型家庭作坊里工作。然而加勒比烟草的价格和名气在 17 世纪 30 年代因为弗吉尼亚烟草而下滑。所以许多生活在加勒比周边地区的英国
165 人再度放弃烟草种植，在荷兰企业家的建议和支持下转而种植另一种植物，当时它的浓缩产品和咖啡、可可一样成了欧洲精英和所有想过高档生活的人享用的奢侈品——它就是甘蔗。

此前人们主要在巴西种植甘蔗。1600 年前后，巴西沿海地区已有大量甘蔗种植园，其产品由荷兰货船运往欧洲。短短 30 年之后，英属诸岛也达到了同等种植规模。1630 年前后，人们在巴巴多斯岛上成功应用了新的种植法；1655 年，人们为了种甘蔗而占领牙买加岛，其后不久又在岛上应用了新的种

植法；很快法属岛屿马提尼克、瓜德罗普和圣多曼格也照搬了牙买加的模式。巴巴多斯在17世纪60年代之前一直是全球最大的糖产地。

到了1750年，从烟草到糖的转变已经突然且彻底地实现了，所以学术界惯于使用“砂糖革命及种植园革命”的概念，[4]而且这种转变不仅发生在物质层面，也发生在社会层面。

为了盈利，甘蔗种植需要大片土地。因此，从17世纪30年代开始，英属和法属加勒比岛屿上先后进行了划时代的调整——很多小型种植园被合并，与当时母邦英国的小农场境遇相似。两地的许多小农都不得不为少数大地主让路。到了1667年，土地拥有者的数量从11200降至745。可用的白人零工和奴隶已经不足以完成新兴的单一作物巨型种植园里的工作。

甘蔗种植园里的劳动和日夜不停的制糖工作还需要非同寻常的体力和耐力。欧洲人不适应热带气候，而加勒比岛屿上的
原住民在1500年前后死于欧洲疾病的“病毒奇袭”。所以葡 166
萄牙人和西班牙人当时已经开始让撒哈拉沙漠以南的非洲人在自己的加勒比种植园里工作。在葡萄牙人和西班牙人看来，撒哈拉沙漠以南的非洲人还有一个优点：与欧洲人相比，他们对热带疾病的抵抗力更强。不过你没法用便宜的工资雇用他们，干完活儿再解雇，而是必须花大钱购买他们。

黑奴市场位于非洲西海岸［撒哈拉以南、塞拉利昂和罗安达（安哥拉）之间的地区］，主要由葡萄牙人控制——除非它们掌握在当地权贵手里。许多问题仍然未被解答：市场上出售的非洲奴隶捕手的猎物是不是纯粹的暴力牺牲品——类似18世纪被抓伕队（pressgangs）强征入伍的不列颠海军的水手？使人沦为奴隶的是不是非洲统治者之间的协议——类似后来德意志小邦统治者“贩卖士兵”的做法？坏蛋是不是像现在的蛇

头组织一样利用受害者对美好生活的向往而把他们骗去了集中关押点？不过我们确知被绑架到加勒比地区的非洲奴隶的数量从17世纪中期开始激增：1700年，牙买加岛上有4万名奴隶；100年后，奴隶的数量增加到将近30万名。圣多曼格岛上的奴隶数量增长更快：1700年前后有3万名，到1790年就超过了50万名。蓄奴的美洲殖民地共有60万名奴隶。据今人估算，截至欧洲国家19世纪初陆续废除奴隶制，共有1200万~1500万名非洲人被绑架到新大陆。葡萄牙进口的奴隶最多（465万名），因为它在巴西的种植园需要大量劳动力。排在葡萄牙后面的是英国（260万~309万名）、西班牙（160万~270万名）、法国（125万名）和尼德兰（54.4万名）。尼德兰和西班牙经常收购其他国家进口的奴隶再转手卖出。流入不列颠属北美地区和西班牙属北美地区的奴隶分别为50万名和160万名。

167 一个可怕的经济循环由此诞生。人们按照苏格兰经济学家亚当·斯密的理论把它概括为“大西洋三角贸易”，说它是所谓“重商主义”的典型案例。这个经济循环分为三个阶段。在第一阶段，装载着马匹、武器、朗姆酒、烟草或者印度布料的船从欧洲出发，驶向西非沿海的奴隶卖场。一旦用商品换来的奴隶被运到西印度的奴隶市场［比如卡塔赫纳德印第亚斯（Cartagena de Indias）、韦拉克鲁斯或者布宜诺斯艾利斯］并卖出，第二阶段便结束了。第三阶段始于船只载着殖民地的初级产品（糖、朗姆酒、白银、烟草、可可、靛蓝，后来还有咖啡）驶回欧洲并出售。这类几乎不用货币，更像以物易物的贸易在葡萄牙人和尼德兰人那里还有一种仅包括两个阶段的形式。举例而言，他们从巴西出发直接驶向奴隶集中关押点——比如1575年才建立的罗安达——在那里用烟草或者欧洲的进口商品交换奴隶，然后他们把奴隶运往巴西或者运回葡萄牙，有时也会运到美洲东海岸。

三角贸易站点很多、形式丰富，许多人都觉得这是好买卖。从中获利者大有人在：奴隶捕手，非洲和欧洲的政府——政府能分到一杯羹是因为它们发放许可（针对购买及出口个别奴隶）或者“许可证”（针对某一时间段内交易特定数量的奴隶），信仰伊斯兰教、基督教和犹太教的长途贸易商以及非洲的长途贸易商，欧洲的金融家、股东、商人、船主、工场主、船长以及船员，港口城市里的许多普通人，担任地方管理者的所谓“大西洋克里奥尔人”（父亲来自伊比利亚半岛，母亲是黑人）。奴隶贸易就这样融合了四面八方的商业利益，实属全球性业务。所以各国政府乐意为奴隶贸易及蓄奴行为开绿灯， 168
也乐意颁布相关规定，比如妇孺皆知而又臭名昭著的《黑人法令》（Code noir，1685 年）[①]。

非洲内部的国家竞争以贩卖战败民族告终，这种做法久已有之，但是欧洲人大量购买及出口奴隶确实改变了人们对待奴隶的方式。伊比利亚人惯于以家长制作风对待奴隶。高昂的购买成本足以使他们在运送时较为温和地对待奴隶；抵达目的地之后，奴隶就像其他仆人一样被视为其主人“家庭”或者“家族”的成员。释放奴隶很常见。第一批非洲人在 1619 年抵达北美洲东海岸的时候还能享受白人合同工［契约仆役（indentured servants）］的地位，白人合同工要为帮自己支付路费的人工作几年，近似农奴。

但是始于 17 世纪 30 年代的工业式种植园经济带来了与之相应的、追求利润最大化的新型蓄奴方式。欧洲人强行实施的人口转运规模之大，足以将其变成一种新的、现代的现象。

运来的奴隶越来越抢手，于是无情的企业家就往船里塞进越来越多被卖出的非洲人。越洋航行也就越来越像夺命航行。

① 《黑人法令》：路易十四世颁布的主要针对法国殖民地黑奴问题的法令。

奴隶挤满船舱，其中的 1/5 甚至 1/3 死于感染、维生素 C 缺乏症或者反抗引来的酷刑。到了目的地，这些被强迫的劳工发现自己的身份被完全剥夺了：过去的名字和信仰必须被新的彻底取代，与同乡的一切联系都被切断，通常没有机会说自己的语言、进行自己的宗教仪式、唱歌跳舞。他们发现自己仅仅被视为实物及劳动力，甚至沦为和自己计件生产的糖一样的商品。
169 他们几乎再也没有出路。“英国殖民地里奴隶的境况最惨，那是几乎无法摆脱的苦难。释放个别奴隶（……）是葡萄牙管理的巴西的特点，这种现象在英国殖民地却极为罕见。种族主义的高低秩序是必然结果。”[5]大规模的进口也导致奴隶价格的下降。随着奴隶的单价日益走低，奴隶主出于商业考虑似乎也就越来越没必要“专门照顾他们。累死他们，五年换一批更合算”。[6]按照欧洲贵族庄园的样式搭建的环绕主人宅邸和仆役宿舍的奴隶棚屋成了死亡集中营。截至 1750 年，约有 80 万名大西洋彼岸的非洲人在恶劣的运输条件下被贩运到了不列颠管理的加勒比岛屿上；到了 1780 年前后，那里的黑奴只剩不到 30 万名。

与此同时，非洲人在总人口中的比重大幅上升。举例而言，巴巴多斯岛上非洲人的比重从 1645 年的不到两成上升到了 17 世纪 70 年代中期的六成以上。1630 年和 1640 年之间，每年都会增加 2 万~3 万人。强制贩运人口导致白人奴隶主和黑人劳动力之间的人数比越发畸形。奴隶和获释奴隶的数量超过了欧洲人，后者显然成了少数群体。巴西是殖民地国家中有色人口最多的，18 世纪末，有色人口超过六成，自由黑人约占两成。此时，在最大的加勒比岛屿伊斯帕尼奥拉（Hispaniola）上，西班牙管辖的东部地区圣多明各有 12.5 万居民，其中五成是白人，四成是自由的有色人，一成是奴隶；相反，在法国管辖的西部地区圣多曼格生活着 4 万名白人，3 万名自由的有色人和 50 万名奴隶，这些奴隶大多出生在非洲，后来被运送至此，占当地总人口的 88%。[7]

数据看似一目了然，不过把加勒比产糖岛上的情况想象成少数白人种植园主和数千黑奴之间的对立是一种十分常见的谬误。压迫关系比这复杂多了，但也正因如此，压迫关系极为稳固，令人绝望。举例而言，在圣多曼格，欧洲人的小群体 170
已经分裂成了由大地主组成的“上等白人”（grands blancs）和由小市民、无产者组成的“下等白人”（petits blancs）。事业不顺的下等白人惯于通过仇视撒哈拉沙漠以南的非洲人和“上等白人”来自我安慰。撒哈拉沙漠以南的非洲人群体中，首先有奴隶，此外还有获释奴隶以及所谓的“穆拉托人”（Mulatten）。穆拉托人的父亲是欧洲人，母亲是撒哈拉沙漠以南的非洲人，他们是所谓“有色人”（gens de couleur）中的精英。穆拉托人或许觉得自己的经济及社会地位都跟白人种植园主完全一样，他们甚至也雇佣黑奴。1791 年他们的一位发言人在全国大会上宣告：“有色人拥有圣多曼格殖民地上 1/3 的土地和 1/4 的奴隶。作为地主，他们希望保有自己的财产和奴隶。”[8] 然而穆拉托人和上等白人之间有着唯一却也关键的区别：上等白人有政治权利，而穆拉托人没有。他们决定弥补这一缺陷。

有色人糖厂主和白人种植园主一样支持有序的社会环境，害怕奴隶暴动。暴动屡见不鲜。人们不得不反复派出（黑人）保安队残酷镇压抗议和地方上的叛乱，避免其蔓延开来。白人以及有色人种植园主不得不一次次眼看着数百名逃亡的奴隶躲进沿海的山地，在那里建立起所谓的“逃亡黑奴”（Maroon）国家，而政府军对他们的游击战术束手无策。所以种植园主越发强调极为严格地监管各地奴隶，只要有奴隶略微违反规定就要加以严惩。这种强硬的作风恰恰体现了白人和有色人地主生

171 活在数千名被自己奴役的人中间是何等紧张、恐惧。每天都可能发生大规模暴动——1791 年夏季，这样的事果然发生了，其结果也正是地主所担心的。

在此期间，种植园在经济方面取得了巨大成功。产量达到了惊人的水平。1622~1700 年，伦敦每年进口的糖从 8.2 万磅上升至 52.6 万磅。1700~1790 年，欧洲人每年在南北美洲生产的糖从 0.3 万吨上升至近 50 万吨，牙买加岛上每年的糖产量从 0.5 万吨上升至 7 万吨以上。1788 年，圣多曼格生产了 163.4 万担［1 担（Zentner）折合 48.9 公斤］糖和 68.2 万担咖啡，相当于法国外贸额的 2/3，于是这座有着 8000 多座种植园的岛屿成了“史上带来最多收益的殖民地之一”。[9] 所以我们完全可以理解法国为什么在 1762~1763 年讨论和约内容的时候竭力避免把自己手中剩下的产糖岛交给不列颠人，而宁可让出加拿大。

所以加勒比地区的经济奇迹完全建立在诸多吊诡现象之上。实现所谓美洲“欧洲化”的方法是穷尽当时的物流手段强制推行的极端的“非洲化”。欧洲人在新大陆上许多地区的影响体现为他们建立了一些在欧洲没有先例的政治—社会实体：有些社会里的成员完全平等，大家有意忘记、无视大相径庭的出身；有些地方的政治秩序不同于旧制度下的任何国家，那里不存在中间权力，不存在由制度导致的对最高权力的争夺。在其他任何地方，人们都得尊重传统和特权，种植园主却能手握最高权力，奴隶在他们的种植园里劳动至死。所以种植园摆脱“旧欧洲的”等级结构靠的是绝对的压迫——一种新的霍布斯式的自然状态。加勒比地区、巴西沿海地区以及北美洲南部殖
172 民地的种植园主住在守卫森严的大宅里——假如他们还留在当地，而没有带着盈利回欧洲的话。他们的梦想正是绝对理性和绝对效率的幻梦，亦即对发展到极致的经济专制主义的愿景。

# 第七章

# 平静岁月：1715~1739 年

## 1　太阳王身后的法国

法国不是《乌得勒支和约》中的赢家，但也不是输家。法 173
国毕竟让波旁家族的人选成功继承了西班牙王位，也保留了自己占领的大部分地区。法国仍是西欧霸主，这也体现于法语在《乌得勒支和约》签订之后成了欧洲的外交语言。法国的人口仍然最多，约 1800 万人，是不列颠的三倍多，而且还有增长之势。

同英国相比，法国因为持续数十年的战争而承受着更重的压力，更接近毁灭的边缘。这不仅是因为法国政治孤立、敌人增多，也是因为法国缺少能发挥稳定、融合作用的机构。太阳王建立了一套几乎完美的官僚体系，却没能建立可以像英格兰银行或者尼德兰的贸易公司那样为国家树立信用的机构。海上强国的经济精英能发挥作用，举例而言，绅士俱乐部里自负盈亏的企业家依靠自己的力量争夺入市机遇和市场份额；路易的官僚却不得不在君主的软性压力之下参加他的集中制经济活动，因为他们宁愿通过代理人对政敌投资，也不愿投资本国的行动。随着战事的发展，法国投资者对国家根深蒂固的不信任
迫使王室采取越来越残酷的财政政策，负担几乎全落在第三等 174
级头上。这类政策伤害了国家的经济和农业，引发了饥荒、瘟疫和叛乱，使国王的许多臣民沦为乞丐，却仍然不足以满足需

求。于是王室不得不牺牲柯尔贝尔改革的核心成就——适当的税率以及集中化征税。王室回到了包税制的老路上，还不得不推行通货膨胀政策，有产者的利益也因此而严重受损。

关于解决问题的建议五花八门、相互矛盾。圣西门公爵（他忧郁的回忆录深深影响了大家对路易十四世政权的印象）等保守贵族认为王国的乱象表示王政即将堕落为暴政。所以他们要求必须限制国王的专制，不让资产阶级担任高级公职，重新任用贵族及其等级机构。他们出于极为反动的意图赞美英国的议会制，并且——以布兰维利耶（Boulainvilliers）伯爵[①]为代表——要求召开全国贵族大会。

相反，站在资产阶级一边的批评者群体觉得路易的专制还不够。这群人的代言人不主张限制甚至消除专制，反而主张继续推进专制，直到它真正发展到极致，能够取消现有的税务特权，使征税平等公正。这群人的“资产阶级性”体现为他们宣布第三等级是国家福祉的最重要的创造者，要求为第三等级大幅减负。举例而言，元帅、要塞建筑专家沃邦（Vauban）在1707 年匿名出版的小册子《王家什一税草案》（Projet d’une dîme royale）就表达了这种意见，让国王对他很反感。出于
175 政治及经济原因，沃邦还主张普遍征兵制；而经济专家、高级公务员布阿吉尔贝尔（Boisguilbert）在 1695 年公开鼓吹要将农业视为最重要的经济领域并大力扶助，还鼓吹建立新的省级委员会，使第三等级能参与经济政策问题的决策。

所以对专制主义政策的彻底批判出自它的上层践行者群体。他们构想并发展出了一些理念，两代人之后它们将成为革命口号。

1715 年 9 月 1 日，太阳王在辩论声中去世，享年 77 岁。

---

① 亨利·德·布兰维利耶伯爵（1658~1722），法国历史学家、作家，贵族制拥护者。

法国为此欢呼。尽管路易使法国登上了荣誉的顶点，但他统治的时间太长了，传统精英中的一代代新人早就觉得自己被冷落了。此时出现了政权交接时——不单在法国——的常见局面：国内的所有领导团体——高级贵族、议会和詹森派，甚至还有胡格诺派——都跳出来提要求。上述局面因为一件事而变成了危机：又没有成年人可以继承王位。令人惊愕的是，在1711年与1712年之交的短短几个月里，三位潜在的王储——路易的儿子、孙子和重孙——都死了。最后只剩一名人选：另一个年仅5岁的重孙。

于是宫廷政权的整个精妙体系岌岌可危。过去它的领袖、展示者、必不可少的代表都是路易十四世本人。一个孩子——或者某个监护人——怎么能承担这个角色呢？法国的中央权力比英国的中央权力重要多了，此时它却群龙无首，似乎即将分崩离析。凡尔赛变成了真空。

然而路易设立的体系富有包容性且稳固，在由谁来当监护人并为将来的君主守住江山这件事上，它的诸多领导成员仍能达成一致。这一人选便是奥尔良公爵菲利普二世，普法尔茨郡主莉泽洛特之子、路易的侄子。他是王室旁支的领袖，这一旁 176
支因为英国对《乌得勒支和约》的影响而被指定为后备的王位继承人。不过波旁家族很走运，因为奥尔良公爵没有任何政治野心。他作为将领颇具才华、战功赫赫，只败给过欧根亲王；他遵循不列颠的生活方式，已经成了文雅的“放荡主义者”，远离条条框框，喜欢实用主义。

奥尔良公爵菲利普完成了为年幼的国王监国的任务，行事非常可靠。他心无芥蒂地向国内外反对上一届政府政策的人示好，愿意同他们合作。为了拉拢巴黎高等法院，巩固自己不够牢靠的合法性，他正式上台三天后就把一项权力还给了巴黎高等法院：1673年路易十四世从这个一直跟他唱反调的机构手中夺走的对国王诏令的“谏诤”权，即检验甚至驳回国王诏令的特权。王室在国内最顽固的敌人借此重返政治舞台。后来路易十五世和路易十六世都无法长期压制它。

为了给所有重要的利益团体提供足够职位，奥尔良公爵使政府机构变得臃肿。过去的六个政府部门人员精简，此时却被八个由高级贵族领导的人满为患的顾问委员会取而代之。被关押的詹森派得到释放，在道德委员会（Conseil de conscience）[①] 里担任要职。过去的反对派在各地掌权——至少在巴黎如此，外省则较少。有人想削减养老金和官职，或者按照沃邦和布阿吉尔贝尔的构想普遍征税，来减少高达25亿的国家债务，却被掌权者竭力阻挠。批判专制的保守主义者就这样战胜了反对专制的自由主义者。

人们似乎需要财政政策方面的救命绝招。它将出自一个
177 项目，这个项目由政府主导，承诺统合并大力刺激国内所有的经济力量。苏格兰经济学家约翰·劳（John Law）的打算是用由国家担保的纸币激活资金流及生产力。这种纸币和先前的英国—荷兰纸币相反，它不和铸币一起流通，而是要彻底取代铸币。为了保障纸币的信用，一家中央银行应当垄断所有货币业务，一家核心贸易公司应当垄断全部外贸。这家贸易公司的股票应当可以用国库券购买，这样它就能成为最大的国债持有者。然后，国家应当以此为基础征收唯一的、统一的赋税。

政府依计行事。中央银行于1716年5月成立，不到一年就发行了纸币。纸币可以购买不久后成立的“密西西比公司”发行的股票。公司得到了在俄亥俄河以西辽阔的未开发地区进行开发、垦殖、获利活动的专营权，为期25年。该地区在1682年被其发现者命名为“路易斯安那”。从1718年12月

① 道德委员会：主管宗教事务的政府机构，上文提到的八个委员会之一。

开始，法国央行与密西西比公司合并，又和其他国有公司合并为王家银行。投机热爆发了，有些人变卖房屋和土地去买股票，股价一度飙升至 1800%。与此同时，劳在 1719 年夏季得到了独家铸币权以及对各税种的监督权；1720 年初，他出任财政总监。1720 年 2 月，银行与公司的合并以及一部法律的出台——它规定大额经济往来只能用纸币支付——似乎标志着劳的计划取得成功。不到四年工夫，一个专制主义财政政策的惊人计划已经变成了现实。

该项目原本需要一个强大的君主来担保和监管，而奥尔良公爵菲利普的摄政政府恰恰做不到这些。所以没人阻止银行超发纸币——何况未经开发的路易斯安那根本没有带来财富，也 178
没人能制止高级贵族和该项目的其他反对者让人用金属铸币按照票面价值（实际价值仅为 1/4）收购自己的股票。1720 年 5 月，劳试图使股价减半，这是崩盘的开始。大家察觉到了巨大的经济泡沫，绝望的股民拥向空空如也的柜台。自己也破了产的劳逃往尼德兰。数千名中小投资者最终倾家荡产，心里只剩下对现代财政政策的不信任。不论如何，国家和一些经济部门用纸币清偿了大量债务，再度获得了行动自由。及时投资有形资产的人成了新的精英。人们几乎是第一次如此清晰地看到金钱的政治影响力。伏尔泰评论道，这类革命并不是历史上最没用的东西。虽然劳的体系摧毁了很多个人的财富，但不久后全民族变得更有干劲、更富裕了。就此而言，劳的体系“启迪了英才，正如内战鼓舞了勇气”。[1]

不过劳的惨败也鼓舞了民族的勇气。因为它消除了一大部分国债，大大增加了政府的活动余地，使政府不再尝试同反对派合作，又走上专制主义的老路。到了 1723 年，诸多委员会和一度多达 70 人的“大臣”都消失了。过去的国务秘书回来了。高等法院被严令禁止抗议，国王提出的法律草案都能强行通过。

1723 年，13 岁的路易十五世被宣布成年，王室和叛逆的公务员的斗争仍在继续。奥尔良公爵成为首席大臣，但是几个月后便去世了。后来夺得国王身边这个关键顾问之职的是国王过去的老师安德烈·埃居尔·德·弗勒里（André Hercule de Fleury）主教（很快就成了枢机主教），他出身于第三等级，
179 此时已有 73 岁。看似温和谦逊，其实意志坚定的弗勒里遵循路易十四世的目标：重新树立王室的权威，对内整顿国家、恢复经济，对外以和平手段修改《乌得勒支和约》的内容。尽管国内外都有矛盾，他执政的时期仍然成了和平、经济复苏、政治趋稳的时期。

弗勒里同前任一样以极为严厉的手段对付高等法院和詹森派组成的反对派，对其中的一部分人采取革职、逮捕、流放等措施。1730 年，一次国王行法会（lit de justice，国王出席的会议）强迫巴黎高等法院将《独生子》通谕登记为国家法律。巴黎一处墓地里显现的有利于詹森派的所谓“奇迹”以及詹森派的期刊《教士新闻》（*Nouvelles Ecclésiastiques*）都被禁止传播。国家教会和国家权力一直毫不妥协地联合在一起。

与此同时，弗勒里整顿财政。金路易和埃居[①]的价值被强制固定。直至 1785 年，它们都将保持稳定。后续措施全都带有柯尔贝尔的风格。总监菲利伯特·奥里（Philibert Orry）支持修建道路、运河和工场。他整顿了法国与其海外殖民地之间的贸易，使法国的外贸总量在 1741 年变成了过去的五倍。他通过一种新的什一税——一般只在战时征收——成功平衡了国家收支。此外，他强迫神职人员翻倍缴纳赠礼（don

① 金路易、埃居：法国贵金属铸币。

gratuit[①]，过去是自愿缴纳的）。他征收欠税；随着总包税制度再度实行，他在 1726 年将承包价上调到 1100 万。为了查明外省的真实资产状况，他在 1744 年命人进行第一次人口普查。1745 年，他还没来得及在上述措施的基础上开征定额人头税（taille tarifée，按照沃邦和布阿吉尔贝尔的想法），就因为敌对宫廷派系的阴谋而下台。

中产阶级出身的秩序建立者奥里的倒台反映了法国制度的一个典型缺点：大人物不懂得利用（劳的闹剧之后很快就出现 180
的）经济繁荣增加社会福利或减轻第三等级的经济负担。当大企业家占去收益、包税人靠着压榨百姓发家致富的时候，政府几乎沦为高级贵族的私产。1727~1774 年任职的 26 名国务秘书中，只有 6 人不是高级（宫廷）贵族出身。其他领域的情况也是如此。在这一时期，官职前所未有地牢牢把持在贵族小圈子的手里。

## 2　沃波尔治下的英国

18 世纪二三十年代，英国的政策在任何方面都同俄国或法国政府对改革的热情相反。英国的政策竭力避免任何政治变化。改革热情遭到严重贬低，被说成是斯图亚特王室的国王越过议会获取权力和金钱的策略。在“长 18 世纪”，为了挫败国王按照专制主义以及天主教——不列颠人觉得它们是一回事——的精神进行的“改革”，反对派三次大张旗鼓地干预王位传承：1649 年，他们处决查理一世，推翻君主制，建立军事独裁；1688~1689 年，他们把詹姆斯二世换成奥兰治亲王威廉三世；1701 年，他们在《王位继承法》中规定，威廉的妻

① 赠礼：法国神职人员自愿或强制上缴给财政的费用。

妹安妮去世之后，继承王位的将不是斯图亚特家族，而是汉诺威家族——1714 年，尽管托利党险些成功发动政变，汉诺威家族仍然继承了王位。

每次阻止改革都能使议会尤其是下议院得到更多的执政
181 权。议会对君主权力的限制、约束和监督越来越多。支持这种做法，竭力遏制专制主义的、“天主教的”王权一直是辉格党和托利党的基本共识，尽管它们另有许多观点差异。不过这两派遵循的世界观并不矛盾，反倒追求同样的经济一务实目标，即为自己和自己的门客争取最大的盈利机会。两派的领袖都属于绅士（Gentry）——由贵族和企业家组成的具有典型英国特点的混合阶级；支持两派的选民是一小群同他们想法相仿的人，至多占不列颠男性的 1/5。这个体系狭小且封闭，足以阻止变化；十分腐败，难以有效地威胁当权派的支配地位；同时却十分开放，必要时足以吸引有兴趣的乡贤名流一同掌握权力。

1714~1715 年，若干危机同时发生，致使不列颠人对政治试验越发反感。和约签订之后，外交手段不够老练的英国面临以下任务：维护并提升自己现有的欧洲（西部）担保国位置。几名托利党领袖试图出其不意地将斯图亚特家族的僭王（Pretender）[1] 扶上英国王位，但是安妮女王之死使他们功败垂成，王位后来传给了性格冷淡、对英国事务一窍不通的汉诺威选帝侯乔治。许多危险的冲突给这段过渡时期蒙上了阴影：詹姆斯党人试图入侵，托利党内阁因此而倒台。所以再度掌权的辉格党觉得自己的任务是平息严重的国内纷争，减少战争造成的 5100 万镑巨额赤字。

① 指英王詹姆斯二世之子詹姆斯·弗朗西斯·爱德华·斯图亚特（1688~1766），他自称英格兰及苏格兰国王，外号“老僭王”（the Old Pretender）。

他们觉得赤字问题可以通过以下途径解决。当时劳的项目在法国风头正劲，英国政府受其成功的吸引，在 1720 年初批准了 1711 年由托利党建立的财团提出的要求，允许该财团接 182
手所有国债——由最重要的两家辉格党信贷机构持有的部分除外。这两家机构分别是 1600 年成立的东印度公司和 1694 年仿效荷兰建立的英格兰银行。财团接手的剩余国债超过 3000 万镑。南海公司（South Sea Company）想把国库券转成股票，支撑股价的应当是通过《乌得勒支和约》得到的海外财产，比如从西班牙那里接手的奴隶贸易。除了贸易盈利，投资人还看好这家公司将来作为国库券的主要管理者而具备的信用。股票一发行，人们确实马上抢购。股价被外行及专业投机者一路推高，到 1720 年 6 月升至 1000% 以上。然而这家公司的下场和同时期的劳的银行项目一样：股价上涨后不久，南海泡沫破裂。数千名投资者在短短几天之内倾家荡产。托利党非但没能取代辉格党的机构，把自己变成不列颠信贷业的顶级经理，反而在失去政治势力之后又失去了经济势力。然而灾难波及了所有人。就连辉格党、政府高官，甚至（反正不受欢迎的）王室的成员都参与了投机并一同蒙受损失（一部分股票是别人送给他们的）。政治制度的整体信誉危在旦夕。

避免危机、使摇摇欲坠的平衡未受严重破坏是辉格党政治家罗伯特·沃波尔（Robert Walpole）的功劳，他曾是马尔博罗公爵的手下。大家觉得他本人对上述危机没有责任。他以高超的手腕保护了责任人，掩盖了事件背景，利用剩余的银行之间的秘密交易避免有身份的投资者损失过大。于是他在 1721 年春季晋升为财政大臣，实际就是首相——此后大家都这么称呼。从此时至 1742 年，他将一直是不列颠政坛的掌舵人。他巧妙地避免政治改革（比如针对不公平的选举制度的改革）——他的 183
选举口号是“Quieta non movere”（勿扰人宁静），却又高效地推动财政和金融革新，因此不列颠的经济在“沃波尔时代”经历了一场别具一格的“光荣革命”。

沃波尔在内政和外交方面都重视连贯性及合作。他没有为了本党派的利益而利用托利党的弱点，而是对农村绅士示好，因为他们一直是英国最重要的经济分支——农业生产——的负责人和代表。他将地方政府的许多工作都交给他们。他降低土地税（land tax），帮助地主——在地价是先前三倍的时候——兼并土地、维持经济竞争力。他取消了针对所有农产品和许多手工制品的出口税。他扶助上述产品的出口，必要时甚至为了保障出口而对国外竞品征收保护性关税。

相关资金主要来自偿债基金，这是沃波尔本人为了减少国家债务而建立的基金。虽然他大幅减少了国家债务（减少了700 万镑），还将利率减半，但是他没有将利率降到过低水平，所以资本投资者仍能得到稳定且可观的收入。他另辟财源，以偿债基金支付各项额外支出，否则就不得不开征新税——而最重要的额外支出项目正是发展不列颠的经济。

上述政策取得了巨大成功。1708~1730 年，进口额从 470 万镑升至 780 万镑，出口额从 700 万镑升至 1200 万镑。沃波尔兢兢业业地向国王汇报一切措施，国王惊讶于他点石成金的本领。沃波尔经常用拉丁语汇报工作，因为至少乔治一世不怎么懂英语。直到 18 世纪 30 年代，沃波尔的政策也一直能在议会中得到广泛支持。他的政策给所有人——甚至包括保守派——带来了共同致富以及巩固甚至提高自身地位的机会。

184 出于这一目的，沃波尔毫不妥协地捍卫过时的、腐败不堪的选举制度，它维护乡贤名流的权力，尤其可以使掌权的辉格党“谋划好万无一失的多数票。一张精心编织的私人依附关系网对应着现代党派的党团原则”。此时，议会和沃波尔政府的紧密合作促成了“立法权和司法权的高度融合，在某种意义上，这种融合甚至包括政府监督议会，还有公众——尤其是选民——的政治影响力下降”。[2]

为了应对选民，辉格党和托利党形成了统一的领导精英群体，他们有相似的社会结构、生活方式、教养和文化。两党之间的冲突几乎停止。商业利益和土地利益之间的矛盾以及宫廷和乡村之间的矛盾——官僚化国家政权的支持者和独立的乡村绅士之间的矛盾——掩盖了辉格党和托利党之间的矛盾（并使它变得无关紧要）。和摄政王奥尔良公爵治下的法国相似，英国也有一个自成一体的领导群体，他们享受各种优待，几乎不接触下层百姓。扶助农业的受益者是地主，而不是农村百姓。相反，政府扩大了社会不公，因为政府鼓励农业的商业化，支持圈地运动（enclosures）进一步挤压小农经济，还通过增加消费税给大众造成负担，推动农村人口涌入城市。在沃波尔时代，约有一半不列颠人生活在贫困线以下。经济实力的增长帮助英国赢得了七年战争，为之付出代价的是穷苦百姓。

所以英国和法国这对宿敌从 1715 年开始便面临相似的挑
战：战争造成的巨额支出、王朝突逢剧变以及国际孤立。英 185
国人仍在担心詹姆斯党的颠覆活动；而在法国，贵族、高等法院和它们在教会里的盟友——詹森派——的抗议有时候看似会升级为新一轮投石党运动。所以，两国政府都需要时间控制局面、重振经济、减少战争带来的巨额债务。即使在南海泡沫破裂、劳的路易斯安那项目失败之后，大家仍明白这类成功的钥匙主要得去海外寻找。所以两大强国必须赶在下一次战争之前充分利用和约带来的行动自由及贸易自由，不能让战争过早地破坏自己为稳定和复兴而努力的结果。

在这种情况下，两国政府都觉得相互接近、尽可能合作是明智之举——借此了解竞争对手的动向是主要原因。奥尔良公爵菲利普与英国沾亲，这是他维护英法合作的出发点之一。英法合作在1717年就遇到了第一次考验：西班牙新王室试图夺回西班牙三年前失去的土地。西班牙军队在雄心勃勃的首席大臣、枢机主教朱利奥·阿尔贝罗尼（Giulio Alberoni）的指挥下夺取了属于神圣罗马帝国皇帝的撒丁岛，第二年又占领了属于萨伏依的西西里岛；与此同时，流亡在外的斯图亚特家族继承人在西班牙的帮助之下准备入侵英国。奥尔良公爵的政府此时立场鲜明地站到了英国一边。法国政府加入了英国建立的同盟，其成员还有荷兰，1718年，神圣罗马帝国皇帝也加入了。这是一场小小的外交革命，而且使法国属于胜利者一方，因为英国海军在1718年8月大胜西班牙海军。阿尔贝罗尼占领的地区被瓜分：神圣罗马帝国皇帝得到西西里，不过必须承认费
186 利佩五世是西班牙国王。萨伏依得到撒丁岛及国王头衔。西班牙王子卡洛斯得到对帕尔马、皮亚琴察（Piazenza）和托斯卡纳的继承权。

枢机主教弗勒里继续推行英法合作战略。出于国家理性，他定期和沃波尔交流。因为只有同宿敌英国密切合作，法国或许才有机会修改《乌得勒支和约》中对自己非常不利的规定。

不过弗勒里也努力同尽可能多的其他欧洲国家搞好关系，把自己变成其他国家之间利益均势的维护者。于是他——继承黎塞留和马萨林的传统——使法国王室得以扮演欧洲君主中的仲裁者角色。显而易见的是，此举一方面是应对维也纳向马德里的示好——双方在1725年签订了结盟及贸易协议；另一方面与英国的利益严重相悖。因为弗勒里同时加强了法国和此时由波旁家族统治的西班牙的关系，而西班牙是英国在海外最大的对手。在《波旁家族第一盟约》（1733年）中，法国承诺帮助西班牙夺回直布罗陀，西班牙承诺为了法国的利益而减少英国的特权，双方承诺在保卫海外领地时相互帮助。只是因为弗勒里和沃波尔私交不错，沃波尔又拒绝插手刚刚开始的波兰王

位继承战争，英法之间才没有爆发激烈对抗，而关心政治的英国公众里的一部分人对英法对抗期待已久。和平的表象之下，英法之间的较劲根本没停过。在装作合作的竞争当中，两国都在为赢得将来的决战而努力进行自我提升。

## 3 哈布斯堡与神圣罗马帝国 187

尽管不列颠努力支持查理六世对抗西欧大陆上的强国，沃波尔治下的英国和弗勒里治下的法国对哈布斯堡家族的态度却都以怀疑为主，这肯定促成了英法之间的合作。那个面积超过100万平方公里的“陆上大国，欧洲均势的杰作，仓促且勉强打造的辉煌结构”[3]令当时的观察者不安，因为它时而是咄咄逼人的强国，时而是岌岌可危的弱国，让人摸不着头脑。在这个时期之初，神圣罗马帝国皇帝再度战胜奥斯曼帝国：欧根亲王占领贝尔格莱德（1717年8月16日）并签订和约［在帕萨罗维茨（Passarowitz），1718年7月21日］，它似乎能确保哈布斯堡家族在巴尔干半岛上扩张至极限。这场胜利也使查理六世可以重新在西部地区活动，也就是与一些重要的帝国诸侯发生冲突，因为对方不肯放弃外交自主权，哪怕这项权利与皇帝的利益背道而驰。查理想强迫这些帝国政治体——也包括汉诺威选帝侯——服从皇帝，遂引发帝国议会的巨大危机。宗教矛盾也来火上浇油，搅得1648年好不容易得到安抚的各教派又像要相互斗争。“帝国政策与欧洲的政策息息相关，所以帝国之内的形势错综复杂。”[4]

有一个例子很能说明欧洲列强对神圣罗马帝国皇帝似乎正在增长的势力心存戒备：它们一致反对查理的一次开局顺利的尝试。查理想在过去的西属尼德兰，即现在的奥属尼德兰建立一家海外贸易公司。1722年建立的“奥斯坦德公司”

188 （Ostende-Kompanie）立刻蓬勃发展，让法国、英国和尼德兰不安。这几个国家对皇帝在它们的地盘上活动不满已久，一开始就对这个竞争对手提出抗议。一辈子都为西班牙王位落入对手波旁家族之手而难过的查理的反应出人意料：1725 年春季，他和西班牙签订了一份联姻、友好及联盟协议。

此举引发了一连串结盟活动（法国同英国和普鲁士结盟，接着俄国同神圣罗马帝国皇帝结盟），堪称局势的转折点。因为查理为了结盟而不得不做出许多让步，严重削弱了自己的地位。

一个在世袭制下堪称灾难的普通的生物学意外使查理展示自身实力的举动适得其反：皇帝婚后无子；等他去世，哈布斯堡家族即将失去皇帝头衔。为了避免这种状况，查理想让哈布斯堡家族统治地区的等级会议和所有欧洲大国都认可他颁布的家规——《国事诏书》，它规定查理的长女为女大公，女婿洛林的弗朗茨·斯特凡（Franz Stephan）为皇帝候选人。要让《国事诏书》生效非常困难，约等于在皇帝生前（vivente imperatore）选定下一任皇帝，还要让人接受几乎不合法的无理世袭安排。与此相应，认可《国事诏书》的欧洲各国政府会得到巨额回报。

于是，欧洲各国关心政治的公众抱着担忧、满意或幸灾乐祸的心态看着查理采取种种措施大幅削弱自己家族的地位，而它们本该巩固它的地位。为了让英法两国支持《国事诏书》，查理放弃了蓬勃发展的“奥斯坦德公司”（1727/1731 年），激怒了忠于哈布斯堡家族的投资者，使哈布斯堡家族再也没有资
189 格参与全球贸易。哈布斯堡家族的对手维特尔斯巴赫家族和韦廷家族希望同查理联姻，但他只肯安排自己的侄女而不是女儿同对方结婚。查理的侄女是上一任皇帝约瑟夫一世的女儿，她们本人也因为《国事诏书》使自己地位下降而不满。于是查理

的宿敌们下定决心要在关键时刻对他提要求。为了让女沙皇支持《国事诏书》，查理不得不答应提供军事援助，和俄国一同对付奥斯曼帝国，于是哈布斯堡家族卷入战争，失去了《贝尔格莱德和约》及其前一份和约带来的几乎全部好处。[5]

简而言之，哈布斯堡这个庞然大物显然根基不稳。这既意味着风险，也意味着机遇。有人担心，等到皇帝去世，帝国联邦内部的离心力将进一步破坏这片巨大缓冲区本就脆弱的团结。对于那些同哈布斯堡竞争的王朝而言，皇帝之死会使它们得到期待已久的机会：将哈布斯堡的部分领土据为己有，甚至有望当上皇帝，建立新的联盟体系。许多世袭制国家的宏愿似乎即将实现。

神圣罗马帝国一直在上述冲突中扮演多重角色。一方面，1648年的和约和1663年设立雷根斯堡“永久帝国议会”等举动拓展了帝国的政治潜能。当时的学者称赞帝国守护着法律、和平和优良的政府。“对帝国的热爱”不仅仅在大学里迅猛滋长。另一方面，大家都清楚帝国的政策肯定是防御型政策，事实表明，只有担心在自由竞争中落败的邦国才会喜欢帝国，比如中小型帝国政治体以及教会领地等，后者只能在帝国的法律构架内存在。

这些小型帝国政治体对皇帝和皇权的爱并未得到回报。查理六世关注的是西班牙和国际政坛，在奥斯坦德公司时期关注的甚至是全球政坛，他才不关心两座帝国法院以他的名义裁决 190
偏远小邦之间的琐碎争端。欧根亲王、皇帝的西班牙顾问以及奥地利大臣对神圣罗马帝国都没兴趣——它的税收除外。皇帝宫廷里的“德意志派”势力最弱。偶然出现的蜜月期也不足以改变如下事实：同父亲利奥波德一世相比，查理六世很不擅长将神圣罗马帝国用作政治工具。

尽管如此，查理六世治下依然出现了帝国首脑和低级贵族合作的巅峰。上过大学、实践经验丰富的帝国骑士和帝国伯爵有时能通过为皇帝效力而飞黄腾达。他们成了帝国宫廷法院（最高皇家法院）的法官，成了外交官以及军官，或者升入帝国教会的领导层，甚至像弗兰肯的冯·舍恩博恩（von Schönborn）伯爵一家那样建立起主教家族，这个家族的首领美因茨总主教洛塔尔·弗朗茨（Lothar Franz，1695~1729 年在位）提拔了多达七名侄子担任教会要职。1705 年，弗里德里希·卡尔（Friedrich Karl）成为帝国副首相（1729~1746 年任维尔茨堡和班贝格主教）。1719~1724 年，他的哥哥约翰·菲利普·弗朗茨（Johann Phillip Franz）统治维尔茨堡。达米安·胡戈（Damian Hugo）当过施派耶尔主教（1719 年）、康斯坦茨主教（1740~1743 年）以及枢机主教。1729~1756 年，弗朗茨·格奥尔格（Franz Georg）担任特里尔总主教。身居高位之后，他们建起雄伟的宫殿和官邸，像重要的世袭帝国诸侯那样以建筑形式展现自己的抱负。

皇帝对帝国漠不关心也有好处：帝国成员有时可以自行其是，中小贵族的行动空间有时大得惊人。社会层级关系得以松动；和欧洲其他国家的国家教会以及一些信仰新教的帝国政治体相比，有本事的人在教会领地里经常能更方便且大幅地升
191 迁。所以神圣罗马帝国看上去像一个自由的贵族共和国，有时也确实如此。一些巴洛克式修道院里建有装饰华美的“皇帝厅”，但是皇帝通常根本不去。这个象征意味深长。

那些位高权重的帝国诸侯——巴伐利亚、萨克森和普法尔茨的诸侯，汉诺威和勃兰登堡—普鲁士的诸侯，美因茨选侯区或科隆选侯区的诸侯——保持自己在帝国内部的头衔，主要是因为这种声望能巩固本国作为活跃于国际舞台的国家的地位。这些邦国全都自主制定并推行外交政策，也因此而培植出辉煌的标志性文化，内容包括奢华的宫廷生活和美轮美奂的新

宫殿，如赫伦豪森（Herrenhausen）、波兹坦、宁芬堡、施莱斯海姆（Schleißheim）、布吕尔、阿恩斯贝格（Arnsberg）、帕德博恩（Paderborn）、德累斯顿或者卡塞尔－威廉高地（Wilhelmshöhe）。这些邦国都尝试推行重商主义项目，有些还想在教育政策领域有所作为。1734年，哥廷根开办了“格奥尔格·奥古斯特”（Georgia Augusta）大学，由格拉赫·阿道夫·冯·明希豪森（Gerlach Adolph von Münchhausen）男爵担任学监。这是继哈勒大学（1694年建立）之后第一所目标明确地以启蒙为己任的帝国大学。短短几年间哥廷根大学便享誉欧洲，因为它坚持专攻现代专业，如“国际法”、“统计学”、法学史、经济学、古典语文学和考古学，还有以荷兰为榜样的自然科学；而且汉诺威的统治者和其他重视传统的权威都不在当地，没法反对这类实践。所以很多外国学生前往哥廷根求学——情况很像同期的爱丁堡。

许多君主不顾一切地花重金为了面子而竞争，他们能轻松地得到贷款，而且能通过依附大国绕开国内等级会议的限制。维特尔斯巴赫家族因为在西班牙王位继承战争中的亲法举动而受到重创，此时只能依靠法国资助，金额高达数百万。韦廷家族的情况与此相似，他们在1697年举债取得波兰王位，保住它也全靠奥地利和俄国的帮助。黑森－卡塞尔家族也是如此：他们仅有15万~20万名领地居民，却能依靠海上强国的支持 192
而维持一支规模为1万人的军队，1720年还得到了瑞典王位。

神圣罗马帝国外部的大国把帝国诸侯变成了债台高筑的君主，这样它们就能利用帝国建立自己的势力范围，把盟友网编织得越密越好。举例而言，几代俄国沙皇都在井井有条地谋夺德意志的波罗的海沿岸地区。不过上述行动暂时不以组建阵营为目的。各方更希望神圣罗马帝国一直是管理松散的边境区，便于各方介入干预。和1648年以前不同，现在大家明白任何一个大国的力量都不足以长期支配整个神圣罗马帝国——这就是神圣罗马帝国和在其他方面都同它很像的邻邦波兰—立陶宛贵族共和国的显著区别。这样挺好，因为欧洲中部太重要了，不能交给一名统治者单独掌控。

## 4　启蒙带来的进步

1715 年过后不久，人们就已经明白路易十四世的世纪（伏尔泰在 1751 年将其描述成世界史上的文化高峰）之终结意味着时代更替。不论是在法国（它的宫廷体系此时群龙无首），还是在英国（它的新国王更愿意待在汉诺威，而不是伦敦），宫廷都保不住自己先前的地位——精英的交际中心。于是两国的一些市民群体此时再度成为意见领袖。

在政治、经济和文化方面，大陆居民都在模仿自己的宿敌英国人。尽管英国有着严重的内部问题，当时的大陆居民仍觉得它是现代国家的符合实际的典范。英国通过“光荣革命”实现向君主立宪制的和平过渡，1707 年英格兰与苏格兰合并，
193 在西班牙王位继承战争中屡屡取胜，1714 年再度实现王朝更替。这一连串胜利让欧洲各地关心政治的公众十分钦佩。他们认为英国能取得这些胜利主要是依靠两项成就：英国的政治自由和宗教宽容。

政治领域的公开透明似乎是自由的主要保障。1688 年起，英国的重要决策不再由各个王室委员会和大臣的小圈子做出，而是议会内部的公开讨论以及——这种情况越发常见——多方媒体公开讨论的结果。这一流程有利于形成透明度和信任，平衡矛盾，找到大多数人都能接受的折中方案。媒体等途径使得越来越多的公民——不论是哪个等级的公民——能参与政治形势的发展。所以英国的例子证明，使政府“专制”地集中掌握

政治职能不一定会把政治变成秘密，反倒能促使政治成为公开议题。

大陆上的观察者认为政治自由的另一根支柱是严格的三权分立。法国西部的地主夏尔·路易·德·瑟贡达（Charles Louis de Secondat），即德·拉布雷德与德·孟德斯鸠男爵（Baron de La Brède et de Montesquieu），是三权分立理论的主要权威，在许多方面堪称该理论的创立者。他的文学生涯始于 1721 年出版的批判专制的讽刺作品《波斯人信札》，书中虚构了两个波斯人的通信，他们讨论自己的故乡和太阳王治下的法国的异同。作为波尔多科学院院士，孟德斯鸠业余从事自然科学研究。作为巴黎的沙龙、俱乐部、共济会会所里的常客，他与同时代的知识精英交流意见。为期三年的欧洲旅行（始于 1728 年）使他热情地赞扬英国的自然科学和英国的制度。自此之后，他致力于揭示政治活动中的自然法则。作为历史学家，他在《罗马盛衰原因论》（1734 年）里进行这类探 194
索，试图证明罗马共和国的衰亡及其崛起有着同样的原因；作为法学专家，他又在《论法的精神》（1748 年）里探索政治活动中的自然法则。

孟德斯鸠在《论法的精神》里区分了三种政体：共和政体（由贵族制和民主制组成）、君主政体和专制政体（替代了亚里士多德的分类：民主政体、贵族政体和君主政体）。每种政体都有特定“性质”：“共和政体是全体人民或仅仅一部分人民握有最高权力的政体；君主政体是由单独一个人执政，不过遵照固定的和确立了的法律；专制政体是既无法律又无规章，由单独一个人按照一己的意志和反复无常的性情领导一切。”①（第二章第一节）[6] 每种政体都以特定“原则”为基础，它“（寓于）

① 汉语译文引用自《论法的精神》张雁深译本，略有改动。

支配政体运动的人类的感情”（第三章第一节）——品德、荣誉（每个人和每个阶层的成见①）以及恐怖。各种政体要实现都得符合各自的民族精神，即普遍精神（esprit général）。这种民族精神（或曰思维方式、心性、普遍价值观）取决于三个要素：自然（气候、位置、土壤性质）、文化（宗教、风俗、习惯）以及统治方式，尤其是立法方式。孟德斯鸠认为立法者可以影响臣民的“精神”：强化、弱化既有倾向，甚至以新的倾向填补不足。关键在于制定出的法律要能强化每种制度的内在原则。

孟德斯鸠觉得英国在这方面做得非常好。如果说政治学及政治生活的终极目标是保障自由，即“一个人能够做他应该做的事情，而不被强迫去做他不应该做的事情”（第十一章第三节），那么君主制本来就是实现这一点的最佳环境。不过前提是君主的力量必须受到中间权力［“中间的、附属的、有依赖性的权力”（第二章第四节）］的监控，也就是通过将职权分
195 派给多个委员会而使君主的力量制度化。英国极好地践行了上述见解，所以孟德斯鸠称赞它是明智治国的典范（第十一章第六节）。

宗教宽容问题对于法国的观察者而言一直极具现实意义，因为奥尔良公爵菲利普和后来的枢机主教弗勒里都坚定地维护路易十四世的反詹森主义政策。而此时影响力巨大的几个群体——高等法院、资产阶级上层以及一部分贵族——却结成了与该政策针锋相对的、团结的反对派阵线。政府想让他们接受《独生子》通谕，他们却集体抵制，这使詹森主义成了大规模的群众运动及追求自主运动，成了宗教启蒙的形式之一，直到

① Préjugé de chaque personne et de chaque condition，出自孟德斯鸠《论法的精神》第三章第六节。

1789 年以后，它仍能影响抗议的言辞。

大战后的时期本就是精神越发敏感的时期，上述冲突由此升级。18 世纪二三十年代，詹森主义崛起了；与此同时，在新教一方，虔敬主义的平信徒觉醒运动也在蓬勃发展，比如建立哈勒的弗兰克基金会（Franckesche Stiftung，始于 1694 年）①、建立赫恩胡特兄弟会（Herrnhuter Brüdergemeine，1727 年）②、创立循道宗（Methodismus，1738 年）。在不列颠管辖的北美地区，约翰·卫斯理（John Wesley）的系列布道从 1739 年起引发了所谓的大觉醒（Great Awakening）。

过去路易十四世将国家教会明确地变成王家意识形态的载体，可以强迫国家教会充当恭顺的仆人，听命于不宽容的世俗当局。在此时的大环境下，大家觉得这种现象格外可怕。国家教会的完美组织恰恰会加深人们的疑虑，此外，法国的教会经常交由耶稣会等修会负责，而他们经常被启蒙者视为“狂热”和道德绑架的代表。所以启蒙后的教会批判或者仅仅是对《圣经》流传文本的自然神论批判都可能变成政治批判的载体，成为每一个想在文化人圈子里发言的人——开明的神职人员尤其乐意发言——都必须认识和掌握的符码。

由于对立阵营泾渭分明，启蒙后的批判在法国和其他罗曼 196
语国家——不同于在英国或者神圣罗马帝国——几乎无法向地位稳固的教会和现有的政治—社会制度提供积极助力，促使它们走向现代。更确切地说，启蒙后的批判变成了——这种属性

① 弗兰克基金会：指由哈勒虔敬主义（Hallescher Pietismus）的代表人物，神学家、教育家奥古斯特·赫尔曼·弗兰克（August Hermann Francke，1663~1727）建立的基金会，下辖多个文化、科研、教育、慈善机构。

② 赫恩胡特兄弟会：起源于波希米亚宗教改革的教派，又称“摩拉维亚弟兄会”（Moravian Church，该派最初主要在捷克中部的摩拉维亚地区活动，也译作“莫拉维亚教会”）或“弟兄合一会”（Brüder-Unität）。赫恩胡特（Herrnhut，意译为“主护村”）系该派流亡信徒在德国建立的定居点，位于萨克森。

日趋明显——有条理地质疑教会和政治—社会制度的方法，变成了无差别批判的工具。随着时间的推移，无差别批判开始针对所有占据统治地位的权威（政治权威及教会权威）。它试图凭借严谨的逻辑揭示各类权威的原理、法则、规定和教条，目的是指出它们的背后都隐藏着刻意的欺骗：企图给无理的权力要求披上神圣的外衣。

1715年前后，这类批判一般还只是文雅的讥讽，它是首都的俱乐部和沙龙里的主流谈话风格。大家喜欢用风趣的吊诡将愿景和现实对立起来。大家以戏谑文学的方式夸张地议论事物，竞相制造精彩的噱头，沉迷于嘲讽揶揄和故作惊人之语。引发这类批判的绝不总是令人难以忍受的乱局。一些雄心勃勃的团体的内在动力也可能是这类批判的成因，因为它们的成员只能通过不断抛出新鲜的说辞来把自己包装成意见领袖。在欧洲，这种风格的最知名代表是弗朗索瓦－马利·阿鲁埃（François-Marie Arouet），他的笔名是伏尔泰。

伏尔泰的父亲是巴黎的公证人及王家顾问。伏尔泰的知识分子生涯始于创作剧本和讽刺作品。他曾因为向高级贵族提出决斗挑战而被关进巴士底狱，1726年出狱后，他在英国住了三年，成了批判现实的史诗作家［《亨利亚德》（*La Henriade*），1728年］。伏尔泰和孟德斯鸠一样称赞英国是“自由的国度”。1729年返回法国后，他向大城市读者普及洛克和牛顿的理念［《哲学通信或关于英国的通信》（*Lettres philosophiques ou lettres sur les Anglais*），1734年；《牛顿哲学原理》（*Eléments de la philosophie de Newton*），1738年］。他最钦佩洛克的宽
197 容理念，称赞牛顿是观察自然并发现自然规律的天才的典范。

但是伏尔泰的关注点从来就不在专业科学领域。更确切地说，他是将科学对客观性的强调用作反对“狂热”和“专制主义”的武器。他赞扬英国的公民自由，尽管他原则上肯定更喜

欢强大的中央权力。他称赞牛顿的“自然”和谐模型，目的是更有力地突出这种模型与被奉为国教的天主教所带来的桎梏，以及教会所认可的等级秩序之间，有着何等的差别。

对于伏尔泰和孟德斯鸠等启蒙者而言，没有事物建立在巧合的基础上。他们觉得一切皆可预计。在他们看来，一切——政治、道德和物理——都按照同样的、符合自然科学的固定法则运行。然而看似与之矛盾的现象必定同时存在：没有事物完全一样。认识到细微的差别恰恰是真正的知识的特点。在政治领域，也就是务实的启蒙者的主要兴趣所在，自然科学方法意味着转而关注历史：要探知国家的“本质”，就必须研究国家的起源。所以孟德斯鸠以一系列作品广泛研究了法国的法律史及制度史，伏尔泰也从 18 世纪 30 年代起转向历史研究。伏尔泰由此形成了一套新的历史观。他认为历史是纯粹的世俗事件；具有关键意义的不是重大事件和国家行为，而是文明与文化［《路易十四时代》，1751 年；《试论通史和人民的风俗和精神》（*Essai sur l'histoire générale et sur les mœurs et l'esprit des peuples*），1753 年[1]］。于是政权得到了新的任务及合法性：它保障文化和生活质量。这样伏尔泰就能颂扬太阳王的执政时期是别具特色的时代以及独一无二的文化高峰。

伏尔泰成了那个时代的媒体明星。他的讽刺和激情正符合他的精英受众的口味。他高调地同欧洲各国的君主通信。
1750~1753 年，他应弗里德里希二世邀请住在波茨坦。此时他 198
不依靠雇主生活。这位自我营销的天才向我们展示作家可以靠启蒙谋生。不过直到 1729 年与人联手买下了法国国家彩票的

① 本书第一章提到的《风俗论》的前身，其原标题（*Essay sur l'Histoire générale et sur les moeurs et l'esprit des nations*）及出版年份（1756 年）均与原书作者此处的写法不同，疑为笔误。

全部奖券，自称赚了50万利弗尔后，他才成了富翁。不久后他故伎重施，投资洛林股票获益。从此他十分富裕，可以自掏腰包帮政治犯上诉，这些官司引起了轰动。[7]于是伏尔泰更受欢迎了。开明的公众尊敬他，将他视为积极投身政治、依靠天赋和经商本领而飞黄腾达的资产阶级知识分子的典范。

# 第八章
# 欧洲的世界大战

## 1　和睦终结

弗勒里治下的法国和沃波尔治下的英国关系融洽，于是两 199
国能够长时间地休养生息。两国竭力利用这段时间推动舰队建设，为据点修筑防御工事，巩固自己的政治势力范围，因为相信和平局面能维持下去的人越来越少。波旁王室统治的西班牙和不断扩张的俄国形势多变，海外局势也瞬息万变。法国企业家急不可待地巩固自己在和平时期取得的海外优势。不列颠下议院中的反对派强烈要求对西班牙采取有力措施，因为西班牙自称拥有中美洲的一些地区，英国商船觉得这是侵犯自己的权利，十分气愤。在加勒比地区，沃波尔的体系失败了，延续了25年的欧洲和平时期随之结束。

在护国公克伦威尔执政之时，英国曾经顺利地在加勒比地区扩张地盘。1655年起，英国舰队从西班牙手中夺取了百慕大群岛、牙买加、现在的危地马拉和小安的列斯群岛中的部分岛屿，逼得曾经独霸加勒比群岛的西班牙龟缩到古巴、海地东部和波多黎各。《乌得勒支和约》进一步加强了英国在该地的
经济影响力。西班牙的奴隶贸易（许可证）和其他特权被转交 200
给英国，比如每年向西属美洲派出一艘载重500吨的商船的权利。此后南海公司便肆无忌惮地使用这些权利。比如它派遣一支规模可观的舰队伴送上述每年开一趟的商船，而舰队中的船

只不断装卸商品。大规模的走私随之产生。

可想而知，西班牙人不会一直听之任之。1713 年伊始——此时的西班牙改由波旁王朝统治——加勒比地区的英国商船和西班牙民间海岸卫队之间的冲突成倍增长。截至 1731 年，西班牙民间海岸卫队俘获、抢劫或扣押了至少 180 艘英国船只，所以英国看起来将被彻底赶出中美洲。英国下议院要求采取行动。沃波尔的和平路线就像对一位较为弱小的敌人软弱妥协，然而这个敌人的背后还有一个强大得多的敌人——法国。法国在海地西部、马提尼克和瓜德罗普的贸易中心显然比英国的贸易中心发展得更好，尽管英国在 1733 年试图通过《糖浆法案》（Molasses Act）切断法属加勒比地区同北美殖民地之间的贸易。在西非，法国的西印度贸易甚至取得了垄断地位。

一介平民扭转了这种局面。根据（可惜是杜撰的）传说，1739 年一个名叫罗伯特·詹金斯（Robert Jenkins）的船长出现在下议院，向与会人员展示了自己浸泡在白兰地中的一只耳朵并要求赔偿，他说那是在 1731 年被西班牙人割掉的。他说自己把灵魂托付给上帝，肉体托付给祖国。他的说辞奏效了。因为西班牙拒绝赔偿，还宣布不续签 1743 年到期的许可证协议，英国便不顾沃波尔的反对在 1739 年 10 月发动了“詹金斯的耳朵战争”（War of Jenkins’ Ear），目的是彻底扫除英国在拉美地区的贸易障碍。1739 年 11 月 22 日，海军上将爱德华·弗农
201 （Edward Vernon）已经指挥 8 艘船占领了西班牙的据点波托韦洛（靠近巴拿马）——就像 70 年前亨利·摩根那样——这样一来，他不仅让英国得到了秘鲁贸易的一个重要站点，还为自己的战友进一步劫掠沿海地区和岛屿提供了大本营。

于是弗勒里政府也面临压力。它决定保持自身中立，同时又必须支持西班牙，因为西班牙曾经取消对英国的贸易优惠，转给法国。法国派出两支舰队证明自己是西班牙的忠实盟友，

但是弗勒里试图至少尽可能晚地主动参战。直到 1744 年，法国和英国才在加勒比地区公开爆发冲突。不过这些都是小打小闹，结果是英国占领卡塔赫纳和古巴的企图失败了。

到了 1739 年，北美的局势也变得极为紧张。对峙双方是北美东海岸的 13 个英国殖民地——1614 年新英格兰建立之后它们就蓬勃发展——和法国在加拿大占据的地区，圣劳伦斯河是它们的生命线。法国人还（至少自称）占有俄亥俄河和密西西比河之间的辽阔地区，1682 年拉萨勒代表国王占领此地并将其命名为“路易斯安那”[1]，1722 年起，新奥尔良成为此地首府。1713 年的《乌得勒支和约》威胁了法国的上述显著土地优势，因为和约迫使法国将纽芬兰、新斯科舍和被称作阿卡迪亚的哈得逊湾交给英国，而这片地区恰恰是圣劳伦斯河的河口，也就是进出加拿大的门户。

自此之后，法国就更努力地尝试用一连串堡垒来保护自己在密西西比河、五大湖和阿巴拉契亚山脉之间的剩余土地，也就是把沃邦的欧洲内部边防体系移植到加拿大的荒凉林地里去。1713 年伊始，法国人在圣劳伦斯河中央的皇家岛［Île
Royale，即布雷顿角岛（Cap Breton）］上[①]修建了要塞和路 202
易斯堡（Louisbourg）军港，又从 1718 年开始按计划推动对密西西比河、俄亥俄河和沃巴什河（Wabash）之间地区的垦殖。到 1750 年，法国建立了六个定居点，殖民者超过千人（大部分娶了印第安女性）。这片得名为伊利诺伊的地区成了法国扩张及皮毛交易的核心基地。与此同时，耶稣会士的传教活动不仅使印第安人反对信仰新教的不列颠垦殖者，还使他们建起了一个联盟，它在 1722 年和 1724 年之间初见成效：忠于

---

① 此处疑为原书作者笔误：布雷顿角岛不在圣劳伦斯河中央，而是位于圣劳伦斯河口东南的大西洋海湾圣劳伦斯湾之中，紧邻新斯科舍半岛的北端。

法国的阿贝内基人（Abenaki）挫败了不列颠人夺取法国手中剩余的阿卡迪亚部分地区的计划。法国人还切断了英国垦殖者的西进道路。1730 年起，摩擦增多了。1732 年（由数千名犯人）建立的佐治亚表明不列颠人想用一个前突的堡垒同法国人对抗。除此之外，英法矛盾倒是仅限于小规模的、通常是偶发的冲突。这也是因为五大湖以南的地区仍旧由易洛魁人掌控。易洛魁人建立了一个由五个部落（1732 年起为六个部落）组成的井井有条的国家联盟，推行明智的中立政策，不容忍任何可能干扰皮毛交易和武器交易的行为。欧洲人的治国之道显然要牺牲和平，印第安人的治国之道却能保障和平。

法国人在印度取得的成就更是远胜北美。1707 年之后，传奇的莫卧儿帝国逐渐崩解。从 16 世纪下半叶开始，以位于恒河谷地的德里为中心的莫卧儿帝国一度统治过巨大的印度次大陆上超过 1/3 的地区，还建立了稳定的税务体系和法律体系。到了此时，这个经济依旧繁荣的帝国却因为经济发达而分崩离析。莫卧儿帝国的许多对手都曾作为它的臣属或仅仅作为认真的观察者学习它如何搭建国家结构、建设高效的政府和富有战
203 斗力的军队，所以它们此时都相信自己能接管莫卧儿帝国的遗产。此外，莫卧儿帝国在 1700 年前后结束了持久的扩张，所以统治者无法像往常那样慷慨地向臣属赠予土地。失望情绪助推分裂活动，宗教狂热激起政坛竞争。莫卧儿帝国任命的穆斯林省督想把自己的封地提升为自治邦国。地势崎岖、交通不便的印度中部山地的许多国家——大部分信奉印度教——的统治者也加入了莫卧儿帝国省督之间的斗争以及省督同中央政府的斗争。这些“马拉地人”（Marathen）攻击不忠的“纳瓦卜”（Nawab）① 及其深受困扰的主人——莫卧儿帝国，但也攻击一

① 莫卧儿帝国赐予南亚土邦的半自治穆斯林世袭统治者的尊称。

再取道旁遮普侵入印度北部的波斯—阿富汗征服者。自身也在迅速崩溃的割据邦国的统治者结成竞争激烈、瞬息万变、乱七八糟的各类联盟，争取成为莫卧儿帝国的后继者。

各方混战的局面给了欧洲人意想不到的介入机会。在此之前，欧洲人只在少数的沿海贸易区拥有据点，而且这些据点彼此毗邻，易起冲突。在科罗曼德尔海岸（Koromandelküste），法国人待在本地治里，不列颠人待在本地治里北面的马德拉斯；在孟加拉地区，法国人住在金德讷格尔，不列颠人住在加尔各答；在西北沿海地区，法国的据点苏拉特离不列颠的据点孟买不远。与美洲的情况截然不同，这里没有国家控制的殖民地，只有各大东印度公司的代办处（Repräsentanz），即办事处（Kontor），它们自负盈亏地开展贸易活动，做生意完全仰仗当地统治者的恩宠。办事处里的一切都取决于其长官的个人手腕，他需要与人协商当地的贸易条件，遇到危机还必须组织军事力量保卫据点，在此过程中，他有巨大的自主决策空间——原因之一在于书信往来耗时可达一年。

法国人的长官非常能干。18 世纪 20 年代，他们的积极活 204
动使得法国人在许多地方依靠当地统治者的撑腰赶走了竞争对手不列颠人。法国人扩张势力，在马埃岛（Mahé，1725 年）和开利开尔（Karikal，1739 年）立足，并且——远在英国人和荷兰人之前——发展出了由位于印度洋、东非、留尼汪和毛里求斯岛上的诸多军事基地构成的体系，便于迅速开展军事行动。在路易十四世统治时期，过度的统制主义（Dirigismus）对法国的东印度公司造成了较为负面的影响；该公司现在却受惠于奥尔良公爵和弗勒里（效法英国的）有益的自由放任政策。

1730 年后不久，莫卧儿帝国的危机发生了新变化。马拉地人和海得拉巴（Hyderabad）的“尼扎姆”（Nizam-ul-

Mulk）[①] 激战数次，后来这对敌人在 1732 年瓜分了印度次大陆：印度南部成为尼扎姆的势力范围，马拉地人得到印度北部。于是此时只占据恒河盆地的莫卧儿帝国便直接面临威胁。1737 年，马拉地人的部队直逼德里近郊。1739 年，此前把萨法维王朝（Safawiden）[②] 赶下孔雀宝座 [③] 的波斯人纳迪尔沙（Nadir Shah）消灭了莫卧儿帝国的军队，还命人劫掠莫卧儿帝国的首都达两个月之久。这场灾难恰恰发生在帕尼帕特（Panipat）战役的旧址，此地位于德里西北，1526 年莫卧儿帝国的奠基人巴布尔（Babur）正是在此赢得了决定性胜利，建立了政权。显然日渐衰落的帝国使欧洲人面临抉择：要么限制自己在印度的贸易活动，要么主动介入印度的战争。

当时欧洲海外据点的形势变得十分紧张，欧洲本土却在一定程度上维护或者恢复了和平的局面——尽管神圣罗马帝国皇帝不得不接受苛刻的条件，在 1739 年把贝尔格莱德还给苏丹。大家可以猜猜这种来之不易的和平原本能延续多久。然而一
205 次普通的意外破坏了所有政治操作。皇帝查理六世吃了一道用蘑菇做的菜以后出人意料地去世了。一个马虎的厨师改变了世界史。

## 2　1740~1745 年的西里西亚战争

皇帝的去世令人措手不及。没人对“后续”形势有所准备——不论是在奥地利国内还是国外。皇帝的长女和继承人玛

---

① Nizam-ul-Mulk，简称 Nizam，意为“领土管理者”，海得拉巴的君主称号。

② 萨法维王朝（1501~1736）：波斯人建立的统治伊朗的王朝，被纳迪尔沙建立的阿夫沙尔王朝（1736~1796）取代。

③ 孔雀宝座：原指莫卧儿帝国的王座，因其装饰物造型而得名，后被远征印度的纳迪尔沙掠至波斯，也指波斯王座。

利亚·特蕾莎时年 23 岁。她性格活泼，颇具识人之明，在耶稣会士的教导下受过很好的教育。但是人们过去让她远离政治事务和公众。她不认识任何人，别人也不认识她。她的丈夫是 1736/1737 年被调去托斯卡纳的洛林的弗朗茨·斯特凡，此人被视为无名小卒和法国的傀儡。她的五名大臣年龄在 67 岁和 77 岁之间。国家负债 1.03 亿古尔登（国家预算为 1000 万古尔登）。军队数十年未进行现代化升级，毫无震慑力。查理六世生前只顾使《国事诏书》获得外交承认，而不是使它得到军事保障。

于是《国事诏书》立刻被抛诸脑后。过去信誓旦旦的巴伐利亚、萨克森和西班牙提出了继承皇位的要求。法国宫廷里以贝尔岛伯爵夏尔（Charles de Belle-Isle，富凯之孙）为首的一派主张立刻对哈布斯堡开战。正在此时，忙于外交事务的人们听说了一次出人意料的军事行动：1740 年 12 月 16 日，普鲁士军队开进了西里西亚。到了 1 月底，这支不宣而战的军队实际上已经占领了布雷斯劳（Breslau）和下西里西亚全境。

这次违反各种战争法和国际法的行动的始作俑者是新继位的勃兰登堡选帝侯及普鲁士国王弗里德里希二世，他是 1740 年 5 月底去世的弗里德里希·威廉一世的长子。弗里德里希二世时年 28 岁，史书说他童年不幸，夹在父母中间备受煎熬。206
他温文尔雅的母亲出身于汉诺威家族，曾希望他同英国结亲，而他粗野严厉的父亲在奥地利的支持下严禁这门婚事。不同于玛利亚·特蕾莎，弗里德里希为执政做足了准备，并且已经以启蒙之友的形象为文学圈子所知。1739 年，他的《驳马基雅维利》（*Antimachiavell*）经大名鼎鼎的伏尔泰编辑出版。此书看起来是对佛罗伦萨人马基雅维利的批判，弗里德里希在书中将君主定性为“国家的首席公仆”，要求君主完全服从国家利益。

弗里德里希入侵西里西亚未必与上述主张矛盾，尽管他确实违背了父亲的和平主义原则。不论如何，入侵西里西亚符合勃兰登堡的政治传统——大选帝侯早就考虑过吞并这片亚麻产业及纺织业繁荣的富庶地区——而弗里德里希只是“用了前所未有的极端及无情的方式”。[2] 弗里德里希冒险单独行动是为了赶在别人前面得到这片宝贵的地区。

所以他——以气人的马基雅维利式作风——一占领西里西亚就向玛利亚·特蕾莎提议结盟。后者却勃然大怒。1741 年春季，她马上派兵对付入侵者。4 月初，双方在莫尔维茨［Mollwitz，紧邻布里格（Brieg）］附近交战，两军的统帅都是老将，结果是兵力占优的普鲁士军队险胜。

不过法国此时已经掌握了主动。到了 1741 年夏季，法国同西班牙、巴伐利亚、普鲁士和萨克森结成同盟，想让巴伐利亚的卡尔·阿尔布雷希特（Karl Albrecht）得到皇帝头衔并分割哈布斯堡的土地。法国想得到奥属尼德兰，西班牙想要伦巴第，普鲁士想要西里西亚，其余盟友想要小片土地，玛利亚·特蕾莎只能保有匈牙利和内奥地利（Innerösterreich）①。矛盾
207 双方都熟知弱肉强食原则：失败者要被胜利者瓜分。

玛利亚·特蕾莎起初孤立无援。哈布斯堡家族的传统盟友英国除了提供少量援款外毫无动作。沃波尔的政府疲惫不堪；英国对内对外都遇到了大麻烦；乔治二世对信仰新教的普鲁士很有好感，又对哈布斯堡的势力扩张疑心重重。反倒是俄国对玛利亚·特蕾莎伸出援手。法国的应对之策是安排瑞典在 8 月初攻击俄国，俄国此时正因为皇位交接而实力减弱，于是不得不暂且退兵。

---

① 内奥地利：阿尔卑斯山的塞默灵（Semmering）隘口以南的施泰尔马克、克恩滕、克莱因公国和滨海地区（Küstenland）的总称。

1741 年 7 月 31 日，巴伐利亚的部队占领边境要塞帕绍，同盟国由此展开进攻。两周之后，元帅贝尔岛伯爵夏尔指挥的法军越过莱茵河。到了 10 月，与巴伐利亚军队会师的法军抵达上奥地利（Oberösterreich）。在林茨，等级会议向卡尔·阿尔布雷希特宣誓效忠。11 月 26 日，贝尔岛伯爵率领的军队（得到了萨克森的增援）占领布拉格。多达半数的波希米亚贵族宣誓效忠巴伐利亚。阻止部队立即进军维也纳的只有冬日的严寒。不过速战速决本来就不符合法国的意图。为了消耗矛盾各方，法国更想让冲突尽量拖下去。

1742 年 1 月 24 日是弗里德里希的生日，选侯院一致推选卡尔·阿尔布雷希特为新任皇帝。2 月 12 日，他的弟弟、科隆总主教克莱门斯·奥古斯特（Clemens August）为他加冕，他成为查理七世。这是 1438 年之后皇帝头衔首次不属于哈布斯堡家族成员。

玛利亚·特蕾莎无法阻止此事。不过她此时已经得到了支持——恰恰来自长期反叛的匈牙利等级会议。匈牙利的军队开始进攻。查理加冕后没几天，匈牙利军队就占领了慕尼黑，到了 1742 年底更是占领了巴伐利亚全境。与此同时，法国人不
得不撤出波希米亚。1742 年 12 月 25 日，布拉格的法国占领 208
军投降。查理一直待在法兰克福。他依靠法国和西班牙的钱度日，而敌人的军队正在蹂躏他的子民。他的威望日渐下跌。

不过，受法国资助的维特尔斯巴赫家族掌握皇权[①]加快了西欧各国政府的决策速度。在英国，此事对沃波尔的反对者而言是关键论据。1742 年 2 月至 3 月，沃波尔不得不下野。继任首相加特利（Carteret）勋爵开始推行反法政策。为此他在

① 上文提到的 1742 年当选为神圣罗马帝国皇帝的卡尔·阿尔布雷希特属于维特尔斯巴赫家族。

夏季先促成普鲁士和奥地利单独媾和。这使得玛利亚·特蕾莎可以集中一切力量对付法国，似乎也给弗里德里希提供了巩固占领成果、从陷入困境的失败者同盟中悄悄脱身的机会，而代价是通过这一背叛之举暴露了自己是靠不住的盟友。不列颠又在 1742 年秋季同俄国结盟，在 1743 年 4 月同尼德兰联省共和国结盟，两个同盟的建立都是为了维护《国事诏书》。

于是英国以外交手腕重新构建了 1688 年奥兰治亲王威廉执政以来的成功格局，法国却面临严重危机。1743 年 1 月，89 岁的枢机主教弗勒里去世。33 岁的路易十五世效法太阳王亲自执政。不同于太阳王，路易十五世很难形成明确的主张并坚定不移地推行。相反，他任由大臣和情妇做主，尤其是在 1745~1764 年说话分量很重的德·蓬帕杜女侯爵，她经常为了提携自己在宫廷里的门客而废除运行良好的改革。法国政府采取的路线变得摇摆不定、难以琢磨。

在这一背景之下，英奥同盟于 1743 年春季在欧洲大陆
209 上发动总攻。奥军占领了巴伐利亚。乔治二世亲率一支“国事军”（Pragmatische Armee）[①] 从尼德兰南下。1743 年 6 月 27 日，这支军队在紧邻法兰克福的德廷根（Dettingen）附近——出身于巴伐利亚的神圣罗马帝国皇帝的流亡地——击败了一支法国军队。1744 年春季，英奥联军越过莱茵河，占领了阿尔萨斯北部。流亡至吕内维尔（Lunéville）的波兰国王斯坦尼斯瓦夫·莱什琴斯基只得出逃。

弗里德里希想建立一个反对哈布斯堡的帝国政治体同盟来支援法国，还想通过（从 1744 年 8 月起）攻击波希米亚给法国减负，这些计划起初颇具成效，后来却以惨败告终。虽然

① 奥地利、不列颠、尼德兰、汉诺威、黑森－卡塞尔等国为了支持《国事诏书》的内容，反对法国和普鲁士而组建的军队。

英奥联军不得不停止攻击法国并大幅后撤，使倒霉的皇帝得以在慕尼黑复位，但是普鲁士损失了大量士兵（大部分是因为逃跑）才勉强从布拉格打到西里西亚。到了年底，奥地利人又夺回了西里西亚。联军开始商量具体如何瓜分普鲁士。雪上加霜的是，查理七世在 1745 年 1 月突然去世，其子马克斯·约瑟夫（Max Joseph）急忙转变立场，支持奥地利，于是皇冠稳稳地落到了弗朗茨·斯特凡头上。为了继续打仗，弗里德里希想举债，荷兰却未让他如愿。猎人开始沦为猎物。

面对这种局面，弗里德里希再一次孤注一掷。1745 年 6 月 4 日清晨，他在霍亨弗里德堡（Hohenfriedberg）附近（紧邻西里西亚和波希米亚之间的边界）攻击奥地利和萨克森军队。这次突袭成功了。经过整顿的骑兵使普军在 8 点就大获全胜。9 月底，在弗朗茨·斯特凡当选为皇帝几天后，弗里德里希成功地在（波希米亚的）索尔（Soor）附近顶住了人数为己方两倍的奥军的反击。12 月中旬，年迈的陆军元帅安哈尔特－德绍的利奥波德（Leopold von Anhalt-Dessau）在（德累斯顿城下的）克塞尔斯多夫（Kesselsdorf）附近击败萨克森军队，为普军再续胜绩。

经过不列颠的敦促，普奥在圣诞节便单独媾和。和约确认了现状，确保新任皇帝能得到普鲁士的承认，确保普鲁士拥有西里西亚，迫使萨克森支付巨额赔偿。对于弗里德里希来说，210
这是辉煌的胜利，但也是绝大的侥幸，还再度证明他是靠不住的盟友。这位国王在返回柏林的时候第一次被欢迎者尊为“大王”，但他日渐被孤立。

## 3　1748 年之前欧洲及海外的战争

和约是英国离间法国及其盟友的策略。因为法国此前在欧洲其他战场上的进攻极为顺利，比如法国和西班牙的部队在意大利击退了奥地利人，1745 年 12 月中旬便占领了米兰。

法军在佛兰德地区取得了更大的胜利。萨克森的莫里茨（Moritz）元帅——强力王奥古斯特（August der Starke）[①]的私生子——在此地率领法军迅速连战连捷。1745 年 5 月，他在丰特努瓦（Fontenoy）附近（紧邻图尔奈）横扫坎伯兰（Cumberland）公爵（乔治二世的次子）指挥的英国—荷兰—汉诺威军队。此后，图尔奈、根特、奥德纳尔德、登德尔蒙德（Dendermonde）、奥斯坦德等大量要塞投降。尼德兰联省共和国深感威胁，要求签订和约。

还有一件事证明法国的实力有所恢复：1745 年夏季，斯图亚特家族似乎很有希望重登英国王位。在法国的支持下，詹姆斯二世的孙子，25 岁的查尔斯·爱德华·斯图亚特（Charles Edward Stuart）在苏格兰登陆。他在普雷斯顿（Preston）附近击败政府军，使得一些氏族领袖——比如心怀不满的托利党人——投入其麾下。英俊王子查理（Bonnie Prince Charlie）[②]在凯旋式中进入爱丁堡，让人在珀斯（Perth）宣布自己为国王。11 月 8 日，他越过边境进入英格兰，决定像过去的奥兰治亲王威廉一样径直杀向伦敦。

211 但是大部分氏族领袖都表示反对，理由是眼下既没有大规模的叛乱，也没有法国援军。在查尔斯·爱德华同他们商量的时候，他军队中的许多人倒戈了。趁着查尔斯·爱德华耽误时间，坎伯兰公爵从欧洲大陆调回了军队。1746 年 4 月 27 日，剩余的苏格兰部队在卡洛登（Culloden）附近被消灭。查

① 强力王奥古斯特：萨克森选帝侯、波兰国王奥古斯特二世的外号，据说此人力大无穷。

② 英俊王子查理：查尔斯·爱德华·斯图亚特的外号。

尔斯·爱德华逃脱了。他成了消沉的酒鬼，1788 年死于罗马。詹姆斯党人遭到惩罚。

斯图亚特家族夺回王位的尝试就此告终。氏族势力被粉碎，政治和管理层面的现代化改革畅通无阻。改革的成就令欧洲各国惊羡。从这时开始，苏格兰的农业、贸易和工业发展速度几乎胜过英格兰。爱丁堡得到了城市化的新形象。1583 年建立的爱丁堡大学只用了数十年便成了欧洲现代经济学、自然科学、社会科学和管理学（此即谓“苏格兰启蒙运动”）的中心。但是，由于土地被大地主瓜分，许多贫困的小佃农开始移民美洲。

趁着英格兰正在关注来自苏格兰的威胁，法国军队继续进攻奥属尼德兰。蒙斯、沙勒罗瓦和那慕尔（Namur）投降了。当时的第一名将，萨克森的莫里茨元帅未尝败绩。英国的撤兵就足以使他接连取胜。到了 1748 年春季，他占领了奥属尼德兰全境，连同布鲁塞尔和马斯特里赫特。他的军队一年前便进入了尼德兰联省共和国。敌军来袭，经济日渐萧条，国防支出却在激增，民众的惊惧引发了“第二次奥兰治党革命”（Zweite Orangistische Revolution）。同 1672 年的情形类似，群众通过示威要求重新设立此前撤销的执政一职，他们的要求得到了满足。执政之位在奥兰治家族内部传承，于是尼德兰成了某种立宪制君主国，然而人们期盼的贸易和工业复兴并 212
未发生，所以尼德兰联省共和国在后来的许多冲突中一直保持中立。

尽管法国取得了上述胜利，它却在意大利频频吃瘪。奥地利军队在意大利夺回的土地越来越多。1746 年 11 月，奥地利军队侵入普罗旺斯。与此同时，新任西班牙国王费尔南多六世在奥地利妻子的影响下尝试亲近哈布斯堡家族。次年，英国取得了两场关键的海战胜利。1747 年 5 月中旬，海军上将乔治·

安森（George Anson）在比斯开湾（Biscaya）击败了一支法国舰队，劫掠了对方护卫的满载货物的贸易船队。1747 年 10 月底，海军上将爱德华·霍克（Edward Hawke）在布列塔尼海岸边的贝尔岛（Belle-Isle）附近消灭了另一支法国舰队。不列颠的舰队群此时还开始封锁法国在印度的据点。

所以法国和英国从 1739 年起也开始在海外公开对峙。在北美，英法矛盾因为法国人占领新斯科舍的小型港口坎索（Canseau）而升级。不列颠人还以颜色，在 1745 年 6 月底发动突袭，占领了关键要塞路易斯堡。这样一来，法国对加拿大的补给线就被切断了。

在印度，1742 年上任的法国总督约瑟夫·杜布雷（Joseph Dupleix）使法国东印度公司的势力范围在矛盾和竞争频发的环境中日益扩大。这得益于他的经商和外交才干，以及他与印度统治者极为融洽的关系，也要感谢他的夫人——她是出身高贵的印度教教徒[①]，能说多种印度方言，为他担任翻译。1741 年，杜布雷成了第一个被莫卧儿皇帝赐予卡纳蒂克（Carnatic）的“纳瓦卜”头衔及权利的欧洲人，1747 年又得到了扎法尔·姜·巴哈杜尔（zafar jang bahadur）[②] 头衔。于是杜布雷的命令名义上在莫卧儿帝国各地都拥有法律效力。他想借助这些职权使法国控制整个印度南部地区。他的策略是，
213 以类似军阀的身份介入信仰印度教的统治者之间的冲突，帮助其中的亲法派打击当地的对手——或是调动法军，或是派出他效法欧洲军队训练的印度雇佣兵。获胜方需要向他转让权利和土地作为报酬。

---

① 此处疑为原书作者笔误：杜布雷之妻让娜·杜布雷（Jeanne Dupleix，1706~1756）是出生在印度的混血天主教徒，祖辈以欧洲人为主，仅有外祖母是印度当地人。

② zafar jang 为印度军衔；bahadur 为尊称，也译为“阁下”。

杜布雷尽量不与英国的东印度公司发生冲突。然而从1744年开始，冲突几乎再也无法避免，因为英国舰队开始有计划地劫掠法国商船。1746年9月，杜布雷同毛里求斯的指挥官合作，发动突袭，占领了英国最重要的贸易据点马德拉斯。不列颠人和他们的印度盟友——卡纳蒂克的统治者——都无法将其夺回。

所以1748年一切都动荡不安。法国在殖民地有优势，英国则在欧洲及几大洋上占据主动。1740年之后，詹姆斯·汤姆森（James Thomson）创作的《统治吧，不列颠尼亚，不列颠尼亚，统治海洋》（*Rule, Britannia, Britannia, rule the Waves*）便表达了源自上述认识的自信，这首歌将在1800年前后成为英国的第二国歌。

然而英法两大强国被延续八年多的战争耗尽了财力。这是法国、英国和尼德兰联省共和国开始谈判的主要原因。谈判结果被西班牙、奥地利和撒丁接受，还在1748年10月形成了《亚琛和约》。《亚琛和约》的关键内容是：英法都要归还占领对方的全部土地；用路易斯堡要塞换取马德拉斯；相反，奥地利必须把伦巴第的一部分交给撒丁国王，把帕尔马和皮亚琴察交给西班牙王储卡洛斯，[①]明确地把西里西亚交给普鲁士国王。

这样一来，英国就实现了自己的计划：削弱大国、增强小国实力。普鲁士就是鲜明的例子，得到西里西亚的它迈入了大 214
国行列，哪怕付出了外交彻底孤立的代价。

法国和奥地利是输家。法国交出了萨克森的莫里茨元帅征服的所有土地，奥地利失去了西里西亚和意大利的一些重要

---

① 此处疑为原书作者笔误：签订《亚琛和约》（1748年10月）时，西班牙国王卡洛斯三世的王储卡洛斯，即后来的西班牙国王卡洛斯四世尚未出生；得到帕尔马和皮亚琴察的是卡洛斯三世的同母弟费利佩王子。

地区。虽然瓜分哈布斯堡帝国的计划彻底告吹，弗朗茨·斯特凡也被承认为皇帝，但是法奥两大强国深恨英国，实力较弱的盟友也对法奥失望。由于《亚琛和约》高度聚焦欧洲，海外的麻烦仍然一点儿也没解决。正当和平似乎在欧洲降临——事后看来，这只是暴风雨之前的宁静——海外的战争却还是没完没了。

## 4　1756 年之前发生在海外的欧洲战争

《亚琛和约》几乎无法阻止海外冲突延续下去——“根据（英国）200 余年以来的实践，亚速尔群岛以西和北回归线以南的地区不受欧洲和约之规定的约束，这种做法有时候是潜规则，有时候甚至被摆上了台面”。这些地区的原则是“线外无和平”（no peace beyond the line）。[3] 因此对据点的争夺发展到了更激烈的新阶段。战果依旧有大有小。

在印度，总督杜布雷继续打压英国人。他在 1748 年被国王封为贵族，提拔为印度公司的总经理。1748 年底，争夺南印度最高头衔——海得拉巴的“尼扎姆”的继位战争爆发了，杜布雷趁机将自己支持的人选扶上了德干（Dekkan）邦国的“长官”（Soubob，指总督）以及卡纳蒂克的“长官”之位。两人都认可杜布雷的地位，杜布雷的女婿[①]成了德干统治
215 者最亲近的顾问。于是这片约有 3500 万居民的地区实际上成了法国的附庸。1750 年以后，印度中部及印度东海岸的全部地区——从卡纳蒂克到孟加拉——几乎成了法国的殖民帝国。

这种发展态势自然令不列颠人越发紧张。不过，在 1750

① 指的是杜布雷的下属德·布西－卡斯泰尔诺侯爵（Charles Joseph Patissier, Marquis de Bussy-Castelnau，1718/1720~1785），其妻是杜布雷的继女。

年以后，随着领导层的更换，英国东印度公司开始反攻。它最重要的员工是雇员罗伯特·克莱武（Robert Clive）。1751年夏季，他说服马德拉斯总督突袭阿尔乔特（Arcot）——杜布雷扶植的卡纳蒂克“长官”的驻地。320名不列颠雇佣兵在这次行动中击败了约10000名印度人。1752年，胜利者帮助自己的保护人夺回了卡纳蒂克的大部分地区。杜布雷的反制措施失败了。1754年秋季，杜布雷被公司召回法国。原因是缺钱：股民负担不起他为法国争夺印度的战争的开销。1754年底，他的继任者同不列颠人签订了一份协议，禁止法国今后插手印度的内部事务。法国因此失去了在印度南部建立殖民帝国的机会。1763年，贫困的杜布雷死于巴黎。只有德干北部的局势还掌握在他的女婿夏尔·卡斯泰尔诺·德·布西（Charles Castelnau de Bussy）手中。尽管如此，“有目共睹的是，莫卧儿帝国和诸贸易公司之间的固有关系在新的形势下开始逆转：欧洲人提供政治庇护，而印度的统治者们沦为从属”。[4]

各方此时已经在北美争夺地盘。1749年，不列颠人在新斯科舍建立了哈利法克斯（Halifax）要塞，用以替代在《亚琛和约》中再度失去的路易斯堡要塞。不列颠人早在1748年就开始为垦殖者和投资者保卫阿巴拉契亚山脉以西地区。在弗吉尼亚总督罗伯特·丁威迪（Robert Dinwiddie）的领导下，弗吉尼亚成立了一家开发俄亥俄河谷上游地区的公司。
1750年，英国议会向这家俄亥俄公司转让了超过2.4万公顷土 216
地——尽管法国人已经丈量过那里的部分地区。

法国驻加拿大的几任总督——1752年以后是昂热·迪凯纳·德·曼纳维尔（Ange Duchesne de Menneville）——派部队前往冲突地区，巩固与当地印第安原住民的友好关系，并且开始修建一连串要塞保卫俄亥俄河谷（不久后也如此保卫密西西比河谷）。法国人实施这个雄心勃勃的建设项目时发生了一次小规模战争，不列颠人后来称之为对法国人及印第安人战争（French and Indian War）[①]。法英双方和各自的印第安人盟友侦测对方占据的地区，占领及破坏对方的要塞或者为了自己的需要对其进行改造。丈量部队一相遇就开火。

1754 年 5 月的一个此类事件——一位名叫乔治·华盛顿的青年民兵军官在其中扮演了可疑的角色——导致局势更加紧张：法军的主力部队围困并占领了弗吉尼亚的边境要塞必要堡（Fort Necessity）。弗吉尼亚总督在伦敦要求政府派遣常规军并获批。不列颠将军布拉多克（Braddock）在 1755 年夏季用尽各路欧洲兵法想要占领加拿大，结果以惨败告终。他的部队在距离敌方边境要塞迪凯纳堡（Fort Duquesne）几英里[②]远的地方遭到法国人和印第安人的伏击，被歼灭。

法军立即乘胜追击。1755 年，一支由路易·约瑟夫·蒙卡尔姆·德·圣维兰（Louis Joseph Montcalm de Saint-Véran）指挥的正规军——依然和印第安人联手——沿哈得逊河谷向下游进军。法军在 1756 年初的隆冬时节又占领了不列颠的奥斯威戈堡（Fort Oswego，在安大略湖附近）——撤退的英国人被印第安人屠杀，通往纽约的道路畅通无阻。

后勤补给一直是法军的痛处。虽然 1755 年之前法国总是能研发出行驶速度超过英国对手的船只，但是法国在 1741 年
217 和 1756 年分别只有 43 艘和 68 艘战列舰（配有 100 门加农炮的大型战舰），而不列颠人在和平时期就有 120 艘，到了七年战争时期更是超过 200 艘。所以不列颠人可以极其高效地截断对手的后勤补给，赢得劫掠战。仅仅在 1755 年 11 月，也就是还在所谓的和平时期时，不列颠人就在大西洋、英吉

① 中文文献多称为“英法北美战争”或“北美殖民地战争”。

② 1 英里≈1.609 公里。——编者注

利海峡附近和北海劫夺了约300艘法国商船，扣押了约6000名水手。

所以法国肯定明白，只有在欧洲开辟战线，才能在海外遏制英国；只有当欧洲发生战争，法国的海外部队才能减轻压力，法国才能用赢来的土地作筹码对英国施压。

## 5 1756年的诸联盟革命

因为西班牙无法作为盟友在欧洲参加代理人战争——从1748年起，西班牙就奉行一条看似自相矛盾的中立路线，它在海上联合法国对抗英国，在陆地上却联合英国对抗法国——所以法国首先去同神圣罗马帝国里一贯亲法的邦国商量，普鲁士自然是其中重要的一个。商量的内容是出兵汉诺威。但是普鲁士国王拒绝了——此举似乎再度证明了他的不可靠，此前他在西里西亚战争中多次与哈布斯堡家族单独媾和已然体现了这点。

此时英国试着再度与奥地利——英国1688年之后的“陆上匕首”（Festlandsdegen）[①]——结盟。然而它们以往的默契也变成了公开或半公开的猜忌。1714年起，英国屡屡阻碍哈布斯堡争夺霸权，后来又支持普鲁士占据西里西亚，而且英国和奥地利此时也没能对战争目标达成一致。奥地利不论如何都 218
想夺回西里西亚，英国关注的则是以军事手段保护汉诺威和尼德兰不受法国威胁。

这种同盟对哈布斯堡没有价值。于是奥地利外交大臣考尼茨（Kaunitz）伯爵在1755年8月向皇后呈送了一份极具

① “陆上匕首”：18~19世纪的史学及媒体惯用语，指欧洲大陆上的不列颠利益维护者。

革命性的方案：同法国结盟。他的建议闻所未闻，因为两国自 1488 年起就将对方视为世仇，鏖战不休。但是法奥与英国的共同矛盾此时已然盖过了法奥之间的对立。于是两国走到了一起——沃邦对此早有建议，路易十四世在西班牙王位继承战争的后期也考虑过此事。

虽然奥地利希望在法国与英国的战争中保持中立，但它在秘密谈判中承诺，假如法国能帮自己夺回西里西亚，自己就把尼德兰或者意大利的部分地区让给法国——这反映了人们对某些地区的估价有了彻底的变化。

同奥地利谈判失败之后，英国不得不物色其他盟友。1755 年 9 月，它首先与俄国结盟。然后它又搭上了普鲁士。1756 年 1 月 16 日，英普两国签订《威斯敏斯特条约》。双方承诺互不攻击，阻止自己的盟友同对方发生战争，共同抵御一切针对德国的侵略。条约的核心在于第二点：普鲁士要阻止法国攻击汉诺威；英国要阻止俄国进军普鲁士，阻止奥地利进军西里西亚。

两个东部大国却不再是英国的盟友。英普之间的协议一公开，奥地利就叫停了正在和英国进行的谈判。1756 年 5 月 1 日，奥地利和法国在凡尔赛商定相互中立，并将在 1757 年春季联
219 合攻打普鲁士。俄国此前已在 1756 年 3 月转而支持奥地利。女沙皇伊丽莎白曾经希望在英国的保护下占领东普鲁士，然后用它换取波兰的土地，而《威斯敏斯特条约》让她觉得英国骗了自己。考尼茨的外交手腕轻松将她拉进了进攻联盟。

一个三国同盟由此形成，它意味着巨大的成就，尤其对法国而言。英国却越发孤立了，因为在尼德兰之后，丹麦和瑞典也宣布中立。英国唯一的盟友是小小的普鲁士，而普鲁士本身没有任何盟友，和它应当保卫的汉诺威一样孤立无援。虽然普鲁士拥有一支超过 15 万人的军队，但是我们不宜高估它的实力，因为奥地利可以调动约 20 万名士兵参战，俄国甚至可以

调动 33 万。

法国在 1756 年 6 月 9 日对英国宣战，法军几天后就占领了（1713 年起属于英国的）地中海据点梅诺卡和印度的工业大城市加尔各答，这必定使英国的政府和公众非常紧张。

于是英国和普鲁士别无选择：趁着同盟国还没做好战争准备，自己必须发动进攻。

## 6 欧洲的七年战争

1756 年的外交革命让我们再次认识到欧洲始终是那个时代里政治竞争的起因和目标。虽然法英在世界各地的矛盾是所有决策的背景，但是引发诸联盟巨变的并不是这组矛盾，而是奥地利和普鲁士的对立。自身的新利益使得殖民大国英国和法国不得不调整、改变。相应的是，普鲁士国王首先采取了军事 220
行动。

俄国的军备活动令弗里德里希不安，于是他再次决定先发制人。1756 年 8 月底，他率领 6.1 万名士兵突袭萨克森，迫使 1.9 万名萨克森士兵投降。萨克森士兵被强制编入普鲁士军队，萨克森富饶的土地被劫掠一空。弗里德里希事后估计自己使萨克森蒙受了 4000 万~5000 万塔勒的损失——比两次西里西亚战争里普鲁士总支出的四倍还多，相当于英国从 1758 年起给普鲁士的援款的两倍。但是萨克森的损失可能比他的估计值翻一番。

普鲁士的突袭加快了敌方阵营的形成和发展。在神圣罗马帝国皇帝的推动下，帝国众政治体在 1757 年 1 月以帝国的名义对普鲁士宣战。瑞典马上跟进。法国、奥地利和俄国把自己的同盟升级为进攻联盟。许多帝国政治体——甚至包括汉诺威——保持中立，只有极少数帝国政治体被劝服，同英国签订了援款协议。

而英国自身保持被动姿态。纽卡斯尔（Newcastle）公爵领导下的辉格党政府深陷内部斗争，有一件事在斗争中一再被提起：当初汉诺威家族继承王位的条件之一就是不能牺牲不列颠士兵去保护汉诺威家族原本在德国的领地。英国觉得自己在海外的处境日渐不利——加尔各答被占领、蒙卡尔姆进军哈得逊河谷，所以这种主张就显得更有道理了。

于是普鲁士在四个方向上都面临直接威胁。为了一对一地与敌人交战，弗里德里希不得不大幅提升军事行动的速度。5月初，他的军队确实在布拉格城下击败了奥地利人，却无法占
221 领这座城市。6月中旬，陆军元帅道恩（Daun）率领的援军在科林（Kolin，位于波希米亚中部、易北河畔）附近与弗里德里希交战，他大败普军，将普军赶出了波希米亚和萨克森的大片地区。

1757年夏季，法军占领汉诺威。法军在威悉河畔的哈斯滕贝克（Hastenbeck）战胜了一支由坎伯兰公爵指挥的汉诺威军队，迫使他签署中立协议。然后法军转向萨克森方向。俄军进攻东普鲁士，击败了当地驻军。普鲁士等级会议向女沙皇宣誓效忠。9月中旬，瑞典军队在波美拉尼亚登陆。这样一来，普鲁士就被包围了。它的失败似乎就是几周之内的事。

正当普鲁士深陷危机，英国换了一届政府。纽卡斯尔内阁被推翻。此前的反对派领袖在1757年6月底夺得国务大臣之位。1735年进入下议院的查塔姆（Chatham）伯爵老威廉·皮特自视为海外贸易商的代言人，他的家族也属于这个群体。作为沃波尔的死敌，皮特反对沃波尔制定的结交法国及西班牙的政策，也反对辉格党贵族政治中腐败的荫庇体系——尽管他本人的当选也得益于此。作为出色的演讲者，他擅长鼓动公众。公众将他视为廉洁者、爱国者和专制君主制的死敌。此时

他几乎得到了独裁者的职权。他借此制定了一个包含四点的方案：第一，英国不应该分散兵力，而是要集中兵力（就此而言，他的策略跟弗里德里希二世的策略相近）；第二，海外战争的优先级应当高于欧洲战争，英国军队应当只在海外行动；第三，英国军队应当优先在北美行动；第四，必须尽量大力且长期地支持普鲁士——但是只提供经济援助，目的是尽量长期地在欧洲大陆上拖住英国的敌人。英国自此之后坚定不移地执行上述方案。

英国也马上开始装备军队。不列颠军队的规模扩充至 15 222
万人，在常规部队之外增加了民兵。第一批高地兵团诞生了。与此同时，海军上将乔治·安森整编了舰队，完善了它的海上封锁技巧。

环绕普鲁士的包围圈越收越紧。11 月，得到神圣罗马帝国军队增援的法军——共 4.1 万人——在德·苏比兹（de Soubise）元帅（蓬帕杜夫人的宠臣）率领下进入萨克森。1757 年 11 月 5 日，弗里德里希在罗斯巴赫（Roßbach）附近（哈勒以南）率领人数只有敌军一半的普军与对方作战。冯·塞德利茨（von Seydlitz）将军率领骑兵奇袭，使普军大获全胜。法军溃退，他们的军事声誉受到了打击。罗斯巴赫战役之后，歌德说，“人们觉得他们应受轻视”。[5] 普鲁士的宣传机器利用这场胜利把弗里德里希包装成对抗神圣罗马帝国和皇帝的德意志爱国者。对于当时的很多人而言，弗里德里希成了民族的希望。

这场胜利来得正是时候，证明皮特的方案是正确的。它似乎证明普鲁士能够以一己之力在欧洲大陆上遏制英国的敌人。所以英国终于在 1758 年 4 月签订正式协议，保证提供援款：普鲁士每年将得到 530 万塔勒，还能得到汉诺威军队的支援。

弗里德里希此时已经取得了第二场重大胜利。1757 年 12

月5日，他率领3.5万人在洛伊滕（Leuthen）附近（布雷斯劳以西）再度歼灭了人数几乎是普军两倍的奥地利军队——这场胜利源自完美的训练、别出心裁的作战序列以及抛弃不在冬天打仗的传统。

俄国人虎视眈眈。1757~1758年冬季，俄国人逐渐占领了东普鲁士的大部分地区。1758年夏季，他们从那里出发向勃兰登堡进军。8月25日，弗里德里希赶在俄军同奥军会师之前在紧邻屈斯特林（Küstrin）的曹恩道夫（Zorndorf）附近同俄军打了一仗。双方大战两天，损失惨重。然后俄军开始
223 后撤。不论如何，俄国人被阻截且击退了。不过他们没有被打败。东普鲁士仍在他们手里。

弗里德里希想要利用这场胜利，希望迫使奥军秋季同自己在劳西茨决战。但是道恩将军更加狡猾。10月14日深夜，霍赫基希（Hochkirch）附近的普军营地遭到袭击。普军好不容易才避免了惨败。

1759年之后，普鲁士的处境日渐不利——尽管有英国的援款。仅论兵力普鲁士就明显落在下风：弗里德里希有12.4万名士兵，外加待在德国西北的汉诺威—不列颠—黑森部队的7.1万人。敌方联盟有14万奥地利士兵、9.7万法国士兵（依然长驻于莱茵河畔）、7万俄国士兵、1.2万瑞典士兵和1.7万神圣罗马帝国士兵。所以普鲁士只能维持守势。弗里德里希的战略只求坚守。他希望不论如何至少保下萨克森。

1759年7月初，奥地利军队开始入侵波希米亚。与此同时，一个俄国军团也开始移动。弗里德里希未能阻止两军8月初在奥得河畔的法兰克福会师。他也把自己的全部兵力调集至此。8月12日，双方在库讷斯多夫（Kunersdorf）附近开战，此役是弗里德里希的军队到那时为止经历过的最惨烈的失败。4.9万人中只剩下3000人可用。鼻烟盒挡住了一颗

致命的子弹，救了弗里德里希的命。他派出一股残部，试图引诱奥军进入埋伏区，结果再度惨败。11 月 21 日，普军被包围、俘虏、关押。

弗里德里希很走运，因为同盟国没有扩大战果。它们对彼此的猜忌太深了，也根本没有一致的策略和战争目标。不过它们似乎马上就能得到最终的胜利。1759 年 3 月，法国已经开始缩减自己在欧洲大陆上的军队规模，将援款减少到 600 万利弗尔。它亟须把兵力和资金用到其他地方去。

## 7　海外的七年战争 224

1758 年之后，法国在各个殖民地取得的胜利越来越少，势头发展之快令人不安。皮特持之以恒地打仗，使得局势最迟从 1759 年起明显变得对英国有利。

1756 年后的几年给印度带来了剧烈的动荡。曾经惨遭纳迪尔沙蹂躏的德里时隔 17 年再度被人劫掠——这次是阿富汗军队干的，莫卧儿王朝被赶走。1758 年，马拉地人占领拉合尔（Lahore，曾是王朝建立者阿克巴[1]的驻跸之地）以及旁遮普的山隘，所以印度教邦联此时控制的区域从印度南端一直延伸至喜马拉雅山且直指孟加拉地区——该地区同样在 1758 年被锡克教徒占领。剧烈的势力变化和莫卧儿帝国的彻底瓦解对于欧洲人而言是迷人的机遇，因为当地人再度找他们当盟友。

1756 年，法国人再度取得胜利，不列颠人的势力则降到最低点。德干的若干不列颠据点被布西占领。6 月，新上任的亲法的孟加拉“纳瓦卜”希拉杰 – 道拉（Siraj ud-

① 此处疑为原书作者笔误：阿克巴（1542~1605），又称阿克巴大帝，莫卧儿帝国第三任君主，并非王朝建立者。

Daula）占领了加尔各答，将不列颠人赶出了他们在孟加拉最重要的据点。所以罗伯特·克莱武扭转军事及政治局势的壮举就显得更厉害了：他率领一小支部队分乘 12 艘船从马德拉斯出发，在 1757 年 1 月初夺回了加尔各答，还说服“纳瓦卜”倒向英国。3 月，双方联手占领了法国在孟加拉最重要的据点金德讷格尔。后来“纳瓦卜”又打算支持法国，于是克莱武 1757 年 6 月 26 日在普拉西（Plassey）附近同他打了一仗，仅仅凭借 800 名欧洲人和 2200 名印度协军就战胜了 4.9 万敌军。不过内奸也发挥了作用。内奸的头目后来被任命为孟加拉的新“纳瓦卜”。

225 克莱武只用了短短三年就扭转了形势，使之对自己效力的贸易公司有利。不列颠此时牢牢掌控着经济上最为重要的印度东北部诸邦。

于是不列颠和法国的争夺焦点成了卡纳蒂克，即印度东南沿海地区。爱尔兰人托马斯·拉里·德·托朗达尔（Thomas Lally de Tollendal）率领的法军在 1758 年还能略占上风。此人是蓬帕杜夫人的宠臣，曾经参加在丰特努瓦附近的战斗，担任过英俊王子查理的副官。6 月，法军占领了本地治里周边的若干英国办事处。然而法军未能如愿占领英国的主要据点马德拉斯，因为英国舰队向被围者提供补给，而法军缺少能切断补给的船只。1759 年 2 月，法军不得不撤离。拉里曾要求布西的部队从德干来增援自己，也确实得到了援兵，所以这场失败就显得更惨重了。克莱武的部队几乎兵不血刃地占领了法国人丢下的地区。在 1759 年 4 月马苏利帕特南（Masulipatam）陷落之后，法国在德干地区就只能掌控本地治里了。

法军屡屡失败的主要原因在于日益严峻的后援（部队、补给）问题，而后援问题又源自船只不足和士兵不足，归根结底就是资金严重短缺。不同于杜布雷，他的继任者们不太擅长同当地精英合作，再者说来，谁能上任经常取决于凡尔赛宫廷里的哪一派正在掌握话语权。

1757 年后美洲势力格局变得对英国有利也有类似的原因。1757 年 8 月，蒙卡尔姆在占领威廉·亨利堡（Fort William Henry）之后便无法继续向哈得逊河谷深处顺利推进。因为他也缺少兵力和资金。虽然一支法国舰队 1757 年还运送了 1.1 万名士兵到路易斯堡，但他们是法军总司令得到的最后一批后援——而且这些部队必须被分派到加拿大和“路易斯安那”。

相反，从 1757 年起，英国政府每年运往美洲的士兵最多达 226
1.5 万名。英国海军此时拥有 75 艘护卫舰和 120 艘战列舰，而法国海军只有 30 艘护卫舰和 60 艘战列舰。英国船只通常更为现代，技术上更成熟。英军指挥官的战略水平经常胜过法军指挥官。英军水手接受过更好的训练，含有维生素的伙食（柠檬、蔬菜）使他们不会罹患“坏血病”之类的营养缺乏症，他们也有更好的医疗条件。不过，老皮特的战略从 1757 年开始奏效的关键原因是英国为美洲战争投入的资金是法国的 25 倍之多。

不列颠舰队此时按计划封锁法国人控制的沿海地区。为了使在加拿大的法国人得不到任何后援，不列颠舰队炮击当地的港口与城市；1758 年，四个不列颠兵团向加拿大的几座关键法国要塞进军。面对数量是法军四倍的敌人，路易斯堡首先在 7 月底陷落。不久之前，蒙卡尔姆率领 3600 人顶住了 1.5 万名英国士兵对蒙特利尔的进攻。第三个不列颠兵团在 8 月底还以颜色，拿下了位于安大略湖北岸的弗龙特纳克堡（Fort Frontenac）。11 月，俄亥俄河谷上游的迪凯纳堡陷落，不列颠人将其更名为匹兹堡。法国的堡垒带就此被切断。通往阿巴拉契亚山另一边的道路向英国殖民者敞开。

而决定性的打击发生在 1759 年。超过 110 艘不列颠船只载着约 1 万名士兵驶向圣劳伦斯河上游。32 岁的詹姆斯·沃尔夫（James Wolfe）指挥的不列颠军队在6月底开始围困及炮击魁北克，当地守军（人数只有敌军一半）由蒙卡尔姆指挥。9月13日，双方在城下决战。两位主将都阵亡了。10月18日，法军投降。现在只剩蒙特利尔尚未陷落。

227 也是在1759年，法国领导层试图开展一次可能扭转全局的军事打击：入侵英国。这样做需要抽调德国境内的法国部队，结果导致法军1759年8月1日在明登（Minden）附近被汉诺威军队击败并被赶出德国。对法国而言，入侵计划对海上活动的影响更为恶劣。因为被调往英吉利海峡的法国地中海舰队在直布罗陀海峡附近被一支由海军上将博斯科恩（Boscawen）指挥的英国舰队击溃，不久后在拉古什港（Lagos，葡萄牙南部）被歼灭。11月20日，法国的大西洋舰队在基伯龙湾（Quiberon，卢瓦尔河入海口附近）落得同样的下场。这场“旧制度下的特拉法尔加海战”宣告了法国海上强权的终结及其海外据点的末日。

随着本地治里在1761年1月16日投降——此地从1760年3月开始遭受海陆两面的围困——法国在印度的统治画上了句号。1766年，拉里－托朗达尔在法国因此而受到指控、获刑并被处决。在加拿大，蒙特利尔总督1760年9月8日向人数是守军15倍的英军投降，他是代表在北美的所有法国部队投降的（尽管还有几支小分队驻扎在路易斯安那）。在加勒比地区和西非，大部分法国据点早在1759年就陷落了。

于是法国的海外帝国被摧毁了。皮特的策略——集中力量、坚持不懈——在各方面都发挥了作用。

## 8 1763年的和约

海外战争对欧洲的影响是滞后且间接的。不过法军的失败和撤退还是导致对普鲁士的合围在西侧出现了缺口。但是俄军和奥军继续作战，使普军接连遭受不太严重的失败。虽然弗里德里希1760年8月15日在利格尼茨（Liegnitz）附近 228
夜袭奥军，阻止了奥军和俄军会师，但他11月3日在托尔高（Torgau）附近取得的胜利——七年战争中最血腥的胜利——却夺走了他麾下1/3士兵的生命。弗里德里希只能通过最残酷的手段，即强制征兵，在周边地区抓壮丁，拼命搜刮已然遭受过劫掠的萨克森等地，勉勉强强地为部队补充人员和物资。

尽管如此，他的区区7万名士兵并不足以对抗同盟军，因为对方在1761年再次派出26万人参战。俄国人和瑞典人几乎不费吹灰之力就占领了波美拉尼亚和东普鲁士。1761年9月中旬，被围困了六个月的关键要塞科尔贝格（Kolberg）投降，10月初，下西里西亚的施韦德尼茨（Schweidnitz）要塞投降。弗里德里希避免作战，宁愿转移。

英国不再向他提供支援。1760年10月25日，英王乔治二世去世。他22岁的儿子及继承人乔治三世是第一个觉得自己是不列颠人的汉诺威王室成员。乔治三世亲近反对派，也就是托利党和占有土地的“绅士”，所以想尽快结束战争。他尤其希望亲自执政。1761年10月5日，老皮特不得不下野。到了年底，不列颠不再向普鲁士提供援款。新的英国政府还催促普鲁士签订和约——哪怕付出割让土地的代价。弗里德里希最后的希望是同土耳其人结盟。

此时，一次意外——大家津津乐道的“勃兰登堡王室的奇迹”——救了他：1762年1月5日，女沙皇伊丽莎白去世。她的外甥和继承人沙皇彼得三世非常崇拜弗里德里希。彼得三世立即撤回俄国军队。停火之后，双方于5月初签订和约。彼得放弃了所有占领的土地，又在5月撮合普鲁士与瑞典签订和约。俄国还和普鲁士结盟，保证派2万援军帮普鲁士对付奥地

229 利。这事没办成，因为彼得 7 月 9 日就被禁卫军官发动的政变推翻了。他的遗孀与政变者来往密切，此时以叶卡捷琳娜二世的身份登上皇位，但是无心再启战端。

法国和英国之间的战争也结束了——战争的诡异尾声是西班牙的参战。1762 年 1 月 2 日，西班牙向英国宣战，想在最后关头阻止英国取胜。但是西班牙和法国针对英国的盟友葡萄牙的远征失败了，而英国不仅夺取了许多西班牙船只，还占领了古巴和菲律宾。

1763 年 2 月 10 日，法国和英国在巴黎签订和约，双方从 1761 年 6 月起就在讨论和约内容。和约宣告了法国殖民帝国的终结。除了两座岛屿和在纽芬兰的捕鱼权，法国在北美失去了一切。英国得到了法属北美土地的东部半边，到密西西比河为止。西班牙得到了路易斯安那未经开发的西部地区，条件是把佛罗里达给英国。在加勒比地区，法国不得不把格林纳达（Grenada）交给英国。不过法国保住了剩余土地，尽管英国在和约谈判期间考虑过不要加拿大，而是索取出口量是加拿大 12 倍的两座产糖岛马提尼克和瓜德罗普。但是这项建议被不列颠糖料作物种植园主的抗议搅黄了。在非洲，法国将塞内加尔交给了英国。在印度，法国只保留了五个没有防御工事的贸易据点：本地治里、金德讷格尔、马埃岛、开利开尔和雅隆（Yanaon）。在欧洲大陆，法国承诺撤回常驻于国外的部队并采取中立。

西班牙重新得到了自己在加勒比地区和菲律宾的土地，但是将佛罗里达和在洪都拉斯的贸易权交给了英国，又将拉普拉塔河（Río de la Plata）的左岸地区交给了葡萄牙。

230 上述解决方案对法国的财政很有好处。此后，法国的海外贸易马上再度蓬勃发展，因为它不必继续承担殖民地的日常支出，也可以在 1769 年解散从 1725 年起便一直负债的印度公司。然而对法国的自尊和声誉而言，失去原有的优势地位是奇耻大辱，这使得法国的政策注重复仇，也让法国喜欢采取冒险行动。

相反，《巴黎和约》对英国而言是一场胜利，也是“第一不列颠帝国（即旧不列颠帝国）历史上的巅峰及转折点”[6]。《巴黎和约》表明英国是处于领袖地位的欧洲“世界性”强国，也再度指定英国监督各方势力在欧洲达成平衡。上述结果让老皮特很气愤，因为他原本计划彻底瓦解法国殖民帝国，基本瓦解西班牙殖民帝国，但是布特（Bute）[①]政府看重的是把英国变成受人认可的欧洲政坛仲裁者，而不是招人讨厌的独裁者。

在德意志的土地上，和约几乎同步签订。它是“参战各方精疲力竭的结果”[7]。仅就普鲁士而言，战争夺走了约 18 万名士兵和近 40 万名平民的生命。据估计，各方阵亡士兵总数为 99.2 万。普鲁士在布尔克斯多夫（Burkersdorf）附近取得最后一场胜利（1762 年 7 月 21 日）之后，普鲁士、奥地利和萨克森在 1762 年 11 月底停战，接着在 1763 年 2 月 15 日签订和约。它使《亚琛和约》继续生效。普鲁士永久保有西里西亚，条件是普鲁士在下一次选举皇帝时要给哈布斯堡家族成员投票，而且要放弃奥得河税。

换言之，普鲁士取得了胜利。尽管完成了许多壮举，牺牲了士兵和平民，但普鲁士能取胜的主要原因是它同胜利者英国结盟，接受英国的援款，而不是靠自己的力量。普鲁士能对抗众多敌人是因为对方共同利益很少，而发表意见的人太多。相反，弗里德里希可以坚定不移地执行自己的策略，因为他既是统帅也是国王。他既不需要对付国内的反对者，也不需要说服 231

① 指英国首相、第三代布特伯爵约翰·斯图尔特（John Stuart, 3rd Earl of Bute, 1713~1792）。

等级会议，因为他得到了一个现代行政管理系统的支持，可以极其高效地调用兵力和资金。他是成功的统帅，因为他自信地蔑视此前通行的作战规则，因为他比对手们行动更快、更敢出手、更肆无忌惮。

他的国家被誉为欧洲强国并不是因为他占领的西里西亚有多么辽阔、富庶（一个加勒比产糖岛的面积和财富就是西里西亚的几倍），而是因为他大胆地保卫了自己非法得来的战利品。

相反，神圣罗马帝国和皇帝颜面扫地，两者都没能做到使法律重新发挥作用和震慑入侵者，于是作为帝国之根本的法律被证明保护力不足。所以很多人把弗里德里希的普鲁士视为民族的希望。不过当时的情况是，普鲁士的崇拜者比朋友多，就连普鲁士与英国之间卓有成效的关系都因为相互猜忌和怨恨而变得疏远。

## 第九章

# 胜利者的四重危机：1763 年后的英国

### 1　四场革命

1763 年的和约使英国最终扶摇直上，成为新的欧洲领袖 233
势力，将其他所有国家甩在身后。英国为它们制定规则，在几大洋上监控它们，进入它们腾出的海外土地，担任它们的仲裁者。英国的成功似乎是非常优秀的政治制度的胜利。1713~1714 年是如此，此时更是如此。

此时的英国却陷入了严重的危机。首先是政治危机，利益分配方面的纠纷和分摊巨额战争债务引发的矛盾都是起因。危机显然日益严重地伤害着辉格党上层，而它从 1760 年乔治三世登基以来尚未遭受过非议。此前相对团结的领导精英分裂成了相互竞争、彼此掣肘的小团体，它们因为各自的领袖而得名为格伦维尔（Grenville）辉格党、查塔姆辉格党、罗金汉（Rockingham）辉格党之类；内阁换届之快令人不安。这使局势变得扑朔迷离、难以预测，削弱了议会在外交等方面的行动力，甚至令议会瘫痪。胜利者英国由于深陷内部矛盾而从欧洲政坛上消失。

危机的经济背景是一系列觉醒引发的社会变化。后世将这
些觉醒称为“革命”。沃波尔执政的安定年份带来了“农业革 234
命”、“工业革命”、“商业革命”和“消费革命”。这四场革命都对不列颠社会产生了深刻的影响。

“农业革命”源自乐于试验的地主采取的现代化措施。地主牺牲佃户和小农的利益兼并土地（此举不合法，但是得到了同样身为地主的议员的包庇），于是就能采用集约化程度更高的种植和养殖方式，得到可以用来出口获利的盈余产品。传统作坊再也跟不上农业的商业化，所以很多地方的作坊工人只能进城，进入 18 世纪 60 年代开始兴起的工厂打工。

“工业革命”的缔造者同样是奋发向上的精英群体（不过以资产阶级为主）。企业家、手工业师傅、科研协会的成员以及爱动脑筋的理发师或者神父，研发或改进了自动纺纱机和织布机，它们最大限度地减轻了人力劳动负担。现在一个机器操作者一小时就能完成过去一群熟练工人苦干一天的工作。举例而言，抢手的棉布达到了前所未有的高产量。与此同时——主要是在英格兰中部地区以及以曼彻斯特和利物浦为中心的地区——第一批工业区诞生了。人们用烟煤、新的金属冶炼方法和设计更精良的高炉生产出了质量更高的不含杂质的铁。上述创新的共同基础是蒸汽机。1765~1776 年，格拉斯哥的仪器制造师詹姆斯·瓦特同伯明翰的工厂主马修·博尔顿（Matthew Boulton）合作，研发出了可量产的蒸汽机。原材料的开采、运输和加工第一次有望摆脱自然力。

235 新建的道路和运河此时也缩短了交通时间。1740~1780 年，伦敦和伯明翰之间的交通时间从两天缩短至九小时。随着原材料开采量的增加——例如年产量从 2.8 万吨（1750 年）增至 9 万吨（1790 年）——工厂的数量也增加了。不过人口也在增加，从 500 万人（1740 年）到 600 万人（1770 年），最后超过 1000 万人（1801 年）。从自给自足转变为以市场为导向的生产带来了更多收入，这推动了各类日常需要和对奢侈品［比如韦奇伍德（Wedgwood）的瓷器］的需求，于是“消费革命”紧随“商业革命”而来。欧洲大陆上的法律经常禁止资产阶级享用某些奢侈品，而开放的英国社会没有这类限制，成功的发明家［比如理发师理查德·阿克莱特（Richard Arkwright）］、大胆的企业家和投资者还能跻身百万富翁之列。1776 年，苏格兰经济学家亚当·斯密站在胜利者的立场上赞扬自由贸易和市场扩张实现了人类的福祉（《国富论》）。他认为国家必须为供货者的竞争提供公平的环境，除此之外则应当远离竞争，确保各方力量自由活动。他——完全按照牛顿的观点——认为自由活动是目标明确且符合道德的。

## 2　社会矛盾和政治激进化

“工业革命”造就了新的富人。自信的新兴资产阶级提出，长期定居于某处的绅士无权占据他们现有的领地。新兴资产阶级还觉得传统的议会制度里没有自己的代表，无法代表自己的利益。新兴资产阶级是社会发展的推动者，却不参与相关的政治活动。

然而工业革命也缔造了新的穷人。手工业者和小农一直
占人口的 95%，此时他们中的一半都极其贫困。他们拥入了 236
建有工厂的城市，使得劳动力供大于求，导致工资下降。假如政府不拿出救济金帮忙，工资和最低生活标准（根据面包价格和子女数量计算）之间的鸿沟就再也填不平。发明家本着基督教思想试图减轻人类的劳动负担，他们的发明却使得人类没活可干。

这两个阶层（因为金钱成了衡量社会地位的标准，“阶层”这个说法就可以替代“等级”）在 1763 年以后成了重要的政治势力，它们相互联合。新的商人精英利用变得贫困的背井离乡的下层人；他们通过媒体宣传活动赢得街头巷尾的人心；他们组织大型抗议——它们几乎定期升级为血腥的巷战——对既

得利益者施压。截至1780年，仅伦敦一地就发生了八次严重骚乱。

这批由约翰·威尔克斯（John Wilkes）领导的“激进派”（radicals）很受欢迎。威尔克斯是他们的代言人，他从1757年起任米德尔塞克斯（Middlesex）的下议院议员，“此地位于伦敦北部，这里的商业世界由商人和手工业者组成，投票时政治独立”。[1]威尔克斯能说会道，利用各种传播手段批评本阶层在下议院里席位太少。他热烈拥护皮特，发动舆论反对老皮特的继任者，对方也竭尽全力想把他赶出议会。然而威尔克斯被广大群众视为言论自由的象征。1768年5月，2万人打着“威尔克斯与自由”的旗号游行示威。士兵以武力驱散人群，11名游行者丧生。

1769年起，两个新兴阶层要求解散下议院、改革选举法，此举奠定了它们共同的参政基础。1776年，威尔克斯解释说，下议院的254名议员全是由区区5723名不列颠人选出来的。
237 他主张伦敦、新的工业城市和人口密集的郡县获得更多议席，而微小的自治市镇（borough）的议席应该取消。上述改革直到1832年才会实现。不过威尔克斯及激进派的宣传还是产生了如下影响：英国首次出现了纲领明确的党派，而且一部分辉格党人又开始批判国王。

激进派本身——和不久后开始暴动的美洲殖民者一样仿效“不奉国教者”的做法——结成一个个通信委员会（Committees of Correspondence），它们将创设革命性的交流方式。通信委员会是地方上的基层组织，是覆盖全国的通信网上的枢纽，它们经常和本地民兵合作。通信委员会将自己视为抗衡议会的非官方组织，至少是反对派的靠山。1780年6月，反对派——趁着通信委员会都在伦敦开会——使一项决议得到通过，议会在这项决议中反对王室扩大影响力，主张所有成年男性都有选举权，拥护人民主权原则。高涨的情绪引发了戈登骚乱（Gordon Riots）。混乱的局面延续了好几天，政府派出了 1 万名士兵，300 人在巷战中丧生。此事令各个委员会建立的组织，即所谓的“联合运动”颜面尽失。自此之后，多数派希望在议会内部同反对派达成一致。

下议院必须考虑这种政治化和激进化趋势。同时，旧精英明白，假如不想失去领导地位，自己就绝不能让选举方式发生任何变化。

## 3　印度 238

不列颠政府在 1763 年的胜利之后有了新的国内竞争对手。相反，英国在外交方面远远甩开了最大的敌人法国。乔治三世决定巩固海外的土地与母国的关系。他的计划在印度和北美造成了截然不同的结果。

英国在印度战胜法国的时候，阿富汗人恰好也在帕尼帕特附近歼灭了马拉地人（1761 年），马拉地帝国随之土崩瓦解。各方陷入混战。唯一未受影响的是各地的法律体系和税务体系。所有征服者都在利用它们。而东印度公司（East India Company，简称 EIC）突然——而且完全出于偶然——成了孟加拉地区的主导势力。1764 年，不列颠人扶植的“纳瓦卜”举兵反抗他们，公司的军队击败了反抗者，还迫使年轻的莫卧儿帝国皇帝将恒河谷地中下游各省的税款交给自己。“莫卧儿帝国皇帝实质上成了不列颠人的傀儡。”[2]EIC 在当地的霸权自此确立。

全新的局面出现了。私营公司从未统治过如此广大的地区（居民多达 3000 万人）。EIC 自此完全自主运营——就像一个国家机构。它向“纳瓦卜”榨取大量钱财。一旦某个“纳瓦卜”无法或者不愿继续付钱，他就会被撤掉，换上能继续付钱的新人。收上来的钱财数额巨大。从 1757 年到 1765 年，EIC 总共“得到了 10731683 镑，其中 3770883 镑为现金，6960800 镑是地租，1758 年从孟加拉地区得到的收入估计有 2818251 镑”。[3] 还有 2169665 镑进了公司雇员自己的腰包。此外，公司雇员免交关税，而他们的印度竞争对手却必须
239 缴纳，税率最高可达 40%。所以东印度公司有两套账目，一套给股东看，一套给雇员自己看。罗伯特·克莱武这样的英雄和一直当小文书的人返回英国时都是百万富翁。公司股价迅速蹿升，但是它不得不通过举债分红，因为扣除开支后剩下的钱几乎不够支付管理费并维持规模为 3 万人的军队。有了这支军队，公司才能确保“纳瓦卜”付钱。1769~1770 年，当地因遭受大肆劫掠而爆发严重饥荒，EIC 的偿付日益艰难。

这种矛盾现象激怒了股东和广大民众。1767 年之前，克莱武受政府委托试图在印度建立秩序。让麻烦的制造者解决麻烦是行不通的。从这一年开始，政府要求 EIC 每年为美洲的战事提供 40 万镑经费。1772 年，公司宣布自己失去偿付能力并申请扶助贷款。1773 年，它得到了贷款（140 万镑）。政府以此为条件监管 EIC。《规管法案》（Regulating Act，1773 年）使公司的各种结构更加清晰可控。法案削减了有表决权的股东数量，延长了经理的任期，让经理承担各类述职义务。孟加拉总督的地位被置于其他总督之上，同时却要受到与他对立的四人委员会的监管。英国在印度建立了最高法院，任职者由王室指派，这说明不列颠的印度政策自此将由国家制定。

同样是在 1773 年，不列颠属印度的缔造者罗伯特·克莱武在下议院里被指控贪污并获刑，此事具有象征意义。1774 年 11 月 22 日，他自杀身亡。

同年，克莱武过去的下属沃伦·黑斯廷斯（Warren Hastings）成为首任印度总督，他是一位相对正派的野心家，

尽管如此，他还是从文书一路晋升至孟加拉总督。他是出色的管理者，尽管不爱动武，必要时也懂得如何正确指挥军队。他 240
集熟悉当地情况、掌握当地语言（能说波斯语、孟加拉语、梵语、乌尔都语）、具有外交和经商天赋等特点于一身，成了“不列颠在印度统治大厦的真正建筑师”。[4]

虽然四人委员会同他作对，黑斯廷斯还是改革了制度。EIC彻底变成了行政机关，上层职位由不列颠人担任，下层职位交给印度人。不过此时收税的是总督手下的公务员，而不再是印度人。公务员的工资增加了，但是不再被允许经营私人买卖。在财政方面，英国的贸易和印度的贸易得到了同等待遇。税务机关还掌握民事司法权，而刑事司法权仍在印度人手里——印度各地的法律是黑斯廷斯派人记录并编订的。简而言之，总督和“纳瓦卜”的二元统治被取消，后者的职权由 EIC 接管。

黑斯廷斯顺利介入了印度内部的斗争，不过他在其中扮演的角色与其说是军官，不如说是外交家。1779 年，尽管资金拮据，他还是逼退了一度威胁加尔各答的马拉地人。然后他派兵从孟加拉地区出发，横穿印度去往同样被围困的孟买。关键要塞瓜廖尔（Gwalior）被占领之后，马拉地人受到震慑。1782 年签订的一份和约稳定了印度西部的局势。

不列颠人对印度南部的一名穆斯林篡位者没什么办法。海德尔·阿里（Haider Ali）自 1761 年起任迈索尔（Mysore）苏丹，他在当时乃至 1763 年之后都是法国的盟友。“他认为不列颠人（……）威胁印度的一切利益，曾发誓要竭尽所能地赶走他们。这种立场在印度统治者中是独一无二的。”[5]不列颠人得知法国加入美国独立战争之后，在 1778~1779 年占领了法国的贸易办事处，海德尔·阿里则践行了自己的反
英誓言。1780 年，他进攻卡纳蒂克；他击败了一支不列颠军 241
队，威胁马德拉斯。他的儿子、继位者蒂普（Tippu）苏丹

（1782~1798 年在位）在 1784 年迫使马德拉斯总督签署了一份屈辱性和约。

这种危险使得不列颠政府在 1784 年再度大幅加强国家对 EIC 的监控。在皮特的倡议下颁布的《印度法案》（India Act）剥夺了股东大会的权力，将它转移到经理圈子和作为最高主管部门的监管委员会（Board of Control）手中。监察委员会由六名枢密院高官组成。于是公司实质上成了政府机关。公司分红受法律限制。它不能推行任何征服政策，因为这类行为不符合“民族的意愿、名誉和政治原则”。[6]

一场针对黑斯廷斯的公审试图明确展示新的权力格局：1787 年指控黑斯廷斯犯下违背“人性”罪行的正是鼎鼎大名的埃德蒙·伯克（Edmund Burke）。虽然一文不名的被告在七年后，也就是 1795 年被宣告无罪，但是大家明白，不列颠人在印度为所欲为、肆意贪腐的时代就此结束了。国家秩序战胜了殖民地的自然状态。

## 4 美洲殖民地暴动

尽管印度次大陆面积广阔，当地政权就种族和政治而言相互差异极大，不列颠人还是很好地控制住了那里的局面。类似的尝试却恰恰在各方面都最像英国的地方——英国的美洲殖民地——失败了。印度几乎从贸易据点的松散链条变成了不列颠的藩属国，曾经同属一个政权的美洲殖民地和不列颠之间最终却只剩下了贸易联系。

242 北美洲东海岸的 13 个殖民地肯定不是国家。按照重商主义学说，它们是母国的分支，负责向母国提供粮食和原材料，消费母国的工商业产品。殖民地的进口产品中，最高有八成来自英国。在政治方面，每个殖民地都由一位总督领导，参事会

（Council）[①] 和议会（Assembly）是总督的帮手，它们的成员是从社会上层人士中选举出来的。法律的不同来源——王室本身，或者由国王授予特权的公司，或者宪法式的文件（宪章）——导致殖民地之间差异很大，它们的社会结构和经济形式也天差地别。马萨诸塞是信奉清教、政治实力很弱的企业家州，宾夕法尼亚是贵格会信徒建立的宗教宽容州，弗吉尼亚或南北卡罗来纳是种植园州，它们之间几乎没有相似之处。北部殖民地的主导者是活跃的中产阶级，南部的领袖却是类似英国绅士的大地主。殖民者来自欧洲各地，不过主要出身于英国和德语区。他们当中有不奉国教者，英国在爱尔兰和苏格兰推行的镇压政策的受害者，在法国和其他天主教国家受迫害的新教徒，西班牙系犹太人（sephardische Juden），曾经被判刑的人和逃兵，各类经济难民——陷入贫困的农民、投机者、破产者和做买卖的，政治激进分子，詹姆斯党人和其他觉得自己再也没法在老家实现梦想和目标的人。除经常互相憎恶外，他们仅有的共同点在于对不给自己任何机遇的祖国感到失望，决心不再让任何人夺走自己的机遇。

殖民地的生活也有难处，不过同欧洲的日常生活比起来，它就显得很有吸引力了。不论如何，殖民地居民的数量持续上升，从 1720 年的 40 万人到 1763 年的约 126 万人，再到 18 世纪 70 年代的 200 万人以上。1700~1775 年，有 25 万~30 万人从欧洲 243
各地去往美洲，他们是自愿移民的，不同于约 22.5 万被绑架到美洲的非洲奴隶。美洲的最高出生率比英国高 50%，最低死亡率比英国低 25%。赋税只占个人平均收入的 1.5%，而母国英国的税率则是 5%~7.5%。殖民地的避税天堂属性也很迷人。

不列颠政府曾经想用“对法国人及印第安人战争”的旗号

① 也译为“委员会”“政务会”“咨议会”等。

把这些殖民地捏合成一个更大的政治整体，这一尝试在 1754 年以惨败告终，然而殖民者仍然忠于母国。各处的殖民地民兵都与不列颠的常规部队并肩作战，战友情和类似乡谊的感情随之产生。正因为如此，不列颠政府此时的举动——也是出于这种归属感——才更让殖民者大吃一惊。

政府有两个目的：它必须偿付巨额战争债务（1.226 亿镑，每年要付 440 万镑利息）；它还必须利用全胜局面牢牢掌控新获得的地区。此时的东印度公司丑闻使政府下定决心更严格地监控殖民地，对殖民地提出更多财政要求。政府为此采取了若干措施，其中的实用性目标和象征意义难以区分。

不列颠政府早在 1763 年便趁着一直和法国结盟的渥太华印第安人在酋长庞蒂亚克（Pontiac）指挥下暴动而禁止垦殖者进入阿巴拉契亚山脉以西的地区。政府的理由是想在这里建立一处印第安人保留地以稳定局势，垦殖者却怀疑政府其实只是想监管皮毛交易以及分配那里早已丈量的土地。

政府还试图切断殖民者之间蓬勃发展的内部经济联系。
244 1764 年，政府取缔了内部经济联系所必需的殖民地内部纸币（《货币法》），命人认真缴纳此前征收的较为宽松的税款（《食糖法》），并且开始严格管控所谓“走私行为”。“走私行为”指的是殖民地和尼德兰、西班牙或者法国等国家在加勒比地区贸易市场进行的直接贸易，这类贸易十分兴旺、利润丰厚，但同样被禁止。为了提升监督和侦缉所需的执行力，政府在 1765 年对纸张、印刷品和法律文件征税（《印花税法》），它是第一种直接流入母国并且将资助不列颠在殖民地的军事活动的税款。同时，上述经济犯罪案件将不再由温和的陪审法庭审理，而是交给严苛的海军法庭。

这激怒了殖民者。他们觉得自己为英国的胜利做出了重大贡献，所以现在不应该交更多税，反而应该享受减税。他们接受了《食糖法》之类的贸易法，但是拒绝缴税，因为税务问题本该只能由议会决定——“无代表，不纳税”。然而英国议会中没有他们的代表。

于是殖民地与母国英国的新兴商人中产阶级便身处相同的境地：两者都被传统的绅士精英阻挡在下议院之外。换言之，他们不得不在议会之外实现自己的政治诉求。这种局面在 1764 年便引发了殖民地议会里的激烈辩论和热闹的媒体讨论，随后在若干较大的城市中引发了示威游行（印花税法骚乱），还催生了一个跨地区的抗议组织。1765 年 10 月初，9 个殖民地的议会成员会聚纽约，召开反印花税法大会（Stamp Act Congress）。以激进的波士顿商人塞缪尔·亚当斯（Samuel Adams）为首的急于行动者自称“自由之子”。

母国英国对选举权改革的辩论相当激烈，它蔓延到了殖民 245
地。在母国和殖民地，改革辩论主要关乎商业动机。但是这样一来，古怪的选举制度就更不可能有实质性变化了。此时的情况有别于 1707 年与苏格兰合并之时，考虑到激烈的辩论和血腥的巷战，弃用不列颠政治的基础及法律源头可能会给议会中的既得利益者带来难以预料的风险。捍卫腐朽的选举制度是反动的行为，然而这样做符合理性。

反印花税法大会使得《印花税法》在半年后被撤销。1767 年，名为《唐森德税法》的一系列惩罚性关税造成的局面与此类似。各类激烈抗议再度爆发，人们抵制英国商品，部队向反抗活动的中心波士顿进军。“自由之子”有计划地挑衅当局，迫使当局暴露丑陋、专制的一面并采取更多暴力措施，于是“自由之子”继续抗议就变得有理有据。1770 年 3 月初，4 名抗议者在与军队对峙时被杀，以塞缪尔·亚当斯为首的激进派把他们美化为“波士顿大屠杀”的殉难者。此后不久，新一届政府［诺斯（North）勋爵任首相］再度撤销了《唐森德税法》。现在只剩下极低的茶叶进口关税，税率为1.25%。

伦敦中央政府的优柔寡断给殖民地的激进派帮了大忙，让后者明显地掌握了主动权。激进派听从亚当斯的建议，在殖民地各处都建立了“通信小组”，它们帮助此时已然长期议政的议会做准备工作。波士顿的常设性“通信委员会”协调各通信小组的活动。反对派政府随之诞生。“波士顿倾茶事件”之后，一系列新的强制法规（《强制法案》）造成现有的政府机关瘫痪，反对派政府则负责领导反抗。这一事件是指1773年12月16日，“自由之子”销毁了3艘运茶船上的货物，破坏
246 了东印度公司的计划：为了让老百姓接受茶叶进口关税，东印度公司试图以低于走私茶的价格出售茶叶。政府的反制措施是封锁波士顿港，删除马萨诸塞的制度中所有涉及公民自治的内容。于是殖民者的大会和小组接管了政府职能。55名殖民者参加了1774年秋季在费城召开的“第一届大陆会议”（First Continental Congress）。会议决定马萨诸塞公民抵制征税、对英国实施贸易禁运、建立武装民兵。

武装斗争蓄势待发。英军试图收缴波士顿附近的一个非法武器库里的武器，冲突在1775年4月升级为交火，造成93名民兵和272名不列颠士兵伤亡。

几天之后，“第二届大陆会议”在费城召开。与会代表遵循辉格党反抗权威的传统，向国王宣誓效忠，同时却决定组建一支军队。6月中旬，富裕的农场主、军官及与会代表乔治·华盛顿被任命为这支军队的总司令。才过了两天，军队就在邦克山（Bunker Hill）遭遇了第一场正规战。获胜的不列颠人损失惨重。美洲殖民者最后一次向国王递交请愿书，国王却在8月宣布他们是叛乱者，必须武装镇压——这种强硬的姿态也是做给英国国内的反对派看的，因为发生在美洲的战争也一直关乎母国的秩序。

随着战争的继续，越来越多的美洲殖民者主张脱离英国。不这样做的人只能小心。“自由之子”堂而皇之地追捕温和派和公开支持英国的人。组织严密的打手威胁这些“亲英派”（Loyalist）及其家人，袭击、洗劫并破坏他们的住宅。虽然 247
没有发生暗杀或者谋害行动，但是日常的恐吓足以使激进派的反对者噤若寒蝉。

1776 年 1 月，分裂主义者有了自己的纲领性宣言。前不列颠税吏、贵格会信徒托马斯·潘恩在檄文《常识》中称赞美利坚是人权的唯一终极“庇护所”，是所有“暴政”受害者的希望之地。他认为美洲殖民者是在为全人类而战斗，自由只存在于此地。[7] 这本宣传册——“或许是世界史上最重要的政治宣传册”——卖出了超过 12 万份。它把始于税率矛盾的斗争拔高为善恶之间的末日决战。虽然作为政治实体的美利坚仍旧虚无缥缈，它却想在政治神学领域掌握绝对领导权。

1776 年 3 月中旬，不列颠人不得不撤离被华盛顿的部队包围的波士顿。此时在费城召开的第四届大陆会议①任命了一个五人委员会草拟《独立宣言》。这份主要由弗吉尼亚州长②托马斯·杰斐逊起草的文件在 1776 年 7 月 4 日得到全票通过，56 名与会代表都签下了自己的名字。宣言的开头是这样的——

> 我们认为下面这些真理是不言而喻的：造物者创造了平等的个人，并赋予他们若干不可剥夺的权利，其中包括生命权、自由权和追求幸福的权利。为了保障这些权利，人们才在他们之间建立政府，而政府之正当权力，则来自

---

① 此处疑为原书作者笔误：大陆会议只召开过两届，通过《独立宣言》的是第二届（1775~1781）。

② 杰斐逊当选弗吉尼亚州长是在 1779 年。

> 被统治者的同意。任何形式的政府，只要破坏上述目的，人民就有权利改变或废除它，并建立新政府；新政府赖以奠基的原则，得以组织权力的方式，都要最大可能地增进民众的安全和幸福。[①][9]

于是现代人民主权的奠基文献从辉格党的反抗权、启蒙
248 后的国家理论和商人的《常识》哲学中诞生。它在政治层面上是大胆的，在社会层面上其本质却是保守的。它追求的不是平等，而是机会均等，即让成熟的、积极进取的公民获得行动自由，保障财产安全，因为财产在一个几乎不再重视出身等级的社会里是最重要的标准。不同于在英国争取权利的新兴商人精英，他们在美国的同类不用担心来自下层的威胁，“因为尽管也有贫困的白人，但是不存在心怀不满的下层。根据定义，下层指的是奴隶，白人必须为了对付他们而联合起来。所以白人有自由的前提就是黑人当奴隶，奴隶主化身自由斗士的局面出现了，觉得这十分吊诡的不只是现代人”。[10]

相应的是，不列颠人很容易动员奴隶和（同样被《独立宣言》无视的）印第安人去对付美国地主。在南方州，不列颠人向每一个愿意支持自己的奴隶提供自由。很多奴隶接受了这个条件，未来他们将深感后悔。

大家越来越清楚，以长远的眼光看，华盛顿的殖民者军队敌不过正规的不列颠部队。1776年9月中旬，殖民者军队不得不放弃纽约市，付出沉重的代价取道特拉华撤退。华盛顿此时采取守势，寄希望于“回避和阻滞，甚至是游击”策略。[11]1776年12月26日，他的部队在特伦顿（Trenton）奇袭黑森雇佣军，后者正在庆祝圣诞，毫无准备，约1000人被俘。但是华

① 汉语译文引用自《独立宣言》任东来译本。

盛顿的部队在 1777 年秋季被击溃。不列颠人占领了大陆会议的召开地费城。他们的胜利似乎近在眼前。

一个倒戈的英国人救了美国人。霍雷肖·盖茨（Horatio Gates）将军在 1769 年以前是不列颠军队里的军官。1777 年 10 月中旬，他率领 6000 人在（纽约州北部的）萨拉托加附 249
近包围英军主帅约翰·伯戈因（John Burgoyne）并迫使其投降。不列颠领导层意见不统一导致他们没有派出援兵。英国的政治局势体现在了军事行动中。不过这场胜利的意义离不开它的后续影响：法国表示愿意站在美国人一边加入战争——美国游说者，尤其是大名鼎鼎的本杰明·富兰克林，从 18 世纪 70 年代初就开始努力促成此事。

1778 年 2 月 6 日，美国和法国签订了两份协议，两个大国成了朋友、贸易伙伴和盟友。许多上流人士自愿前往美洲，加入华盛顿的军队参战，其中有德·拉法耶特（de Lafayette）侯爵和普鲁士的冯·施托伊本（von Steuben）男爵。与此同时，法国发动海战，取得了极佳的战果。不列颠在加勒比地区和西非的若干据点被占领。1778 年 10 月，法军在印度奇袭本地治里。法国似乎马上就要洗雪 1763 年的失败之耻。

在上述胜利的鼓舞之下，尼德兰和美国在 1778 年 9 月结成了“二十州联盟”（7 个荷兰省和 13 个美国州）。尼德兰人获得与美国人相同的特权和关税待遇，美国人则可以使用尼德兰的商船和战舰。1779 年，西班牙参战——它担心自己的殖民地宣布与美国站在一起。几场风暴导致西班牙没能按计划在秋季入侵英国，不过它至少在 1782 年 2 月占领了梅诺卡。

俄国最后也来插一脚。由于英国已经按照自己的惯例在战时无差别地劫掠外国船只，女沙皇便在 1780 年 2 月针锋相对地宣布“海上武装中立”：俄国政府保障中立船只在港口之间以及参战国海岸附近安全行驶。俄国接手英国仲裁者角色的尝 250

试非常成功。大部分欧洲国家都加入了联盟。然而这并未阻碍英国杀鸡儆猴式地对尼德兰宣战。荷兰海军的优异表现使发生在多格滩（Doggerbank）附近的关键海战（1781 年 8 月）未分胜负。英国被彻底孤立，在欧洲没有任何盟友。内部危机对应着外部危机。激进派的宣传带上了革命色彩。老威廉·皮特在 1778 年 5 月 11 日去世，这似乎象征着旧势力的覆亡。

但是不列颠人在美洲一直掌握着主动权。1779 年初开始，康沃利斯（Cornwallis）将军指挥的不列颠军占领了佐治亚和南卡罗来纳。1779 年初，他们从这里向北进发，兵锋直指纽约。他们消灭了盖茨的部队。1781 年 8 月，他们兵临约克镇（弗吉尼亚），来到了切萨皮克湾（Chesapeake Bay）的湾口附近。

一个幸运的巧合使殖民者免于失败：法国西印度舰队的 34 艘船此时正好经过切萨皮克湾。海军上将德·格拉斯（de Grasse）抓住时机从海上封锁约克镇并派人通知华盛顿，华盛顿的美法联军火速赶来，又从陆路围住了约克镇。英军缺乏后援——原因之一是英国内政混乱——决定了北美战事的结果。1781 年 10 月中旬，康沃利斯向兵力比自己多一倍以上的敌人投降。于是英国的失败就成了板上钉钉的事。愈演愈烈的内部矛盾和高达 1 亿镑的战争支出——七年战争支出的两倍多——都不允许英国继续打仗。

1783 年 9 月 3 日，和约在巴黎签署。大不列颠承认十三州组成的合众国是“自由、自主和独立的国家”，双方就从五大湖到密西西比河口的美英国界达成一致。在旧制度之下，这
251 是新成立的国家首次得到国际法承认。“直到此时，”兰克在 1854 年评价道，“代表权理论（Repräsentationstheorie）才能体现其全部意义，因为正是根据这一理论建立起了一个国家。此后所有革命的努力统统都以此为目标。（……）它比以

往世界上发生的任何一场革命都要伟大。”[①][12]

这个新国家完全由现代的理想构成，当时的人深受此类要素吸引。这个国家是充满英雄气概的、受启蒙观念鼓舞的独立战争的成果。它的基础不是出身，而是认同；不是传统，而是根据理性精心制定的宪法；不是统治者的独断意志，而是共和原则和三权分立之类的制度。美国人遵照启蒙精神马上不断修订这部宪法，到了 1790 年 5 月，各州都批准了 1788 年成形的“宪法第二版”。

这是美国同过去的母国进行“国家竞争”的领域之一。大家肯定会拿美国的两院制度同不列颠议会比较，并认为前者更公平，因为美国国会采用比例代表制，每个联邦州在众议院中的代表数都对应其人口。

兴奋的欧洲人起初既忽视了美国严重的内部问题——它们将伴随美国的后续发展——也忽视了如下事实：美国为了种植园州的利益而保留了奴隶制。美国在欧洲人心目中极为美好的形象似乎能抵消上述一切缺点。他们觉得启蒙的理想不再是哲学家的美梦，而成了现代国家政权有待实现且符合实际的基础。1789 年，美国的政府机关——首脑为总统乔治·华盛顿——和法国的三级会议几乎同时诞生，这虽然是巧合，看起来却极具象征意义。

此时的美利坚合众国还没有参与到欧洲的国家竞争之中。
所以英国在同法国和西班牙签订和约的时候——也是在 1783 252
年 9 月 3 日——完全不像失败者，虽然事实就是如此。当时的情况更像是各方几乎全数归还了彼此占领的土地。这意味着“恢复《巴黎和约》（1763 年）”。[13] 法国和西班牙曾经想修改和约，然而它们的计划以惨败告终。

① 汉语译文引用自《历史上的各个时代》杨培英译本，略有改动。

# 第十章
# 1763年以后的改革和专制

## 1 启蒙与国家

253 英国在1763年以后的麻烦源于它大获全胜。利益分配引发了纠纷。胜利的高昂成本迫使政府监管及干预各个领域，在各个领域掌握主动。大陆国家另有麻烦。虽然这些国家的政府也面临沉重的战争债务，但是1763年的和约并没有给其中的任何一个带来新资源——普鲁士除外。然而普鲁士的大部分基础设施都在争夺西里西亚的过程中被摧毁了。所以这些政府别无选择，只能更高效地利用自己原有的财源，开发新财源，还要提升纳税人的数量和支付能力。不过有利于大部分政府的是，国内各等级（由于传统、明智或者软弱）通常愿意合作。这些国家的危机通常不太严重，人们不会不惜一切代价地攻击某些等级专享的税务特权——除了引人注目的特例法国。毕竟公众在很多地方还算不上是一股真正的势力（反正不算反对势力）。所以各国政府可以利用宣传手段使启蒙为自己的集中制目标服务。

若泽一世（Joseph I，1750~1777年在位）和蓬巴尔侯爵执政时期的葡萄牙就是如此。蓬巴尔1756~1777年任首相，积极组织将1755年毁于地震的里斯本重建为现代大都市的工
254 程，削弱贵族和神职人员的影响，竭力发展贸易、扩充军队。西班牙的卡洛斯三世（1759~1788年在位）通过开明的改革扩

充了原有领地、殖民地和舰队的实力。哈布斯堡家族统治的米兰公国在玛利亚·特蕾莎治下建立了地籍管理制度和更公平的税务体系。法学家切萨雷·贝卡里亚（Cesare Beccaria）的开明主张——建立不包含刑讯和死刑的现代刑法体系［《论犯罪与刑罚》（*Dei delitti e delle pene*），1764 年］——享誉欧洲，米兰也因此而沾光。托斯卡纳大公国在彼得·利奥波德（Peter Leopold，1765~1790 年在位）统治期间经历了农业改革、自由贸易、缩小城乡差异的尝试和符合詹森主义精神的数次教会改革。

这类改革的先驱依然是波罗的海沿岸国家。在瑞典，古斯塔夫三世（1771~1792 年在位）政府的上台和下台都是因为上层政变。1772 年，古斯塔夫三世推翻了贵族组成的国会。1789 年，他取消了贵族的大部分特权，扩大了中央政府的权力，允许非贵族出身的人担任高官并获得土地，显著改善了农村人口的生活。1792 年，他在一次假面舞会上——他以前在凡尔赛见识过——被一名贵族刺客刺杀。

为了同瑞典竞争，克里斯蒂安七世（Christian VII，1766~1808 年在位）统治时期的丹麦也在改革。病弱的国王让开明的大臣治理国家。他们的成就如下：在出身于资产阶级的篡权者施特林泽（Struensee）伯爵[①]（1771~1772 年在位）主政时期，丹麦仿效普鲁士推行行政管理和司法改革（比如取消刑讯）。1772 年施特林泽下台并被处决之后，安德烈亚斯·彼得·伯恩斯托夫（Andreas Peter Bernstorff，1784~1797 年在位）[②]任职时，丹麦对农民的解放堪称典

① 约翰·弗里德里希·冯·施特林泽（Johann Friedrich von Struensee，1737~1772）：也常译作“施特鲁恩西”，任丹麦国务大臣。

② 安德烈亚斯·彼得·伯恩斯托夫（1735~1797）：丹麦外交大臣（1773~1780、1784~1797）。

范，还取消农奴制（1788 年），实行新闻自由（1790 年），颁布第一份禁止奴隶交易令（1792 年）。而丹麦爱国者奥沃·霍格-古尔德贝格（Ove Hoegh-Guldberg）在任时期（1772~1808 年）[①]，大力强化民族身份的措施也出现了，比如将丹麦语定为官方语言（1773 年），把重要的职位留给土生土长的丹麦人 [《国民权法》（Indigenatsgesetz，1776 年）]。

255 在神圣罗马帝国，边疆伯爵卡尔·弗里德里希（Karl Friedrich，1746~1811 年在位）统治下的巴登引人注目：它推行高水平的行政管理改革，取消刑讯（1767 年）和农奴制（1783 年），建立重农主义的试验农庄。而安娜·阿玛利亚（Anna Amalia）和卡尔·奥古斯特（Carl August，1757~1828 年）统治的萨克森-魏玛任用歌德为大臣，尝试扶助采矿、贸易和耶拿大学。在帝国之中，作为跨等级、跨地区组织的共济会 [比如 1776 年在英戈尔施塔特（Ingolstadt）成立的“光明会”（Illuminaten）] 经常推动和关注各类改革措施，填补着公众舆论的空缺。

虽然上述改革的主题和倾向五花八门，但是它们中的大部分都有一个共同点：改革是在日益增长的紧张情绪中进行的。因为大家都知道和约缔造的新格局太不平衡，无法长期维持；必须考虑到均势原则一旦被破坏就会引发新的战争。法国给出了一个令人不安的例子，表明革命性的权力变化此时甚至已经有可能伤害位于欧洲中央的大国。

要集中力量同时缔结各种联盟的不只是小国政府，因为

---

① 奥沃·霍格-古尔德贝格（1731~1808）在 1772 年施特林泽下台后登上权力高峰，1774 年被任命为内阁机要大臣，在伯恩斯托夫伯爵 1780 卸任外交大臣后成为外交政策制定者，1784 年被弗雷泽里克六世王子发动政变推翻，随后担任省级官员并从事学术研究直至逝世。

各国都要为上述冲突做准备，最好将来分配利益时能站在胜
利者一边。神圣罗马帝国里，各种活动正在如火如荼地开展。
普鲁士历史学家约翰·古斯塔夫·德罗伊森（Johann Gustav
Droysen）后来讽刺道："政治同盟、计划、冒险、背叛乱成一
团（……）。小君主投靠大君主；为了让对方收买自己，他先
去收买对方的大臣、情妇、忏悔神父、阉伶；大小宫廷里全都
暗战不休，充斥着阴谋和刺探、愈演愈烈的腐败、偷拆信件、
伪造文书等。"[1]所以争取盟友的竞争和争取经济效益的竞争同 256
步发生。

上述改革都是在巨大的时间和竞争压力下进行的，改革的风格因此至少有了三方面的变化。第一个特点是改革的探索过程更有条理，内容更丰富，"更具科学性"。改革不是要改善个别领域，而是要尽可能地覆盖并优化国家、经济和社会生活中相互影响的各个方面。为了高效地运用理论和实践知识，人们努力将它们置于一种新的、动态的秩序之中，这种追求的标志、途径和结果就是各国的新书出版潮，尤其是词典、通用工具书、专业工具书（比如农业、经济、贸易、财政等领域的工具书）和百科全书。译本（比如西班牙语译本）使这些著作得以在科学有待进步的国家传播开来。历史比较经济学在苏格兰的大学里蓬勃发展，而在神圣罗马帝国的进步大学里，"官房主义"成了显学。官房主义是法学、经济学和行政管理学之综合，它想奠定"各国权力与福祉之基础"[*Die Grundfeste zu der Macht und Glückseeligkeit der Staaten*，这是 J. H. G. 冯·尤斯蒂（J. H. G. von Justi）写的一本著名教科书的书名，1760 年]。

这类著作的传奇典范——也是 1750 年前后人们对新观念兴趣激增的象征——是所有法国启蒙者联手撰写的巨著：德尼·狄德罗（Denis Diderot）和让·勒朗·达朗贝尔

（Jean le Rond d'Alembert）主编的《百科全书》。这套大型工具书的目标是在批判性的审核之后，将当时所有的知识汇集起来。《百科全书》公开地与一个类似的英国项目竞争，它“想要解释人类各种知识的秩序和关联；作为条理分明且涉及
257 一切科学和艺术——不论它是美术还是技术——的科学、艺术与工艺专业词典（……），《百科全书》包含为一切科学和艺术奠定基础的普遍原则以及决定了一切科学与艺术的范围及内容的主要特征”。[2]《百科全书》应当借此“启迪天才开辟未知的道路，向着新发现迈进”，[3] 也就是促进各门科学的进步。

对于工具书而言，这是一个新目标。《百科全书》的追求也是新的，因为它无视职业和企业机密或者政治“秘诀”，想要尽可能地公布所有知识，这样做不仅是为了让人们讨论知识背后的方法、优化知识的应用及实用性，也是为了改善人类的思维方式。《百科全书》的新意还体现在它不是照本宣科的学者为志趣相投的专业人士写的，而是开明的业余爱好者（狄德罗是记者，达朗贝尔是自学成才的数学天才）为同样开明的普通公众写的（不过这套总计 35 卷的对开本书籍其实只有较高等级的人买得起）。百科全书派多达数百人，其中有伏尔泰和卢梭等著名文学家。他们通过编写此书表达了一个观念：一切资料都需要经过启蒙的批判。启蒙已经从有文化的精英的符号变成了大型且广受欢迎的运动、公众话语的媒介和政治—社会竞争的途径。但是这样一来，启蒙就失去了权威性。百科全书派并没有具体的基本共识，把他们团结在一起的是对既有事物的坚定批判。

这几年里的开明改革的第二个特点是改革者经常胡来蛮干。此前的改革者注重协商和妥协，顾及传统与（特殊）权利，现在的许多政府改革力度更大，不考虑相关人员。在天主

教地区，教会成了首当其冲的改革对象。即便是玛利亚·特蕾
莎那样虔诚的统治者也明显觉得神职人员是经济方面的竞争对 258
手、国家现代化的障碍，因为他们不纳税、富有、在各方面享受特权。从1766年到1770年，法国政府解散了2966座修道院中的458座，哈布斯堡帝国在18世纪80年代解散的修道院“超过700座，约占总量的1/3”。[4]从1757年起，天主教国家的政府采取一致行动，先把耶稣会——最重要的天主教教育及传教修会——赶出各个国家：葡萄牙（1757年）、法国（1764年）、西班牙和那不勒斯（1767年）、帕尔马（1768年）。随后教宗克雷芒十四世（Clemens XIV）在1773年彻底解散并取缔了耶稣会（波旁家族统治的国家就是为此才让他当选教宗的）。世俗国家以最严厉的手段迫使教会完全听命于自己、交出手中的资源。这一过程所需的论据、论证策略以及攻击教会和宗教的“怒火”[①][5]由启蒙提供。

1763年以后国家改革的第三个特点在于许多推行改革的君主都想同开明的公众结盟。君主会尽可能频繁地做如下宣传：只要还有国民不够成熟、仍需启蒙，君主就觉得自己有义务利用国家权力实现启蒙的理想。

（伏尔泰所说的）开明专制（despotisme éclairé），即“世俗化版君主专制”的男女代表通过宣传上述重大使命，为自己第一公仆的突出地位以及自己在各方面“进行简化、统一和制定法典”[6]的极具革命性的追求正名。

开明专制在东欧各国政府的施政风格中尤其常见，原因之一在于当地的制度缺陷有利于采用国家干预主义（Interventionismus）和统制主义，甚至需要它们。所以1763年以后开明改革的最重要代表是普鲁士、奥地利和俄国。它们

① 汉语译文引用自《旧制度与大革命》冯棠译本。

259 长期开展军事—政治竞争，于是这三个大国的前景似乎取决于它们能否尽量激发自己的潜力。

## 2 普鲁士改革

开明专制最著名的例子是七年战争出人意料的赢家：普鲁士。即使在 1763 年以后，所有人仍然关注着这个国家和它的国王。此人被称为“大王”不仅是因为他漂亮地连番战胜比自己强大的对手，在没有盟友的情况下英勇地坚持作战，也是因为他有“王位上的启蒙者”的国际声望。普鲁士在停战期（1748~1756 年）已经被视为宗教宽容的中心，优秀的行政管理（被占领的西里西亚也是如此）、现代化的判决、高效的殖民、“垦殖”荒地的模板。同时，弗里德里希和欧洲启蒙领袖（特别是伏尔泰）的友好交往，启蒙领袖对弗里德里希的各种赞美以及他自己的著作《驳马基雅维利》（1739 年）、《勃兰登堡家族史回忆录》（*Mémoires pour servir à l'histoire de la maison de Brandebourg*，1746~1751 年）、《我这个时代的历史》（*Histoire de Mon Temps*，1742~1747 年）使弗里德里希享有欧洲君主中独一无二的声望。

所以他的军事胜利此时看起来像是开明政府的胜利。开明政府的胜利加强了他的权威，这是他坚定不移地继续推行改革所需要的。他的改革有两个目标：尽可能大量储备资金；对军队进行彻底的现代化改造，尽量为新的战事（他觉得会同俄国打仗）做好准备。这两个目标都实现了。在他 1786 年去世之时，普鲁士储备的资产多达惊人的 5000 万帝国塔勒。所以普鲁士是当时唯一不负债的大国。“老弗里茨”[①] 还使普鲁士军队

① “老弗里茨”：弗里德里希二世的绰号。

的规模在 1763 年的基础上翻了一番。普鲁士军队此时有约 19 260
万人，与法国军队规模相当，但是明显不如奥地利军队（29.7 万）或俄国军队（22.4 万）。不过普军被视为全欧洲纪律最严明的军队。

1763 年以后，上述胜利成就了弗里德里希开明改革者的名声。所以人们忘记了他采取的具体措施就目标和手段而言都完全不算开明，反倒非常因循守旧——这些措施片面强调税收，固守统制主义；上了年纪的国王独断专行，一直觉得事无巨细都得亲自决策。

弗里德里希在 1763 年开始推行的货币改革甚至被证明是严重的错误。弗里德里希用贬值 2/3 的战时货币清偿国债，却要求纳税人用保值的铸币交税，于是引发了“德国经济史上最严重的通货紧缩危机之一”。[7] 一次大范围的经济危机又加剧了通货紧缩。这次经济危机的部分起因和后果都是弗里德里希试图尽量严格地管控经济。对现代理论嗤之以鼻的弗里德里希按照重商主义的方法强制出口国内产品。他相信“真正的利润来自工业”，所以他遵循的“计划接近以国家社会主义的方式组织经济生活之全局的理念”。[8] 为了这个目标，他不仅建立起垄断、新的行业分支（丝绸、瓷器）和保护性关税体系（国内则取消关税），而且不顾商界反对，在 1765 年建立起中央银行，该银行应当仿效英国中央银行垄断铸币权，协调贸易公司的业务：“应当参考需求数据，按计划调节工业产量，然后分派给各家工厂生产。”[9] 然而本该在黎凡特地区销售西里西亚纺织品
的公司很快就倒闭了。这些机构中唯一存续时间稍长的是一家 261
信贷银行［“海上贸易公司”（See-Handlungs-Gesellschaft），1772 年］。尽管如此，普鲁士在 18 世纪 70 年代仍能蓬勃发展，但这并不是国王的功劳，而是企业家的功劳。

于是，经常被人模仿的弗里德里希在 1766 年决定反过来

照搬战场上的对手法国的财政体系：包税制。所谓的“管理处”（Regieverwaltung）——一个半私营的由法国人领导的组织（它自身也受到严密监控）——管理“间接消费及交通税”（Akzise），即各类间接非农业税以及各类需缴纳的费用、罚款和关税。这项非常保守的措施取得了巨大成功。“间接消费及交通税”收入从 150 万塔勒（1750 年）上升至 480 万塔勒（1786 年），净收入总额从 380 万塔勒（1766/1767 年）上升至 660 万塔勒（1785/1786 年），可谓“财政主义及集中制财政政策在普鲁士的巅峰”[10]，这也证明了启蒙和财政方面的成功不一定有关系。因为“老弗里茨”根本无意为弱势人群减负。相反，在改革的过程中，各类消费税甚至提高了。

弗里德里希的农民政策也不追求社会福祉，它们只求提升臣民的支付能力，所以必须弥补巨量的人口损失——战争仅在诺伊马克（Neumark）① 一地就夺走了 5.7 万名平民的生命——并修复战争造成的损坏，或谓“重建”（Retablissement）。截至 18 世纪 80 年代，普鲁士依靠大量财政补助吸引了数万名新的垦殖者来重建农庄和房屋，并且新建了数百个村庄。1763 年起，王室为了将沼泽变成农田花费了 4000 多万塔勒。与此同时，王室倡导以英国为榜样改良农业，也就是精耕细作、种植新的可供人畜食用的植物（土豆、甜菜、三叶草、苜蓿、油菜）以及采用新的饲养手段。1765 年起，公地和面积太小的土地被取消并被合并为可以产生利润的个体农庄，尽可能让人
262 世代租种。在王室的辖地上，徭役减少了，地主的司法权被收归国家。国家禁止贵族地主牺牲农民的利益圈地及扩大自己的土地。1763 年，弗里德里希在波美拉尼亚取消农奴制；1777 年，他亲自撰文反对农奴制。

---

① 诺伊马克：意为“新边区”，指勃兰登堡边区在奥得河以东的部分，今属波兰。

改革尝试以不触及贵族的权利为界。为了使军官阶层一直忠于国家、避免他们投敌（比如投向提供更高报酬的俄国），弗里德里希对贵族有一系列优待。他不仅绝不尝试向贵族征税，还通过贷款帮助破产的地主保住他们的骑士领地，同时禁止它们被卖给资产阶级。他还禁止贵族和资产阶级女性结婚。1763年以后，他强迫资产阶级出身的军官退伍。放眼欧洲，贵族在普鲁士最能安享特权。

不过普鲁士在司法和行政管理方面是开明国家。针对民事诉讼程序的新规定（1781年）以官方的调查替代各方谈判，按照孟德斯鸠的思想引入了三权分立。到了1794年，随着国王的各类公告被编订为法典，自由主义的《普鲁士一般邦法》（Allgemeines Landrecht für die preußischen Staaten）诞生了。“当时法国和大不列颠的庭审程序混乱、成本高昂、缓慢、随意且残酷，相比之下，普鲁士的制度却具有快速、成本低廉、自洽、不偏不倚、人性化等优点。”[11]

普鲁士启蒙的另一个重点是行政管理。公务员的数量一直很少，每个公务员的工作负荷都很重。弗里德里希执政时期没有组织结构方面的进步，相反，一切都越变越乱。因为国王没有做任何改革，而是在有需要的时候建立特别委员会。事后他也不再解散它们，而是让它们跟原有部门并行办公。他还一贯无视总理事务府（Generaldirektorium），在秘书的协助下亲 263
自做一切决策。这当然是专制，但不是开明专制。

因为当时的局面已然过于复杂，国王仅凭一己之力就连只关注最重要的事务也办不到，所以弗里德里希的专制统治风格非但没有使公务员束手束脚，倒是起到了反效果：拿到言简意赅的御批之后，公务员不得不按照自己的想法将其付诸实践，也就是需要不断自主决策。他们能做到这些是因为每个公务员都接受过官房主义的培训并具备实用的专门知识。普鲁士的开明专制是开明官僚的专制。

开明的官僚是弗里德里希和他的父亲弗里德里希·威廉一世执政时期的代表性成果。这些官僚的特点是恪守本等级的道德标准，具有专业知识丰富、尽职尽责、谨慎、客观和爱国等优点。作为启蒙在普鲁士最重要的代表，普鲁士的公务员构成了一批具有专业技能的公众。1784年，康德在《对“何谓启蒙”问题之答复》（*Beantwortung der Frage: Was ist Aufkärung?*）中称赞的正是这点。康德认为以下情况只可能出现在弗里德里希的国家里：诸事平稳运转，而“民众的监护人”公开地讨论如何能把业务办得更好。

于是普鲁士在18世纪80年代对年轻的、富有创造性的专业人士而言很有吸引力，他们希望自己在民政和军务管理工作中青云直上。举例而言，拿骚的帝国男爵卡尔·冯·施泰因（Karl vom und zum Stein）和萨克森—奥地利的伯爵奥古斯特·奈德哈特·冯·格奈森瑙（August Neidhard von Gneisenau）在弗里德里希统治时期就已经加入了普鲁士的公务员行列。最晚自1806年起，这些人的愿望将以出人意料的方式得到满足。

264

## 3　1780年之前的奥地利改革

在哈布斯堡家族的原有领地，开明改革的试验更难进行。这里的情况像神圣罗马帝国。神圣罗马帝国的执政者是一族之长，他兼任选举产生的国王及皇帝。哈布斯堡的领地是由上下奥地利、施泰尔马克、克雷恩、克恩滕、蒂罗尔、波希米亚、摩拉维亚、西里西亚的剩余地区、匈牙利、特兰西瓦尼亚（Siebenbürgen）、克罗地亚、斯洛文尼亚和达尔马提亚（Dalmatien），还有意大利北部和奥属尼德兰组成的庞大联合体，同神圣罗马帝国相似，它与其说是只实现了部分集中的政治统一体，还不如说是由等级会议主导的一个个国家组成的联盟。哈布斯堡手中的大部分国家都不说统治者的语言——德语，臣民作为“民族”和中央政府划清界限，他们遵循各自的法律，拥有各自的特权。每当更换统治者，这些法律和特权都要重新得到确认。各省的等级会议尤其坚持保有自己的征税权。在这个多民族国家执政不能靠强硬的命令，而只能靠灵活的外交手腕以及同地方上的高级贵族合作。与之相比，普鲁士面积小，内部也不统一，其国王却明显更像真正的统治者。

从1715年起，哈布斯堡的领地就是欧洲大陆上最大的势力范围。仅仅是拥有610万居民（1754年）的“德意志”各省的人口就和英格兰全境相当。君主国1780年的居民总数约为1740万，1790年约为2480万。尽管如此，奥地利还是战败了，而且只要无法开辟新财源，奥地利就有理由担心以后打仗时——可能是同俄国——又会输。

自从1740年继位，玛利亚·特蕾莎皇后就充分证明了自己具有洞察力、外交天赋和广阔的胸襟，可以为了明智地解决问题而搁置个人好恶。因此，作为虔诚的天主教徒，她敢于任命豪格维茨（Haugwitz）伯爵或考尼茨伯爵等启蒙者担任 265
政府首脑；普鲁士为整顿被占领的西里西亚而进行改革，玛莎亚·特蕾莎则几乎全盘吸纳了这些做法。于是现有的机关被整合为跨地区的中央部门，1749年，她为世袭领地和波希米亚建立了共同的“总务府”（Directorium），又为世袭领地建立集中的地方管理部门和最高司法部门，由维也纳任命其中的工作人员并向他们支付工资、下达指令。政府仿效意大利北部的范例试验征收土地税，贵族和神职人员也得缴纳；财产税及人头税变成了所得税；1747年，政府首次编制预算。“总理商务府”（Universalcommerziendirectorium）从1746年起按照重商主义思想推行经济改革，后来巴尔干贸易和地中海贸易以及波希米亚—摩拉维亚的纺织业等将从中受益。同普鲁士一样，政府试图建立一个由接受过官房主义教育的忠实的公务员组成的庞大系统，它将保障帝国的融合。到了 1763 年，公务员从 4000 人增至 6000 人。

最晚从 1765 年起，改革进入了新阶段——原因之一是重臣豪格维茨伯爵以及玛利亚·特蕾莎最重要的财政顾问，即她的丈夫洛林的弗朗茨·斯特凡都在那一年去世；她的长子，此时当选为皇帝的约瑟夫二世与她共同执政。母子之间的合作艰难且冲突不断。因为太后注重外交实用主义，她的儿子——狂热的启蒙主义者和独断专行的教条主义者——却拒绝外交实用主义，将其斥为自相矛盾、软弱无能。所以她经常不理会儿子的意见。

上述局面的渔翁得利者是当时的外交大臣文策尔·安东·考尼茨－里特贝格伯爵（Wenzel Anton Graf Kaunitz-Rietberg，1711~1794 年）。尽管这个患有疑病症的放荡主义者作为 1756 年外交革命（Renversement des alliances）的推手对法国的失败也负有不小的责任，他却成了玛利亚·特蕾莎政府的首脑，因为他善于在母子之间斡旋。

266 他盘活哈布斯堡资源的第一步是取消豪格维茨行政管理改革中的部分内容。早在 1760 年底，受到普鲁士在托尔高附近胜利的影响，他解散了“总务府”和“内部会议”（Innere Konferenz）——这两大超级部门曾总揽行政管理和征税——并以若干专门化的委员会取而代之：“国务委员会”（Staatsrat，此时，也就是在 1765 年之后，它成了改革的规划中心）和统一管理三大核心王冠领地的国家总理府（Staatskanzlei），以及各自负责一部分财政管理工作的三个部门——宫廷财务府（Hofkammer）、债务委员会（Schuldendeputation）和宫廷计算府（Hofrechenkammer）。

以上所有部门由考尼茨本人监督。假如1780年之前有人在奥地利寻找开明专制，那么他找到的会是正在成形的考尼茨的部门专制（Minsterialabsolutismus）。

与此同时，地方管理部门的重要性得到提升。1764年，匈牙利有了本地的总理府。取消集中化政策一方面将改善中央政府和各省精英之间的关系，促进合作，提高各省精英的纳税积极性；另一方面也将使中央政府在战时可以更放心地调用各省的居民和资源。

保护农民的倡议也有相似的矛盾性。出于基督教的关爱精神，玛利亚·特蕾莎本人尤其重视保护农民。她派出“地籍委员会”（Urbarialkommissionen）前往各省，他们记录农民的权利和义务，规定农民的劳役上限。她希望不自由的强迫劳动能转变为货币或实物形式的租金，领主制（Erbuntertänigkeit）能够松动，然而这些变化只发生在王室田庄和国有土地上。而在其余的所有地方，地主——包括政府成员本身——的个人利益都是阻碍势力。所以关于农民生活状况的数据主要用于为军队改革（始于1765年）做准备。1772年，军队仿效普鲁士建立征兵区体系，不同于普鲁士，此时非贵族出身的人仍然可以在奥地利担任军官。

行政管理改革和经济改革力求将世袭领地变成自由贸易 267
区，匈牙利将在其中扮演农业中心及西部地区的工业产品的消费者角色。这使得考尼茨可以不断增加国家收入（从1763年的3500万古尔登到这届政府末期的5000万古尔登）。伦巴第和尼德兰向维也纳缴纳了更多税款。1775年起，收支平衡的情况越来越常见，于是政府有了底气，相信今后打仗可以不依赖外国援款。

尽管如此，玛利亚·特蕾莎执政时期的改革政策并非自成体系、前后一致，也谈不上充满启蒙精神。政府有时会出于经济—财政考虑而做出让步，但是新教徒和犹太人最多只是默默得到宽容，享受平等的权利则无从谈起。不奉国教者一如既往地受到惩罚或被驱逐，他们的著作被查禁。玛利亚·特蕾莎的决定——让维也纳的犹太人全部迁入一片聚居区——全靠大臣默默反对才没实现，她为此提高了宽容税；1766~1769 年实施的一次法律改革主要是将旧有法律（包含刑讯）编订为自然法的“开明版”。所以当玛利亚·特蕾莎在 1780 年 11 月 29 日去世时，约瑟夫觉得自己必须大刀阔斧地一举清除这些积弊。

人们有理由把约瑟夫二世此后十年的独立执政期视为开明专制之巅峰。当时没有任何其他君主能像他一样精力充沛、井井有条、持之以恒，却又死板而狂热地想把启蒙的诸多口号变成政治实践。他开始独立执政时已经 39 岁，对改革问题做过深刻的思考。出于避免与母亲冲突等理由，他在 1780 年之前长期游历各省，也去过普鲁士（1769 年）——他仰慕普鲁士国王，还去过意大利（1769 年）、法国（1777 年）和俄国（1780 年）。
268 他微服私访同老百姓谈话，想了解他们的疾苦和愿望。1769 年游历摩拉维亚期间，他甚至亲自尝试犁地。他同父亲一样是聪明的财政专家，然而同时也是正统的重农主义者，[13] 他公开拥护“专制主义”，不接受反对意见，喜欢责备臣子。

约瑟夫完全没有变更改革的路线，但是大大加快了改革的速度。18 世纪 70 年代，每年颁布的诏令约为 100 条，从 1780 年起，每年约 700 条，也就是大概每天颁布两条改革令。改革的速度是革命性的。为了赶上普鲁士和俄国的所谓优势地位，约瑟夫要尽快增加国家收入，统一、集中并强化国家的统治，坚持不懈地按照实用及高效的启蒙原则调整国家结构。

约瑟夫开始执行严格的节约路线。他放弃了加冕仪式（也是为了避免认可等级会议的特权）；削减宫廷仪式、宫廷人员和赏金；离开美泉宫，搬回不时髦的霍夫堡皇宫，要求剩余的宫廷成员同他一样奉行斯巴达式生活法；为了省钱（但这不是唯一原因），他又取消了考尼茨的部门专门化举措，重新大力推行集中化。1782 年，他把所有领地的管理工作集中到五个中央部门：联合宫廷政务府（vereinigte Hofstellen），国务委员会，皇室、宫廷和国家总理府（Haus-, Hof- und Staatskanzlei），宫廷战争委员会（Hofkriegsrat），以及最高司法厅（Justizstelle，1749 年建立）——它成了哈布斯堡统治地区的终审法院。约瑟夫不顾已然扩大的地方差异，安排一个部门——“管理部”（Gubernien）统一管理各省。皇帝任命的总督监督传统的、以等级会议为基础的地方政府和贵族地主。1784 年，约瑟夫将德语提升为整个君主国的官方语言。

与此同时，他盯上了教会。考尼茨在这方面已经做了一些 269
准备工作。1763 年起，考尼茨命人登记教会财产——上下奥地利和施泰尔马克的土地有四成属于教会，波希米亚有两成——并且在 1768 年自作主张地对教会财产征税。18 世纪 70 年代，考尼茨限制人们对修道院的捐赠，削减节日和朝圣活动，开始在伦巴第关闭修道院。约瑟夫此时将这种模式推广到哈布斯堡统治的所有地区。他接二连三地发布公告：出台一部禁止教会实施书报审查、使王室宣传人员获得出版自由的法律（1781 年 6 月），颁布针对路德宗信徒、归正宗信徒（Reformierte）和希腊东正教徒的宽容令（1781 年 10 月），取缔教会的兄弟会（1781 年）以及灵修会和托钵修会（1782 年 1 月），将上述组织的财产以及匆忙出售教会地产的所得充入“宗教总汇基金”（Generalreligionsfonds，1782 年 2 月）——以后它会被用来支付教士的工资，要求未经皇帝允许不得出版教宗训谕、教宗使节不得行使司法权、教团不得与国外上级机构往来，使教会在政治上服从国家（1782 年）。仍是在 1782 年，使教区划分对应地区划分的尝试失败之后，针对教会组织的整顿开始了：新的教区被建立起来，原有的教区扩大了，出现了大量新堂区（都有附属学校）。周日礼拜活动成了教会仪式的核心。

与此同时，国家开始负责监管婚姻（1783 年）。结婚不再需要司铎，离婚也更容易了。神职人员开始承担公务。1784 年 2 月起，每个堂区和每个犹太社团都必须分别登记洗礼、结婚和死亡名单。然而专制国家不仅管控活人，它连死者也不放过。针对葬礼的新规定（1784 年 9 月）禁止在室内埋葬死者
270 以及散建墓碑。为了节约原材料，以后死者下葬时不准再穿衣服，而只能套麻袋，然后用生石灰覆盖。

尽管最后这项规定四个月后便不得不被取消，约瑟夫的教会改革总体上还是取得了惊人的巨大成功。主教等人都支持改革，这说明，比起在皇帝面前势力减弱，他们更在乎自己在罗马面前腰杆更硬。很久以来，“费布朗尼乌主义”[Febronianismus，得名自特里尔辅理主教洪特海姆（Hontheim）1763 年化名“查士丁·费布朗尼乌”（Justinus Febronius）发表的一篇文章]一直主张限制教宗在德国的种种权力。约瑟夫大刀阔斧地实现了这一诉求：哈布斯堡领地上约 1/3 的修道院被解散了。1780 年，哈布斯堡领地上还有 2000 多个修会分支机构及 4 万名修士和修女，到了 1790 年就只剩下 1250 座修道院和 2.7 万名神职人员。约瑟夫只花了两年时间便使教会服从于国家权力，而罔顾教宗庇护六世（Pius VI）的抗议，后者曾在 1782 年亲赴维也纳，想让约瑟夫改变主意。所以“约瑟夫主义”（不过这个概念直到 1840 年前后才开始流行）标志着与“奥地利虔诚”（Pietas Austriaca）传统[①]的决裂。

① 奥地利哈布斯堡家族视其君主权力源自天主教，认为行使基督教的最高世俗权力是他们的神圣使命，宣扬虔诚地忠诚于天主教会是哈布斯堡皇朝的根本美德。——编者注

重要的教会网络以及机构被破坏之后，国家就得负责运营社会福利部门、医院、济贫所、老人院、精神病院、伤残者收容院、育婴堂和孤儿院以及其他此类机构。1784 年起，维也纳诞生了世界上最大、最现代的医院以及一所培养军医的“医疗—外科学院”（Medicinisch-chirurgische Akademie）。世俗国家也必须全面接管办学及教育事业等。在教会方面，所有担任教师的修会内神职人员都得接受师范能力测试（1782 年 1 月规定）。准备成为司铎的人必须在六所国立综合神学院之一接受为期六年（后来只需四年）的培训（1783 年 3 月规定）。但他们在神学院里主要学习自然科学和农学、数学、历史和教 271
育学。皇帝亲自从课表里删除了教义研究及《圣经》研究。隶属于教会的培训机构——人们本可以在那里研究真正的神学问题——不复存在。

1760 年起，“宫廷教育委员会”（Studienhofkommission）和由玛利亚·特蕾莎开明的御医杰拉德·范·史威坦（Gerard van Swieten）领导的“教育委员会”（Erziehungskommission）为世俗中小学及大学的相应改革奠定了基础。1774 年 12 月颁布的《通用学校条例》（Allgemeine Schulordnung）仿效普鲁士整顿教师培养规程并宣布实施普遍义务教育。此后，政府坚持不懈地尝试推行义务教育，途径包括为缩短上学路程而新建许多“基础学校”（Trivialschule），又从 1783 年开始取消小学课程的学费。

相反，1784 年起，要求为数不多的国立文理中学——由各等级兴办的中等学校至此已被关闭——必须开始收学费，造成学生及文理中学数量锐减。与此同时，政府把哈布斯堡领地上的综合性大学缩减到四所［维也纳、佩斯（Pest）、鲁汶（Löwen）及帕维亚（Pavia）］，并将其余大学降级为“高等学校”（Lyceen）。大学开始收学费，政府禁止学生去国外上大学，新注册入学的大学生人数不得超过空缺的公务员岗位数

（1784 年规定）。教授等教职人员必须使用国家认可的教材并受到严格监控。授课内容必须仅限于实用科目。看来约瑟夫的开明国家想要的不是成熟的公民，而是有用的公民。

上述做法导致早已达到的教育标准开始下降。与之相反，约瑟夫为了提振经济而采取的有力措施则是正面事例。这些措施始于 1782 年 1 月 2 日，宗教边缘群体，尤其是维也纳和下奥地利的犹太人，得到了与公民相同的待遇（1782 年 1 月规定）。后来其他地区也颁布了类似的宽容令。与此同时，行
272 会被取消，本土产业得到扶助，保护性关税利于国货出口：从 1784 年起不再允许进口本土也在生产的产品。政府只同那些不会威胁本土产业的国家（俄国、土耳其、摩洛哥、美国）签订贸易协议。奥地利确实在巴尔干贸易中取得领先地位；波希米亚、下奥地利、施泰尔马克、蒂罗尔和福拉尔贝格（Vorarlberg）的纺织业和冶金业的增长幅度有时甚至能达到 150%。

对约瑟夫而言（对他的母亲亦然），种种改革的目标和关键都是农业。作为重农主义者和官房主义者，约瑟夫自然而然地认为只有强大的“从事生产的阶级”才能保障国家富庶、税收充足。所以他宣布在波希米亚（1781 年 11 月）、内奥地利和加利西亚（Galizien，1782 年 4~7 月）取消农奴制。匈牙利便成了唯一保留农奴制的王冠领地。约瑟夫改善了非自由农民的所有权，将他们的劳役（Robot）限制在每周三天（1782 年，克恩滕；1784 年，加利西亚；1785 年，匈牙利），国家还向想控告地主的农民提供帮助（1781 年 9 月）。

当人们还在讨论如何补偿贵族的损失时（改革始于波希米亚是因为这里能动用过去的耶稣会财产），约瑟夫已经开始执行计划的下一步，即向地主征税了。根据重农主义的“单一税”（impôt unique）思想，约瑟夫想征收一种统一的土地税，

它的来源应当是资本化的“劳役”收入等。1784 年，约瑟夫要求匈牙利编制丈量土地所需的地籍册，1785 年又向奥地利和波希米亚提出同样的要求。尽管许多高级贵族（他们过去根本不纳税）的武装抵抗使得丈量队不得不在武装保护下工作，地籍册还是在 1789 年初编好了。

1789 年 2 月，约瑟夫已经颁布了《税务及地籍令》（Steuer- und Urbarialpatent）：农民和贵族都要拿出土地收入中的一部分向国家缴税，税率略高于 12%；农民还要支付 273
18% 的收入给地主，抵偿过去的劳役。这些大致相当于农民收入的三成，剩下的七成——扣除交给司铎、校长的费用和地方税——应当归农民自己。

这项计划大胆且具有进步性。若论为农民办事，只有丹麦政府胜过了约瑟夫二世；约瑟夫二世的其他改革也取得了巨大成功，它们使征收上来的税款总额从 6570 万古尔登（1781 年）增加到了 8740 万古尔登（1788 年）。尽管如此，或者正因为如此，约瑟夫二世的措施激起了愤怒的抗议——农业改革引发的抗议最多——就连本该因为改革而受益的人也在抗议。这些改革严重损害了民族或者等级的特权、传统和感情。它们严重动摇了专制主义的封建基础。

所以约瑟夫只能妥协，1790 年 1 月底，他首先对匈牙利让步。当时他不得不和反叛的奥属尼德兰作战，所以非常依赖高级贵族的帮助。几天之后，1790 年 2 月 20 日，约瑟夫的去世给法国大革命之前由一个欧洲国家的政府所设计及推行的最具雄心、“最开明”、最激进的改革计划画上了句号。

## 4　叶卡捷琳娜二世治下的俄国

普鲁士和奥地利设计及推行改革所针对的强大竞争对手

是沙皇俄国，俄国也是我们要提到的开明专制的第三个知名
274 案例。俄国政策的核心目标——使俄国与西方接轨、使俄国在内政及外交方面都成长为西方强国——最迟从彼得大帝时期（1689~1725 年亲政）起便催生出两种趋势：将所有的力量和资源集中到国家权力手中，以及国家权力与启蒙联盟。

大家习惯于将上述计划及其顺利实现归功于两位杰出统治者——彼得一世本人以及叶卡捷琳娜二世（1762~1796 年在位）——的政治天才和意志力。不过引人注目的是，彼得之后频繁更换的历代沙皇也在坚定不移地继续推行他的改革，所以叶卡捷琳娜才能在这些改革的基础上添砖加瓦。这证明了俄国的很大一部分领导精英已经把改革视作自己的目标。

这群贵族（dvorianstvo）是俄国的一个规模很小，但是占据领导地位的阶层。他们在俄国总人口中最多占 1%，数量很少——俄国总人口为 1400 万人（1724 年）到 3600 万人（1796 年）；1750 年前后，俄国在欧洲部分的人口为 1600 万~3000 万人。然而，这大约 12 个分享国家权力、时而合作时而争斗的俄国贵族世家影响力惊人。不同于西欧贵族，俄国贵族内部的经济及社会层级天差地别，所以俄国贵族可以直接从事企业活动等。1773 年，俄国约 1/3 的工厂和一大部分外贸都掌握在贵族手里。在俄国，贵族是占据领导地位的经济力量，其地位相当于英国的绅士，欧洲大陆的富裕资产阶级——而且俄国贵族的政治权利比他们大得多。此外，俄国大地主可以在自己巨大的农庄里为所欲为。

贵族世家当然只支持有望惠及自身的改革。沙皇彼得三世在 1762 年登基时，贵族的利益却恰恰受到了威胁。彼得三世出身于荷尔斯泰因，他同战败的普鲁士缔结友好关系、签订和约，想拉拢普鲁士当盟友攻击丹麦。此举激怒了贵族，而且彼
275 得说自己不想为贵族效劳，他宣布要大力扶助城市中间等级，

一上台就将修道院的地产收归国库，所以贵族很讨厌他。彼得第一轮改革的幅度就比普鲁士和奥地利的类似措施大几倍。1762 年 6 月 28 日，心怀不满的禁卫军军官发动政变推翻了还没来得及实施计划的彼得，几天后，失去自由的彼得被谋杀。政变者随即宣布彼得的妻子叶卡捷琳娜为新任沙皇。

叶卡捷琳娜出身于安哈尔特 - 采尔布斯特家族，原本是思想解放的新教徒，她改信东正教，和参与政变的俄国贵族家庭过从甚密。她根本无权登上皇位，何况传言说她参与了推翻自己丈夫的政变，所以她一定得有所成就，也必须一直向贵族妥协。贵族则确信她可以被当成傀儡利用。若干大家族的首领追求她，想要借此成为沙皇。而氏族之间的竞争恰恰使叶卡捷琳娜能够坐收渔翁之利。她的宠臣是不固定的，一旦某人将会权势太大，她就开始宠幸另一个，但又不让旧宠臣完全失势。为了巩固自己的统治，她导演着性别角色逆转版的“宫斗”戏码。

为了不受贵族掣肘并给自己的外交野心争取资金，她必须增加皇室收入，阻止 2800 万卢布税款中的 1200 万继续在各省流失。她的办法是执行丈夫的计划，也就是从 1763 年 1 月起大规模没收教会土地，“为的是减轻神职人员的管理压力”。[14] 俄国一半以上的修道院——估计有 500~900 座——被关闭，
修道院管辖的约 80 万名农民成了沙皇的农奴，被她赐给宠臣。 276
胆敢抗议的神职人员被流放。

但是这样一来，俄国就发生了西方十年后取缔耶稣会时面临的事情：教育事业崩溃了。叶卡捷琳娜的应对措施是兴建大量中小学。在学院院长伊万·舒瓦洛夫（Iwan Schuwalow）①

① 伊万·舒瓦洛夫伯爵（1727~1797）：俄国启蒙主义者，莫斯科大学和圣彼得堡美术学院创办者，圣彼得堡美术学院校长。

的领导下，就连小城市也有了小学，20 座省会城市都拥有了中学，人们还兴办了文理中学、军校、以法国为模板的贵族女校，也建立了育婴堂和少管所。尽管起初师资严重不足，叶卡捷琳娜还是重新推行了彼得一世去世后被搁置的一项政策——大办教育。

除此之外，叶卡捷琳娜从 1762 年 12 月起重新推行彼得的移民政策。垦殖者得到土地、住房、牲畜以及启动资金，还能享受为期 30 年的信仰自由、免税及免服兵役待遇。在政策实施的头四年里，仅从德国一地就有 2.3 万名垦殖者来到伏尔加河畔。后来还有更多人——总数为 80 万——定居在俄国南部（“新俄罗斯”）以及克里米亚半岛［“塔夫里切斯基省”（Taurische Provinz）］。叶卡捷琳堡［Jekaterinburg，即斯韦尔德洛夫斯克（Swerdlowsk）］、叶卡捷琳诺斯拉夫［Jekaterinoslaw，即第聂伯罗彼得罗夫斯克（Dnjepropetrowsk）］和察里津［Tsaritsine，即伏尔加格勒（Wolgograd）］等新的城市拔地而起。人们还建起了港口和大型工厂。

在取得上述成就之余，叶卡捷琳娜还改善医疗条件（1768 年起推行天花疫苗接种等），促进出版，实现有条件的出版自由，不过最重要的是扶助经济、贸易以及乌拉尔地区的采矿及冶金业，1762~1775 年，该地区新建了 10 座工厂。她推行普遍的宗教宽容政策——不信国教东正教的人不再遭到迫害，犹太人和穆斯林被允许修建礼拜场所，被驱逐的耶稣会士可以在俄国避难。以上种种为稳步发展经济奠定了基础。1765 年起，圣彼得堡的“自由经济学会”（Freie Ökonomische Gesellschaft）负责讨论、颁布及推行经济创新措施。1766
277 年建立的贸易委员会搜集商人为改善国内贸易及出口而提出的建议并将它们付诸实践。1766 年，国家接管所有关税站。1768~1769 年政府甚至试着模仿不列颠建立发行纸币的中央银行。尽管这些改革都进展缓慢，但它们还是能体现俄国在大力追赶西方，尤其是竞争对手英国。

从 1764 年底开始，叶卡捷琳娜致力于将这些零散的措施统合为针对俄国的整体国家和社会秩序的系统性革命。受到孟德斯鸠《论法的精神》（1748 年）的启发，她设计了一份包含 526 款或 653 款[①]的法律草案——《圣谕》（nakas）。草案始于孟德斯鸠的论断：如此庞大的帝国必须接受专制“主权”的指挥，然而紧随其后的是激进的自由主义的原则，于是这份文本在法国被查禁。《圣谕》指出，国家的目标在于通过道德教育将公民变成各方面的完人，因此所有的公民应当平等，也就是服从同样的法律。所有的公民都应当自由地“去做被允许的事情，而不必去做不情愿的事情”。相反，农奴制违背自然，所以应当尽快解放所有农奴。

尽管她的顾问强烈反对，叶卡捷琳娜还是决定让全民讨论这份草案并使它通过。1766 年 12 月，她为此在莫斯科的克里姆林宫召集了一个立法委员会。它仿效法国的三级会议，由 564 名领津贴的各省各等级代表组成，包括贵族（160 人）、市民（207 人）、自由农民（78 人）、边陲民族及地区代表（64 人）、军事殖民地代表（70 人）及各类政府机关代表（27 人）。同三级会议的常规流程一样，此次会议先处理代表带来
的 1465 份臣民申诉书。代表组成了 20 个专业委员会，召开了 278
200 多次全体会议讨论各式各样的主张和诉求——从开明的到等级色彩强烈的，但是大家无法达成一致，因为教会和地主等不同意叶卡捷琳娜的草案。唯一一致通过的决议是认可女皇。

① 此处疑为原作者笔误：《圣谕》的主体部分包含 526 款，颁布于 1767 年 7 月 30 日，1768 年 2 月 28 日和 4 月 8 日又分别颁布了 40 款和 89 款补充规定，即共 655 款。——编者注

她正式获得了“大帝”和“（最英明睿智的）国之母亲”的尊号（不过她只接受了“母亲”这一称号）。1768 年 12 月底，对土耳其的战争开始了，叶卡捷琳娜遂解散会议。她的倡议并未取得实质性成果，然而她篡夺来的政权获得了合法性。叶卡捷琳娜通过公民表决使自己被承认为开明专制的唯一代表。她有把握得到欧洲公众的热烈拥护。他们称赞她是“北方的赛弥拉弥斯（Semiramis）[①]”、“俄国的密涅瓦”，她得到了“宝座上的开明理性之化身”的美誉。

女皇确实通过申诉书充分了解了帝国的情况，然而国情其实毫无变化。对农民的压迫和农村人口的苦难仍在持续，并一再引发反抗地主的暴动。对政府威胁最大的暴动是自称沙皇彼得三世的顿河哥萨克人叶梅连·普加乔夫（Jemeljan Pugatschow）的暴动。1772 年，乌拉尔地区的雅伊克哥萨克人（Jaik-Kosaken）在他的领导下开始暴动，然后暴动蔓延至伏尔加河流域——原因之一是鞑靼人、巴什基尔人（Baschkiren）、柯尔克孜人（Kirgisen）和旧礼仪派（Altgläubige）[②] 也加入了暴动。1774 年，叛军占领喀山，从那里开始组织起农民战争，农民战争一度危及首都。直到 1775 年，普加乔夫才战败并在莫斯科被处决。

叶卡捷琳娜对普加乔夫起义的反应看似自相矛盾。一方面，她加强沙皇对各省的管理，“目的是制衡贵族地主的无限权力”，[15] 不让他们肆意妄为——这种行为正是起义的导火索。除此之外，她把“省级行政区”变得更小、更透明、更容易
279 被管理监督；1775 年起，省级行政区逐渐增加到了 51 个。每个省都应当拥有 30 万~40 万名居民，并被进一步划分为拥有 2

① 赛弥拉弥斯：亚述王后、执政者。

② 旧礼仪派：俄罗斯东正教会中的一个反国教派别，也称老信徒派等。

万~3 万名居民的县（ujesdy）。过去的州级行政区消失了。沙皇在各地的直接代表是总督，总督领导两个或以上的省级行政区。所有省会城市（部分得新建）都有四个机关：财政、民事法庭、刑事法庭、警察（即行政管理）。此外还有分别面向贵族、商人和手工业者、自由的皇室农民（Kronbauer）的等级法庭。自由的皇室农民可以自我管理，在公共福利问题上稍具发言权。相反，农奴没有任何权利。圣彼得堡的各部门变得多余了，其中的大部分都被解散。

另一方面，叶卡捷琳娜最终把拥有土地的贵族提拔为掌握无限权力的领导精英。她在 1785 年 4 月颁布了有利于贵族地主的诏书，使他们在享受个人特权和能够大幅影响地方政府之余，还有权在专门为此而建立的组织——也就是摆摆样子的地方议会——的框架之内在省层面和地区层面上自我管理。于是贵族与其他人越发泾渭分明。公务员没法再自动晋升为贵族。从此时开始，公务员必须经贵族同意才能成为贵族。贵族享有最高等级的权力与自由，可以随心所欲地支配资源和农奴。农奴制此时还被推广到了过去根本没有农奴制的地方——比如乌克兰。贵族得到上述好处的唯一条件就是有义务在危难时刻帮助“专制政权”。

作为实用主义者，叶卡捷琳娜把本就最有势力的群体变成了国家的支柱。自此之后，俄国的贵族最终取代了资产阶级，因为女皇在 1785 年颁布的另一份针对城市的诏书，即通过政令自上而下地建立资产阶级社会的尝试并未取得成效。

叶卡捷琳娜的改革——同俄国的西方邻国的改革一样——
也是为了使国家变得强大，能够应对或许即将发生的战争。但 280
是不同于大部分西方首脑，叶卡捷琳娜延续了彼得大帝的精神，一开始就下决心在必要时发动战争——目的是扩大俄国的疆域，让贵族建功立业、获得战利品，用军事胜利为自己的政权提供合法性。因此，哪怕一些欧洲纠纷根本不关俄国的事，她也要按照计划进行干预。1780 年她试着作为“武装海上中立”的倡导者出面只是上述干预政策的例证之一。她的策略有望成功，因为 1763 年的两个赢家——英国和普鲁士——被孤立了，急需一个盟友来应付奥地利和法国的复仇计划，而奥地利和法国也互不信任。奥斯曼帝国注定会是俄国扩张的主要障碍，也就是潜在的牺牲品，它在 1737 年和 1739 年还战胜过奥地利人和俄国人，夺回了贝尔格莱德、塞尔维亚及波斯尼亚北部，此后却面临巨大的内部危机。然而使叶卡捷琳娜有机会干预的并不是奥斯曼帝国，而是另一个国家。从 16 世纪后期开始，此地就频繁且长期地处于危机之中，所以谁也想不到它能变成政治冲突的源头，它就是波兰—立陶宛大公国。

# 第十一章
# 失　衡

## 1　俄国的胜利

波兰—立陶宛在16世纪仍是欧洲面积最大的国家。在 281
17~18世纪，它却越发严重地依附其他国家。这是因为它的
体制是选举君主制，或曰贵族共和制（Rzeczpospolita）。领
导精英是信仰天主教的农村贵族“施拉赤塔”（Szlachta），
大权掌握在约12个高级贵族世家手中。1652年起，贵族议
会“瑟姆”（Sejm）开始实行一票否决制：哪怕只有一个（领
导）成员投票反对，决议也不能生效。这种所谓的自由否决权
（liberum veto）及其他因素后来造成每次选举都有争议，使
外国势力掌握了巨大的话语权。于是波兰的国王选举就成了衡
量欧洲势力状况的标尺。从1600年前后起，谁当国王主要由
法国说了算。随着路易十四世时期法国实力衰弱且财政危机日
益严重，局面有所变化。路易十四世支持的几个人选都失败
了——莱什琴斯基两度登基，但在位时间都很短（1704~1709
年、1733~1735年）就是例证——而且最后都流亡国外。自
从1687年萨克森选帝侯弗里德里希·奥古斯特一世登基成为
波兰国王奥古斯特二世，国王人选就一直由奥地利或者俄国指
定，然后被奥俄两国资助的贵族派别扶上王位。换言之，波兰
在政治方面任人摆布，在军事方面无力自卫。这个国家能存在
那么久是因为它——同神圣罗马帝国的情况相似——是俄国、 282

奥地利和普鲁士之间的政治缓冲地带，各方都对它满意。此时这片中立区显然在瓦解，预示着 1763 年以后的欧洲政局将走向危机。

1763 年 10 月初，在最后一位担任波兰国王的萨克森人奥古斯特三世去世两个月前，叶卡捷琳娜提名自己过去的一名宠臣——波兰伯爵斯坦尼斯瓦夫·奥古斯特·波尼亚托夫斯基（Stanisław August Poniatowski）——当下一任波兰国王。叶卡捷琳娜为波兰的亲俄派提供了大量军事援助（2 万名士兵）以及巨额贿款。于是亲俄派得以在 1764 年初夏把他们在国内的敌人——所谓“爱国党”（Patrioten）——赶出华沙，又在会战中击败了他们，使得波尼亚托夫斯基在 9 月初的选举中全票当选。叶卡捷琳娜为了保障这次行动而同普鲁士结盟，奥地利和法国只能袖手旁观。因为假如它们插手就会再度引发战争。

波尼亚托夫斯基是一位有文化也有本领的领袖，他证明自己是爱国者。他登基后不久就开始把波兰从贵族国家改造成现代的立宪制君主国。1764 年 12 月底，他宣布选举他为国王的国会为常设机构，废除自由否决权，建立了一个富有行动力的专业委员会，让它负责继续改革。亲俄派的头目很支持他。

叶卡捷琳娜当然反对这类争取自治的举动。她想破坏它们，于是她——按照启蒙的宽容精神——主张信仰东正教的贵族（大部分是白俄罗斯人和乌克兰人）应当和天主教徒享受同等权利。“施拉赤塔”不让不信天主教的贵族进入“瑟姆”，叶卡捷琳娜就斥巨资策动“不奉国教者”暴动，后来又先后让人建立了 24 个亲俄的“联盟”，它们在 1767 年 6 月合并为“大联盟”。俄国军队再次开进华沙。知名的改革代言人被驱逐出
283 境。“大联盟”的 70 名成员起草了一份波俄协议，1768 年 3 月初在国会通过。这份协议保障领土现状及共和国的旧制度，

也就是恢复了糟糕的“自由否决权”，对“不奉国教者”实行宽容政策，进而造成波兰的政治决策核心长期分裂。

此前不久，针对上述看似开明实则碍事的措施，有人组建了一个波兰爱国主义的天主教党派——“巴尔联盟”（Konföderation von Bar，在乌克兰属于波兰的部分）。他们率领区区 6000 名士兵同规模为 2.6 万人的俄国部队和政府军开战。奥地利对巴尔联盟开放了上匈牙利（Oberungarn）的若干据点；1770 年，法国派出一支援军，指挥官是后来的革命将军迪穆里埃（Dumouriez）。不过这些援助丝毫未能改变巴尔联盟始终处于守势的局面。巴尔联盟还得应付信仰东正教的乌克兰人发动的一场暴动，这场暴动导致近 10 万名天主教徒和犹太人丧生。不过巴尔联盟好歹保住了自己的大本营琴斯托霍瓦（Tschenstochau），一度甚至守住了克拉科夫。

波兰难民的求助以及哥萨克人进入土耳其境内侦查使得苏丹在 1768 年 10 月初对俄国宣战。然而土耳其的军队和边境要塞都没有做好战争准备。于是俄军长驱直入，占领了奥斯曼帝国的大片领土：克里米亚的部分地区、摩尔达维亚（Moldawien）及布加勒斯特、加拉茨（Galatz）和宾杰里（Bender）以及瓦拉几亚。与此同时，一支（由英国水手指挥的）俄国舰队从波罗的海出发，绕着欧洲航行，成为首支穿过地中海进入爱琴海的俄国舰队。1770 年 7 月初，这支舰队突袭切什梅（Çeşme）海湾［靠近伊兹密尔（Izmir）］的土耳其舰队，炮击对方造成火灾。这不是军事上的关键之战，但在宣传层面上是巨大的成功。自奥斯曼人 1453 年占领伊斯坦布尔以来，还没有西方军队能如此逼近此地。虽然俄国远征军实力 284
太弱，连最重要的希腊据点也守不住——俄军很快就只能眼看着土耳其人报复反叛的伯罗奔尼撒半岛——不过叶卡捷琳娜的宣传机器却可以把这场胜利包装成将所有基督徒从奥斯曼人的奴役之下解放出来的第一步。

俄国的胜利令欧洲列强极为不安。普鲁士担心自己被卷进俄土战争或者俄奥战争；奥地利害怕俄国成为巴尔干地区及黑海的霸主，害怕俄国鼓动盟友普鲁士同奥地利开战。1769~1770 年，约瑟夫和弗里德里希磋商失败，因为双方的大臣互不信任。于是奥地利高调地同苏丹缔结进攻联盟（1771 年 7 月），弗里德里希则建议结成三国同盟：普鲁士和奥地利支持俄国同土耳其作战，条件是得到波兰的土地作为补偿。这不符合叶卡捷琳娜的利益，因为波兰早就掌握在俄国手中。尽管如此，为了避免同奥地利打仗、阻止“巴尔联盟”获胜，叶卡捷琳娜还是在 1771 年秋季同意结盟。玛利亚·特蕾莎起初断然拒绝弗里德里希的建议——既是出于道德顾虑，也是怕普鲁士的面积继续扩大。不过，在和她联合执政的约瑟夫的敦促之下，她最终还是为了实用主义而让步。在她看来，瓜分波兰总好过奥斯曼帝国解体。

盟国在 1772 年 2 月 17 日和 1772 年 8 月 5 日决定瓜分波兰，几天之后巴尔联盟就彻底失败了。俄国的巨额贿款等因素使“瑟姆”在 1773 年 9 月底投票赞成部分解体。俄国得到了最大的一块土地（9.2 万平方公里以及利沃尼亚和白俄罗斯的 130 万居民），奥地利得到的土地稍小［8.19 万平方公里以及东加利西亚以及维斯瓦河（Weichsel）上游以南地区的 210 万居民］。相反，普鲁士看似吃亏（分得 3.63 万平方公里以
285 及 60 万居民），却得到了战略和经济上都很重要的西普鲁士［“王室普鲁士”（Königlich Preußen），但不包括但泽和托伦（Thorn）］，这样一来，普鲁士就获得了垂涎已久的连接勃兰登堡和东普鲁士的陆上通道。弗里德里希从 1772 年 4 月 18 日起自称“普鲁士国王”。

所以瓜分波兰是普鲁士的战略性胜利。它未动一兵一卒就

得到了很多好处，使俄国失去了在波兰的绝对霸权。其余的欧洲列强——尤其是法国和英国——对此十分气愤，它们生气主要不是因为波兰，而是因为三国同盟作为一股新的政治势力登上了欧洲舞台，或许会染指瑞典或者汉诺威。以当时的标准来看，瓜分行为本身是十分常见而且可以被接受的政治手段，所以英法绝不愿意应波尼亚托夫斯基的请求去干涉波兰。

波兰失去了约 30% 的领土和 35% 的居民。但它还没有完蛋。它依然拥有“和法国一样大的领土，人口则接近英格兰王国——加上威尔士，不算苏格兰”。[1] 损失实际上坚定了波兰政府彻底改革的决心。所以国会直到 1775 年 4 月都在不断议事，通过了一些把剩余的波兰变成开明国家之典范的决议。

包含 5 个职能部门的“常设理事会”（Immerwährender Rat）成了政府的核心。税务改革（根据登记在册的炉灶数进行征税）增加了国家收入，使政府能更灵活地行动。于是军队就能仿效普军开展整编并扩充至 3 万人。国王直辖城市改革之后，贵族再也不能干涉它们的行政管理。很多地区解放了农民或者至少将农民的权利写进了法典。1768 年的宽容协议几乎一字不易地在 1775 年成为法律。犹太人在波兰享受的权利明显多过大部分欧洲国家。1773 年起，政府靠着被取缔的耶稣 286
会的资金改革文理中学以及克拉科夫和维尔纽斯（Wilna）的大学。“在现代欧洲史上，世俗伦理和政治科学首次成为学校教学的内容。”[2]

波兰似乎从失败国家变成了启蒙国家之典范。欧洲人注意到了这点，比如卢梭 1772 年在《关于波兰政体的思考》（*Considérations sur le gouvernement de Pologne*）里以波兰的新制度为例展示了自己的政治哲学的应用可能。在其灭亡前的 20 年里，波兰展现了开明专制的潜力。

正如弗里德里希所料，瓜分波兰使得奥地利停止与苏丹谈判。所以苏丹也同俄国签订了和约。但是土耳其的国务委员会不让苏丹允许克里米亚脱离奥斯曼帝国。于是战争在1773 年再度爆发。此时的俄国还忙于应付普加乔夫起义，但它在第二年春季便开展了大规模进攻。大维齐尔不得不投降，并且在 1774 年 7 月接受了《库楚克－开纳吉（Kütschük-Kainardschi，在今保加利亚境内）和约》。

俄国通过和约得到了重要的边境要塞亚速（Asow）、克里米亚半岛上的刻赤（Kertsch）以及布格河（Bug）和第聂伯河之间的沿海地区。俄国船可以在黑海、博斯普鲁斯海峡和达达尼尔海峡以及爱琴海上航行。俄国得到了对奥斯曼帝国内部的希腊东正教会有利的保护权及干预权，还被允许在伊斯坦布尔建立一座教堂象征这一权利。克里米亚鞑靼人的汗国不依附苏丹，亦即实际上成为俄国的藩属。

这份“俄国的巴尔干政策史上最成功的和约”[3]对于奥斯曼而言则是同等程度的重大失败。苏丹手里只剩下多瑙河流域的诸侯国、比萨拉比亚（Bessarabien）①和最重要的黑海港口奥恰基夫［Ozi（Ochakow）］。奥斯曼新得到的是对克里米亚鞑靼人中的穆斯林的宗教领导权。

287 这样一来，对俄国而言，从伊凡三世（1533~1584 年在位）②时期延续下来的复兴东罗马帝国的美梦似乎即将实现。所以叶卡捷琳娜改变了自己对奥斯曼的政策。过去她只对奥斯曼的进攻做出回击，现在则转而推行进攻型的征服政策。她的计划是尽量赶走巴尔干地区的所有土耳其人，在那里建立一个希腊人的

① 比萨拉比亚：东欧历史地名，指德涅斯特河（Dnister）、普鲁特河和黑海形成的三角地带，目前大部分属于摩尔多瓦。

② 此处疑为原书作者笔误：莫斯科大公伊凡三世·瓦西里耶维奇（1440~1505）在位时间为 1462~1505 年；其孙伊凡四世·瓦西里耶维奇（1530~1584）在 1533~1547 年为莫斯科大公，1547~1584 年为俄罗斯沙皇国第一任沙皇。

帝国。1782 年 9 月，她把这个计划告诉了约瑟夫二世并建议以此为指导及目标分割奥斯曼帝国，约瑟夫二世肯定颇感不安。

叶卡捷琳娜委托前宠臣格里戈里·亚历山德罗维奇·波将金（Grigorij Alexandrowitsch Potemkin，1739~1791）为征服工作做准备。波将金比女皇小十岁，在俄土战争中战功卓著，也对镇压普加乔夫起义有很大贡献。他从 1774 年起担任军队最高长官和黑海沿岸若干新省的总督，1775 年征服了第聂伯河流域的哥萨克人。此后，他干劲十足地组织人口到荒凉的地区定居。他招来数千名农民，关心葡萄和水果种植，命人兴建船厂和港口［赫尔松（Cherson）和塞瓦斯托波尔（Sewastopol）］，建立省会城市叶卡捷琳诺斯拉夫（意为“叶卡捷琳娜之荣光”，即今第聂伯罗彼得罗夫斯克）。

1782 年，波将金以极其残忍的方式征服了因为民族不断冲突而四分五裂的克里米亚地区。他公然撕毁《库楚克 - 开纳吉和约》，在 1783 年 4 月将克里米亚地区正式并入俄国。苏丹只能接受。波将金得到了“塔夫里切斯基”（Tawritscheski），即“塔夫里亚公爵”① 的光荣称号，成了俄国第一大地主。1784 年 7 月，叶卡捷琳娜已经将高加索地区信仰基督教的格鲁吉亚王国变成藩属。这样一来，波斯再度——同彼得大帝执政时一样——成了俄国扩张计划的关注对象。叶卡捷琳娜因此开始和英国竞争，因为英国也在 1784 年借《印度法案》调整了自己的东方政策。

## 2 奥地利的失败 288

俄国的扩张使得它在西面的最大邻国奥地利尤为不安。奥

---

① 塔夫里亚（Taurien）是克里米亚半岛的旧称。

地利政府看着自己原本打算征服的巴尔干半岛上的地区被沙皇俄国一步步占领，变得越发紧张：过去保护哈布斯堡帝国边境的政治缓冲区变成了俄国领土。虽然约瑟夫直到 18 世纪 70 年代中期都能阻止普鲁士成为俄国偏爱的盟友，但是他和叶卡捷琳娜之间的默契只是用来保障他那些想把奥地利尽快变成现代领土国家（Territorialmacht）的越发仓促的试验。为了实现转型，奥地利在 18 世纪 70 年代上半叶就试着用难以掌控的边远地区——比如“前奥地利”（Vorlande）[①] 在莱茵河上游的部分（布赖斯高），甚至奥地利属尼德兰——换取邻近地区。值得追求的交换目标是巴伐利亚、威尼斯和萨尔茨堡总主教区。得到它们成了约瑟夫重视的外交目标。

这个目标似乎不算异想天开。因为巴伐利亚选帝侯马克西米利安·约瑟夫（Maximilian Joseph）及其继任者普法尔茨选帝侯卡尔·特奥多尔（Karl Theodor）都没有合法的男性继承人，后者还对巴伐利亚毫无兴趣，他自己也打算用巴伐利亚换取奥属尼德兰，让它和于利希－贝格（Jülich-Berg）合并，然后将自己的地位提升为国王。然而约瑟夫证明自己是个不靠谱的交易对象：为了压价，他提出巴伐利亚的一些地区——包括下巴伐利亚全境和上普法尔茨的绝大部分地区，合起来大致相当于选帝侯领地的一半——已经不再是封地并将它们收回。尽管如此，卡尔·特奥多尔还是在 1774 年 1 月初同意拆分土地，因为他希望以后能得到皇帝的恩宠。结果他大失所望：奥
289 地利军队占领巴伐利亚的上述地区之后，约瑟夫便宣称巴伐利亚的剩余地区不够交换尼德兰，他至多可以把前奥地利或者卢森堡给卡尔·特奥多尔。巴伐利亚宫廷和分支众多的维特尔斯

① 前奥地利（Vorderösterreich，旧称 Vorlande）：指哈布斯堡家族在蒂罗尔和巴伐利亚以西的领土。

巴赫家族——包括萨克森选帝侯——对此勃然大怒。他们都不愿意看到哈布斯堡势力扩张。不过领头的是普鲁士。

弗里德里希警告大家，皇帝将通过这次大幅扩张在帝国之内得到“专制权力”。为了阻止这种情况，弗里德里希在 1778 年 7 月 5 日——起初并未宣战——派遣两支大军（14 万普鲁士士兵和 2.1 万萨克森士兵）进入波希米亚。“巴伐利亚君位继承战争”自此开始，然而它既没有决定性的战役，也没有决定性的胜利。这场所谓的“土豆战争”[①] 随着普鲁士在 10 月撤军而结束。经过法国和俄国的调停，战争双方因为玛利亚·特蕾莎的让步——她瞒着约瑟夫同弗里德里希谈判——在 1779 年 5 月中旬签订了《特申（Teschen）和约》。它规定巴伐利亚保持原状，由卡尔·特奥多尔兼任统治者。奥地利不得不满足于得到所谓的因河地区（Innviertel）[②]，考虑到战争支出高达 1 亿，此事足以意味着“皇帝会一直很没面子”[4]。普鲁士没有赢得土地，但是得到了对抗皇帝、捍卫帝国制度的美名。俄国和法国地位上升，成了帝国政治体的仲裁者、担保国及保护国。约瑟夫本想吓住俄国，让它不敢向西进军，结果反倒给俄国创造了机会。

尽管如此，约瑟夫仍然不肯放弃交换计划。他甚至觉得自己足够聪明，可以通过和俄国合作去实现计划——哪怕这项计划的目的正是反俄。1780 年——也就是他母亲去世那年，约瑟夫还不顾母亲的警告同叶卡捷琳娜见面，想要首先协商结成对付奥斯曼人的秘密同盟。他们谈成了。约瑟夫希望能瓜分双方以后共同征服的土地，希望自己再去尝试同维特尔斯巴赫家族 290

① “土豆战争”：由于后勤保障不足、天气恶劣，参加巴伐利亚君位继承战争的士兵不得不挖土豆为食，因此普鲁士方将这场战争戏称为“土豆战争”。

② 因河地区：上奥地利西北部地区。

交换领土，甚至希望在尝试收复西里西亚的时候能得到俄国的支持。

为了给交换领土创造更好的条件，约瑟夫刚开始独立执政就试图加强自己对奥属尼德兰的掌控，因为他想提升当地的经济吸引力，增加它的贸易活动。奥属尼德兰的贸易活动过去一直受限，因为荷兰人在 1572 年与西班牙作战期间曾经为了把贸易从安特卫普引向阿姆斯特丹而封锁斯海尔德河（Schelde）的入海口。1648 年，荷兰人被正式允许这样做；他们还在 1715 年和 1731 年得到了占据比利时边境要塞，即所谓屏障（barrière）的权利。1782 年 12 月，约瑟夫对此提出抗议。后来他确实收回了这些要塞。1784 年夏季，约瑟夫下了最后通牒，要求尼德兰解除对斯海尔德河的封锁，但是对方拒绝了。1784 年 10 月，奥地利军队试图以武力打破封锁却没能成功。全靠法国的介入，奥地利和荷兰才没有因此而开战。

也是在 1784 年夏季，约瑟夫又开始鼓捣巴伐利亚—尼德兰交换项目。此次的交换内容翻了一倍。卡尔·特奥多尔要用巴伐利亚换奥属尼德兰，萨尔茨堡总主教要用萨尔茨堡换取同样属于帝国的列日（Lüttich）主教区。为了给交换打基础，约瑟夫布置了以下措施：重划列日主教区的边界，使它尽量符合政治区划。西班牙的费利佩二世曾经因为类似的措施惹怒过尼德兰。约瑟夫的做法激起了势力强大的主教座堂圣职团——其成员包含若干高级贵族——以及 20 余名市长的反对，这些市长代表的是强大的、有进取心的第三等级。

皇帝即将对付帝国教会里一位很受敬重的成员也使帝
291 国政治体警觉起来。约瑟夫赤裸裸地藐视教会，有条不紊地在世袭领地上剥夺修道院的财产，尝试将帝国直属教会领地（Reichsstifte）交给亲属和亲信，以上种种一直让教会领地怀疑约瑟夫也计划在帝国各处推行这类世俗化活动。约瑟夫（从1767年已经开始）尝试不让美因茨总主教参与帝国管理，而是将管理工作集中到维也纳的帝国宫廷总理府（Reichshofkanzlei），这种做法似乎也印证了教会领地的担忧。哈布斯堡过去的跟班，即小型帝国政治体和教会领地很快就不再信任皇帝会善待自己。

而周边大国担心的是其他问题。英国和荷兰担心的是，假如奥属尼德兰被一个小王朝统治，它就很容易变成法国的战利品。相反，奥地利表面上的盟友法国和俄国最关注的是阻止奥地利扩大势力。所以它们只向奥地利提供外交帮助，而不提供军事帮助。

普鲁士国王最终看清，整合领土会让奥地利再次尝试夺回西里西亚。于是他——和1740年、1756年、1778年一样——马上采取主动，成为反奥地利势力的领袖。1785年7月，他联合汉诺威和萨克森组建了一个“诸侯联盟”（Fürstenbund）。它的职责是保护巴伐利亚，结束帝国议会的危机，阻止世俗化继续发展。简而言之，保障所有帝国政治体，包括教会诸侯的存在。就连较小的帝国政治体也受邀加入联盟。共计15个较小的帝国诸侯确实在很短时间内加入了联盟，包括那些从1782年起就计划自组此类联盟但找不到带头人的小诸侯：安哈尔特－德绍、巴登、茨魏布吕肯（Zweibrücken）、萨克森－哥达－阿尔滕堡（Sachsen-Gotha-Altenburg）和萨克森－魏玛、黑森－卡塞尔、不伦瑞克、梅克伦堡、奥斯纳布吕克；到了1785年10月，连美因茨总主教、帝国大首相弗里德里希·卡尔·冯·埃塔尔（Friedrich Karl von Erthal）也加入了联盟。

面对如此庞大的联盟，约瑟夫只能退让。在《枫丹白露 292
条约》（1785年11月8日）中，他放弃了两个交换计划，也放弃要求解除对斯海尔德河的封锁。1000万古尔登的赔偿款也无法弥补皇帝及其威望再度受到的重创——不论是在欧洲还是在神圣罗马帝国之内——“他后来再也未能从这次打击中恢复”[5]。教会诸侯和较小的帝国政治体此时恰恰都更信任普鲁士而不是哈布斯堡家族。然而受损的不仅仅是它们对往日靠山的信心，帝国整体也随之受损。因为弗里德里希对帝国毫无兴趣。诸侯联盟对他而言只是维护均势的政治手段而已。尽管如此，诸侯联盟进一步成就了他作为帝国制度保护者的美名，这是他生前取得的最后一项巨大成就。弗里德里希于1786年8月17日去世，享年74岁，在位46年。

约瑟夫的失败造成的第二个影响是他同盟友法国日渐疏远。奥地利政府长久以来就讨厌法国两面三刀，不肯积极协助自己，还想同尼德兰、英国和俄国缔结贸易协议。法国的政府和公众则对约瑟夫拉拢俄国感到担心，他们最担心的是玛丽·安托瓦内特王后会没完没了地为她哥哥约瑟夫二世的政策说好话。所以此时有越来越多的法国人主张放弃和奥地利的没有成效的同盟，转而争取和普鲁士或者英国结盟。

虽然法国—哈布斯堡的同盟从1756年开始保障双方相安无事，但它也阻止了双方扩大势力，于是它们的对手——英国和俄国——可以轻松地扩大自己的优势。英国和俄国合作顺利，因为它们互不妨碍。英国不阻止俄国在西欧活动，因为这些行动能使法国和奥地利陷入窘境，还能迫使较小的国家站到
293 英国一边。简而言之，正是因为哈布斯堡—法国的同盟此前一直能稳定欧洲的局势，它的瓦解才会预示严重的危机即将降临。

## 3 对土耳其的战争和三场叛乱

等级会议和其他国家越是激烈反对约瑟夫的改革和计

划，他就越是觉得自己只能去拉拢对手俄国。叶卡捷琳娜早在1785年就承诺支持他收复西里西亚。1787年5月，双方在克里米亚的赫尔松（第聂伯河河口附近）谈判。约瑟夫刚同意奥地利参加将来的俄土战争——他并不情愿，但已别无选择——奥斯曼就在1787年8月突然对俄国宣战。于是约瑟夫决定派25万名士兵参战，此举令他的财政大臣大为震惊。1788年2月9日，约瑟夫向苏丹宣战。

俄奥联军起初作战不利。俄国必须抵挡瑞典的进攻——瑞典和奥斯曼有约定，于是在1788年7月对俄国宣战。奥地利无法阻止土耳其军队进入巴纳特（Banat）。然而后来战局发生了变化。到了1789年底，俄军占领了奥恰基夫、宾杰里和黑海北岸的其他重要地区。1789年10月8日，年迈的陆军元帅劳东（Loudon）——弗里德里希二世的劲敌——占领了贝尔格莱德（欧根亲王上次占领此地是在1717年）。虽然苏丹塞利姆三世（Selim III）的奥斯曼军队继续作战，但是普鲁士和英国不由得担心俄奥联军很快就能结束战争、赢得大片土地。普鲁士正在设计方案，建议为了新的“均势”而第二次瓜分波兰；与此同时，普鲁士和英国还在西面给奥地利制造麻烦。正
中它们下怀的是，自由尼德兰和奥属尼德兰从1787年起陷入 294
了严重的动荡。

1781年以后，尼德兰联省共和国内部形成了一个反对执政奥兰治亲王威廉五世的亲法党派——“爱国者”。它在1785年把威廉赶出了海牙。威廉求助于自己的大舅子——新任普鲁士国王弗里德里希·威廉二世。普鲁士国王在影子首相、对奥地利深恶痛绝的赫茨贝格（Hertzberg）伯爵的建议下，一反普鲁士的所有传统，在1787年9月13日派遣一支规模为2.6万人的部队进入尼德兰。普军把“爱国者”的自由军团赶到法国，结束了激烈的内战，重新树立起执政的势力。英国、普鲁

士和荷兰结成三国同盟（1788 年 6 月 13 日）巩固了尼德兰的局势，也确保了英国在尼德兰的影响。而奥地利和法国的图谋再一次受挫。

与此同时（也是在上述事件的影响下），在紧邻尼德兰联省共和国的奥属尼德兰，反对约瑟夫的激进集中制政策的抗议升级为暴动。过去，精心维护各个居民群体享受的（特殊）权利和优惠才使弗拉芒人（Flamen）和瓦隆人（Wallonen）或其他民族之间没有爆发民族矛盾。但是约瑟夫故意忽视这个好不容易才实现平衡的体系，接连采取了一系列措施：将德语定为官方语言（1786 年 2 月），取消传统的教会制度，为了扶持国立“综合神学院”而关闭主教管理的主教区神学院（1786 年 10 月 16 日），以地区统治者的中央政府“总督府”（Generalgouvernement）取代各种等级制度（1787 年 1 月 1 日）。1789 年 6 月 18 日，约瑟夫最终采取了力度最大的剥夺权利措施：取消古老的布拉班特特许状。

从 1787 年起，布拉班特的等级会议就以抗议和不交税回
295 击约瑟夫。首席主教（Primas）要求信徒将约瑟夫视为异端分子，不再服从他。游行示威之后就是巷战。在 1787 年底之前，奥地利军队尚可恢复社会秩序；从 1789 年 1 月起，布鲁塞尔出现了针对奥地利军队的武装抗议活动，其参与者不仅得到了开明时评人的声援，也得到了英国的资金和普鲁士的武器。于是叛乱者在 1789 年 10 月 24 日正式向奥地利宣战，他们击败了奥地利军队，在 1789 年 12 月 18 日进入布鲁塞尔。1790 年 1 月 11 日，三级会议在布鲁塞尔宣布成立“比利时合众国”（Vereinigte Staaten von Belgien），它是一个受三国同盟保护的独立共和国，所以它没有以法国为模板的国民议会，而是一个保守的、等级制的、以维护既有特权为目标的国家。

与此同时，约瑟夫交换萨尔茨堡的筹码列日主教区也发生

了暴动。1789年8月中旬，列日的等级会议推翻主教冯·霍恩斯布洛克（v. Hoensbroeck）伯爵，迫使他流亡特里尔。一支普鲁士军队也开进了列日，表面上是打着帝国的旗号来恢复和平及秩序，其实是来保护革命者。不同于他们的比利时邻居，列日的革命者已经受到了法国大革命的影响。直到1790年4月普鲁士撤军，奥地利才重新控制了列日。威斯特伐利亚帝国行政区的一支军队击败了约5000名叛乱者。1791年1月，进入奥属尼德兰的奥地利军队镇压了最后一场暴动。

总而言之，1790年初，哈布斯堡帝国的西部各省及其东部旧领地的许多地区都在发生动乱，它们还同帝国的敌人结盟。只有卢森堡还在奥地利手中。1790年2月20日，劳累过度的约瑟夫去世，享年49岁。

他试图最大限度地利用一切专制统治手段，结果导致专制彻底失败。其种种改革的结果不是打造出一台运转流畅的
机器，而是空留一堆瓦砾。推行专制的后果是造成了专制的 296
失败。

哈布斯堡家族的幸事在于约瑟夫的弟弟及继任者利奥波德二世认识到了眼下最紧迫的任务就是打破敌人的包围，安抚反叛者，拆散同自己作对的三国同盟。他做到了这些，方法是向普鲁士承诺放弃自己在对土耳其的战争中赢得的大部分土地。两年半之后，利奥波德确实通过《锡斯托夫（Sistowa）和约》（1791年8月4日），把若干重要地区甚至包括贝尔格莱德还给了奥斯曼人。普鲁士则投桃报李，承诺自己不再通过蚕食波兰来扩大领土，也不再支持尼德兰的暴动者［《莱辛巴赫（Reichenbach）条约》，1790年7月27日］。乍一看来，奥地利似乎吃了大亏，然而它却能借此摆脱约瑟夫的政策的后果。真正失败的倒是普鲁士。[6]

因为《莱辛巴赫条约》使奥地利可以用武力征服并重新

控制叛乱的尼德兰。1790年12月2日，奥地利军队进入布鲁塞尔。一周之后，利奥波德就向等级会议许诺恢复他们的各种特权。列日主教被重新扶上宝座。这种局面令普鲁士在荷兰和神圣罗马帝国内部的盟友面前丢脸，却使它们开始信任利奥波德。1790年9月30日，利奥波德全票当选神圣罗马帝国皇帝，一周后加冕。1790年11月15日，他又在布拉迪斯拉发（Preßburg）加冕为匈牙利国王，1791年9月6日在布拉格加冕为波希米亚国王。

随着利奥波德一步步地在世袭领地和各省取消约瑟夫的政令，他也在逐渐缩小普鲁士的优势。“诸侯联盟”最终瓦解了。然而登基不久的神圣罗马帝国皇帝面前出现了一个全新的对手：革命的法国。

297

## 4 法国的问题

“均势”的变化极大地影响了法国在欧洲的地位。尽管如此，它明显沦为旁观者。迅速攀升的赤字严重限制了它的行动力。七年战争末期，法国的债务已经高达17亿~23亿利弗尔。然而，为了不让英国变得过于强大，此时的法国仍然不得不大幅扩充海军。所以法国海军的预算（此前只有英国“皇家海军”的1/3）从1775年的3000万利弗尔提高到了1782年的2亿利弗尔。和美国殖民者一起赢得胜利似乎证明上述投资是正确的，然而美国独立战争彻底摧毁了法国的财政。为独立战争支出的10亿利弗尔超过了“法国此前参加的三次战争的总和”。[7]

英国的开支也极大。也是在这段时间内，其陆军营的数量从72个增加到118个，海军的规模从1.6万人增加到10万人。由于英国的债务状况比法国好，而且独立的前殖民者仍然几乎只靠过去的母国开展贸易，所以英国应对债务的能力要比对手法国强得多。法国在几个方面都疲软无力，无法获得新的销售市场，所以在 1782 年就陷入了危机；不列颠的海上贸易却在 1782~1788 年几乎翻了一番。

虽然贸易政策方面的希望破灭令人沮丧，法国依然是一个强大的国家。1750 年前后，法国的人口是 2100 万~2500 万人，1800 年前后是 2690 万~2930 万人，数量是大不列颠的三倍（大不列颠同期人口分别为 700 万~790 万人以及 900 万~1090 万人）。人口比法国更多的唯有德意志民族的神圣罗马帝国（1750 年前后为 2240 万~2620 万人，1800 年前后为 2510 万~ 298
3100 万人），但是神圣罗马帝国无法将人口转化为政治优势。

相反，高效的经济使法国从 18 世纪 30 年代起就一直蓬勃发展，这种势头直到 18 世纪 80 年代才被农业危机和物价上涨打断。法国的工业一直落后于不列颠。第一座现代高炉直到 1785 年才投入使用。机械纺纱机，也就是珍妮纺纱机的数量此时只有 7000 台，比不列颠少 2/3。然而法国的海外贸易十分兴旺：仅瓜德罗普一地带来的利润就是失去的加拿大过去全境利润的 12 倍。不过 3000 艘船和 1.5 万名船员好歹还能在加拿大的纽芬兰行使捕鱼权。

不同于英国，法国有着忠诚、能干、组织有序的官僚。所以法国政府随时都能较为准确地了解臣民及其财产的情况。旧制度的典型问题是：各部门的职权划分有时不明确，可能造成内部竞争；出钱买官的公务员经常不懂得自己应当同其他人商量。

另一个问题出在国王的宫廷。宫廷在路易十五世时期（路易十五世在 1743 年枢机主教弗勒里去世之后就亲自执政）又成了政府的中心，就像太阳王时期那样成了众人激烈争夺职位、退休金、军衔和军团的舞台。随着危机的加深，上述竞争自然还在升级，宫廷各派提出的要求也越来越多。路易十五世勤奋且聪明，但他并不总能驾驭顾问委员会及其成员、相互竞争的宫廷各派以及他们献给他的情妇。路易十五世的人事政策一度全部经过蓬帕杜夫人之手，在他那些权欲熏心且聪明的情
299 妇中，她的势力最大。蓬帕杜夫人安排人事时似乎并不遵循某种连贯的计划，而是想让不同家族联盟的成员都忠于王室，所以路易的路线有时显得犹豫不决、起止突然。然而这种路线的摇摆与其说反映了个人的缺陷，不如说体现了如下事实：宫廷里五花八门的利益集团确实因为危机而在数量和力量上都有所增长，这对有始有终地推行政策非常不利。

王室的第三个生死攸关的问题在于高等法院势力渐长。高等法院指的是各地的最高法院，共13座，它们有权核验国王提出的法律草案是否与现行法律矛盾，然后允许草案注册通过或者将其驳回——这是一件危险的政治武器。[8]高等法院的成员属于职官贵族（Amtsadel），他们的职位大部分是买来的。作为某种意义上的法国绅士，他们是城乡经济精英，得到下层司法系统成员的支持。作为享有大量特权的国家债权人，他们的经济来源是国债和包税制。他们高调地扮演着等级会议的角色，成了对抗王室的中心。路易十四世曾经成功地剥夺高等法院的权力，奥尔良公爵菲利普在1715年将权力归还法院，自此之后，高等法院和政府的矛盾迅速升级。1751年以后，双方长期对抗。只要还想贷款，王室几乎就只能让步。

1763年的失败使高等法院变得更强大。它们马上要求国王召开三级会议，并且迫使国王在1764年取缔了法国境内的耶稣会。而耶稣会是法国最重要的、忠于国王的教育事业承办者。上述挑衅政府的行为使高等法院很受欢迎。它们利用这些好感把自己包装成“民众”的保卫者，“民族”利益的守护人，
300 反对国王“专制”、争取自由和开明进步的斗士，借此将第三

等级中的很多人拉拢到了自己一边。高等法院真正在乎的主要是以下几点：第一，监管王室财政，因为“民族”（高等法院自称其代表）应当有此权利；第二，给所有批评高等法院的阻碍策略的人扣上政治不正确的帽子；第三，不惜一切代价维护自身特权。

不过高等法院没能成功拉拢所有启蒙者。当它们一边驱逐耶稣会士，一边尝试亲自统领法国的天主教会，我们就能看出这点。1762 年，图卢兹的高等法院开始对付新教徒。当地商人让·卡拉（Jean Calas）被指控为了阻止儿子改信天主教而将其杀害，后被处决。伏尔泰对此大加批判。虽然伏尔泰坚决反对教会，但他把取缔耶稣会斥为“狂热”行为。他利用自己启蒙者的国际声望迫使官方为这桩冤假错案平反。他确实办到了。1765 年，卡拉沉冤得雪，涉事的法官被革职。在其他案件中，伏尔泰也依靠巨大的媒体声量和经济投入为一些出于政治原因而获刑的人恢复了名誉。其中一人是法军在印度的前总司令拉里·托朗达尔，1766 年，他因为曾向优势显著的不列颠军队投降而在巴黎被处决。上述举动使得伏尔泰作为启蒙者的声望达到了顶点，不过也招来了有权有势的敌人的仇恨，所以伏尔泰后半辈子宁愿住在靠近瑞士边境的地方，便于随时逃往更安全的国外。

总而言之，随着高等法院成员的势力越来越大，王室越发急于限制这群人的税务特权。于是路易十五世时代的末尾出现了一系列激烈的斗争，巴黎和雷恩（Rennes）的高等法院结成同盟，在这些斗争中紧密合作。在布列塔尼，斗争造成了投石党运动时期那样的局面。1766 年 3 月初，国王亲自来到聚集
一堂的高等法院成员面前，希望他们不要同自己作对，但这无 301
济于事。短短四年之后，他们就大胆地指控了布列塔尼省长，剥夺了他的高级贵族头衔（Pairswürde）。

王室则采取了强硬措施。手握大权的大臣舒瓦瑟尔（Choiseul）——其靠山是不久前去世的蓬帕杜夫人——被赶下台，取而代之的是国王下一任受封情妇（maîtresse en titre）杜巴丽（du Barry）伯爵夫人的宠臣。新上任的强硬派勒内·德·莫普（René de Maupeou）过去正是巴黎高等法院的院长。1770 年 12 月初，他通过一次国王行法会（Lit de justice，即国王出席的会议，会上一贯禁止提反对意见）强迫巴黎高等法院注册通过一份服从声明。巴黎高等法院的成员随即罢工，而莫普当月就把 230 名巴黎高等法院成员连同他们的家属都流放去了外省。1771 年 2 月，莫普借助敕令宣布了一项激进的司法改革：买来的职位全部收回，且不提供补偿；诉讼费全部取消；建立新的巴黎高等法院，其成员由国王发薪且随时都能被革职。

与此同时，莫普的战友，财政总监、开明的神父约瑟夫·马里·泰雷（Joseph Marie Terray）也开始推行同样激进的财政改革。他削减国家养老金并暂停支付。他免除强制贷款的债务，向所有等级直接征收 5% 的所得税，还提高包税总额。改革取得了巨大成功：三年之内，国家的债务减少了 3300 万利弗尔。泰雷成立了一个在饥荒时期供应储备粮，防止哄抬粮价的部门——小麦专卖局（Régie des blés）。他还让人筹划统一的土地税。

就像年轻的路易十四世曾经成功地实行专制，执政末期的路易十五世似乎——在艰难得多的条件下——完成了政变，顶住了反对的浪潮，重新占据主动。假如他能一直利用这种主动 302 局面，赤字就能消除，等级社会或许也会消亡。然而意外事件发生了：路易十五世于 1774 年 5 月 10 日去世。

他年仅 20 岁的孙子接管了政府。路易十六世给人的印象是信仰虔诚、道德高尚，然而又优柔寡断，极易受人影响。对他影响最大的就是年龄比他还小的妻子玛丽·安托瓦内特，而且她的影响还在随着时间的推移而增长。她是玛利亚·特蕾莎的幺女，执拗、好胜，自身也容易被人影响。作为1756年波旁—哈布斯堡家族结盟失败的象征，玛丽·安托瓦内特在法国公众中不受欢迎，所以她试图通过任性的荫庇政策改变公众态度。为了释放善意信号，路易觉得有必要废止一切改革。莫普和泰雷被革职。高等法院回来了，继续大力推进自己的阻碍政策。

所以路易对谁来当莫普继任者的决定就显得越发聪明且大胆。1774年8月24日，欧洲当时最具独创性的经济学家之一——安·罗伯特·杜尔哥（Anne Robert Turgot）被任命为财政总监。

杜尔哥出身于诺曼底贵族家庭，性格刻板、严肃，担任利穆赞（Limousin）督办官期间政绩卓著。他也是启蒙者眼中的希望之星、伏尔泰的朋友、《百科全书》撰稿人。除此之外，他还是所谓“重农主义者”的领袖之一，这是一个松散的经济理论学派，目标是按照自然法则安排政治和经济的方方面面。重农主义者认为，国家财富只来自土地及水域的产出才符合“自然秩序”（ordre naturel）。农业、采矿和渔业是国民经济中唯一的“生产领域”，因为只有这个领域能带来“纯收益”，即纯产品（produit net）。相反，贸易、手工业和工业是“非生产领域”，因为它们只运输、加工、交换天然产物，却毫无产出。唯一的“生产阶级”，唯一能带来“纯收益”的阶级就是佃农。同他们相比，其余所有社会成员——也包括得到一部 303
分土地产出作为地租的地主——都应当被视为“非生产阶级”。重农主义者由此得出结论，政策必须尽力减轻“生产阶级”的负担，扶助他们。今后应当只让有产者阶级——也就是贵族和神职人员——纳税，更确切地说，缴纳“单一税”，农民和第三等级则不需要纳税。

对于专制君主的大臣而言，这是一项极具革命性的计划。它不仅要求政府只负责践行经济法则，还通过取消贵族—神职人员的税务特权而大肆破坏专制的社会基础；但是，为了实施自己奇怪的改革计划，政府又得赋予专制绝对的权力垄断，即集权（unité d’autorité）。在改革过程中，看似专制的君主实际上或许只能当经济法则，即“绝对的道德正义”的执行者。[9]

不过杜尔哥及其下属皮埃尔·塞缪尔·杜邦·德·内穆尔（Pierre Samuel Dupont de Nemours，任“商务总监”）就想实施这种计划。为了保护第三等级，他们既不希望国家破产，也不想贷款或者开征新税。他们转而寄希望于细致入微地监控各项开支，降低支出，削减养老金和包税人的收入。1774~1775 年冬春之交，他们开始尝试在粮食交易中取消一切国内关税，粮食投机者全都愤怒地抗议。高等法院利用粮食歉收煽动民众反对杜尔哥。1775 年春季，饥饿引发了多场叛乱，杜尔哥不得不派出 3 万名士兵镇压。

但是杜尔哥在 1775 年就实现了财政盈余，减少了国家债务——这让王后和靠放债挣钱的人很不高兴。1776 年 1 月，又有 6 份敕令出台；4 月，它们在一次国王行法会上被强行通过，
304 高等法院反对也没用。这几份敕令取消了农民的筑路徭役［王室徭役（corvées royales）］，宣布废除行会（目的是降低被行会刻意抬高的食品价格），宣布人人都有择业自由。这样一来，自由主义的纲领就取代了重商主义。

1776 年春季，杜尔哥已经向国王展示了内容丰富的行政管理改革方案。它计划设立各级自治机构“地区当局”（Munizipalität）：从市镇议会、区议会、省议会到国民议会，其中国民议会应当只负责分配赋税。这份反对等级制的开明专制方案还包含其他内容：一切土地所有者都应当拥有选举权和

被选举权，宗教宽容，允许新教徒缔结民事婚姻，对办学事业和医院实施国有化，向神职人员征税，使农民有机会向地主赎身。

然而反对派占了上风。工人、手工业者、下层神职人员和哲学家（philosophes）[①]对杜尔哥有多拥护，王后、高等法院（假如行会被废除，它们就不会缴费给高等法院了）、宫廷贵族、高级神职人员、包税人、大商人（他们靠控制粮食贸易挣钱）、手工业师傅（他们的师傅资格证是高价买来的）、下层公务员（没有了行会，他们也就失去了职权）和小资产者（因为高昂的粮价而头疼）就有多痛恨杜尔哥。改革是为第三等级的利益而筹划的，不能接受改革的却正是第三等级。

1776 年 5 月 13 日，杜尔哥及其下属被革职。他的措施被逐步取消。继任者们至多只会沿用他计划中的零星要素。不过此后基本没人敢针对灾难性的国家债务推行彻底的改革。历史将会证明，杜尔哥下台之后，法国的专制完全丧失了改革潜力——尽管人们起初还无法察觉这点。

① 哲学家：法国启蒙时期一些知识分子对自己的称呼，后泛指启蒙者。

# 第十二章
# 1789 年全景

## 1 通往革命之路?

305 最迟从杜尔哥的失败开始，法国似乎就不可避免地滑向革命。每本教科书都描述了革命是怎么发生的：财政亏空，粮食歉收，臣民挨饿，资产阶级受剥削，国王达不到人们对他的要求，懒散的贵族在王宫里过着花天酒地的生活，王后虚荣冷酷——据说她曾表示，要是老百姓没面包吃，他们就该吃蛋糕嘛。那么路易十六世的统治史是不是革命的序幕呢？

1789 年之前的人很少有这种印象。“现在我们很难再想象反叛会变成公开的骚乱，”巴黎记者路易·塞巴斯蒂安·梅尔西埃（Louis Sébastien Mercier）1787 年时还如此解释，“警察十分警惕（……）以及无数人的利益都同宫廷的利益紧密捆绑等情况——这一切似乎都有利于根除较为严重的暴动，将它们扼杀在萌芽阶段。（……）话说回来，如果对巴黎的老百姓放任自流，（……）暴民就会沉迷于无法无天的骚乱。”[1]

随着 18 世纪 30 年代以后人们的日子越过越好，上述场面似乎越发不可能出现。“小冰河期”已经结束。气候转暖。老鼠的减少使中欧地区摆脱了瘟疫。出生率和预期寿命重新上
306 升。人口增速加快：1785 年，法国人口为 2600 万人，1791 年已增至 2710 万人。国家也变得年轻了，1789 年前后，76% 的法国人不满 40 岁，36% 不满 20 岁。尽管物价上涨，大部分

人至少直到18世纪80年代还买得起食品。大家不缺钱，币值还算稳定。生活没那么艰苦了。“所有迹象都表明了这点：人口在增长，财富增长得更快，”1856年，阿历克西·德·托克维尔在针对18世纪七八十年代的档案研究中如此总结，“美洲战争并未阻碍这种飞速发展；国家因为战争而负债累累，但是公民继续发财致富，他们变得更勤奋，更富于事业心，更有创造性。(……) 亚瑟·杨格 (Arthur Young) 断言，1788年波尔多的贸易额比利物浦高，他还说，‘近几年里法国海上贸易的增长速度甚至超过了英国；20年来，法国的海上贸易额翻了一番’。”①[2]

我们可以通过当时的时尚管窥市民和贵族新的积极的生活态度。1720年之前，肖像上的市民和贵族大多显得严肃（或者故作开朗）。厚重的服装层层叠叠，通常是深色；头上顶着沉重的、扑了香粉的假发。后来，男女的日常着装都变得更加轻薄、多彩、凸显身材了。男士此时穿上了修身的外套，即所谓不列颠风格的齐膝紧身外衣（Justaucorps），有人一如既往地戴着假发——在军队和教会里也是如此，不过也有人更喜欢披散长发，像打理假发那样在上面扑粉，或者扎“普鲁士发辫”。女士在日常生活中喜欢资产阶级简洁优雅风格的和看上去“自然”的发型和颜色，她们在夏季爱穿舒适的裙子，尤其是用彩色印花的印度棉布做的裙子。

同期的宫廷时尚却与此截然相反。它显得比任何时候都更做作、古怪、引人注目、自信——1750年之后尤其如此。男士和女士都像过去一样戴假发，他们的假发甚至比前几代人更浮夸。女装还有越大越好的袒领、极细的腰身和外扩的半球形 307
撑架裙，以上种种融合为一种造作的、近乎诡异的肉欲，它似

① 汉语译文参考《旧制度与大革命》冯棠译本，有改动。

乎暗示着在一个社交圈里自行其是、掌握权力的欲望。你是否属于这个圈子取决于你的消费水平和是否熟练掌握极为造作的礼仪。让·斯塔罗宾斯基（Jean Starobinski）评论道，这类宫廷服饰“是装饰，是引诱、套近乎或逃避的工具，而不意味着某个待扮演的角色。在耽于享乐的社会阶层的生活中，庆典的造作和奢华似乎就是片刻的真实，在这个瞬间里，人们可以直截了当地、几乎无拘无束地沉迷于自己的主要喜好”。[3]

虽然凡尔赛宫廷生活里这种招摇的“浪费”不久后就会激起革命的怒火，但它绝不表示无可救药的衰败和令人无所作为的颓废。更确切地说，就连所谓麻木不仁的国王都表现了引人注目的干劲，因为手段粗暴的杜尔哥下台之后，国王在 1777 年任命的继任者是一位同样备受争议，而且更不受欢迎的欧洲专家。这个名叫雅克·内克（Jacques Necker）的瑞士人是信仰新教的百万富翁，所以可以无偿工作。他同商业圈关系极好，于是为了给美洲战争筹款而发行了 5.6 亿利弗尔的公债。为了鼓励富有的资产阶级对国家投资，他甚至在一些此前没有省议会或显贵会议（Notabelnversammlung）① 的省份建立了这类会议，第三等级在这些会议里得到的议席相当于贵族和神职人员的议席之和，即第三等级翻倍（Doublement du Tiers）。为了加强大众对国家的信心，他在 1781 年首次发布了一份（经过大幅美化的）国家财政状况报告。此举给他罩上了启蒙者的光环，使他很得人心、广受关注——原因之一是这
308 份报告使大众知晓宫廷花掉了国家财政预算的 6%。正当内克开始使国王掌控领地和关税、取消官职买卖时，包税人和宫廷贵族组成的强大联盟令他在 1781 年 5 月被解职。

① 显贵会议：又译名人会议等，法国国王召集的特殊咨询会议，由国王从神职人员、贵族和上层资产阶级中挑选代表。

1783 年接任该职的是夏尔·亚历山大·德·卡洛讷（Charles Alexandre de Calonne）。这位经验丰富的督办官消除了对国内贸易的束缚，使它焕发生机，但也因为大肆发行公债而使国家赤字在 1786 年上升到了惊人的数额，据估计有 12.5 亿 ~27 亿利弗尔之多。内克身边的一群金融家对国王提出警告，于是国王不让卡洛讷发行公债，卡洛讷则建议国王召开一次亲政府的显贵会议，让这次会议颁行更严厉的措施（比如剥夺特权或者加税）。1787 年 2 月底，144 名代表（几乎全是贵族）确实会聚于凡尔赛宫。但他们不同意卡洛讷的计划。为了对付卡洛讷，德·拉法耶特侯爵——他不久前还是乔治·华盛顿的副官——主张召集“真正的国民议会”，[4] 建立监督王室财政的贵族委员会。巴黎高等法院支持他。联手贵族解决危机的尝试随之彻底失败。在特权者、宫廷和王后的压力下，国王在 1787 年 4 月初将卡洛讷解职，“国王曾保证会坚定地支持他，杜尔哥也得到过这种承诺”。[5]

卡洛讷的继任者是艾蒂安·夏尔·德·洛梅尼·德·布里耶纳（Étienne Charles de Loménie de Brienne），他从 1787 年起担任桑斯（Sens）总主教。布里耶纳在显贵会议上曾经是最坚定的反卡洛讷派领袖之一，此时的他却几乎原封不动地采纳了卡洛讷的方案，比如计划向特权者征税、开征印花税等。布里耶纳试图以暴力手段消除迅速出现的阻力。1787 年 8 月初，巴黎高等法院撤销了前一天靠国王在场强行注册通过的一项法令，布里耶纳则在一周后让国王把巴黎高等法院流
放至特鲁瓦（Troyes）。其他地方的高等法院和巴黎的民众马 309
上采取行动。大规模集会升级为激烈的巷战。军队花了一周才把动乱镇压下去。布里耶纳妥协并召回了巴黎高等法院。而巴黎高等法院此时阻止一切发行新公债的尝试。它还在 1788 年 5 月 3 日发布了关于君主制根本法的宣言——“它是君主制的

传统法律原则、个人的自由和安全原则，效法英美由议会审批国家预算的原则和议会诉求的混合物”。[6] 国王则强迫高等法院注册通过一套彻底的司法改革：高等法院将被剥夺权力，失去一切政治权利，被全权法院（Cour plénière）取代。

后续事件被学术界视为法国大革命之始，即“贵族的革命”[7]。高等法院在若干省份组织武装暴动。它们让开明的时评人煽动民众；让步兵恐吓忠于国王的公务员，以暴力手段阻止他们推行任何改革。高等法院及其支持者在各处呼吁召开三级会议——这是一种历史悠久的全会，与会者是来自王国各司法管辖区、由选举产生的三个等级的代表。中世纪以来，每当君主制陷入严重危机，三级会议总会召开。

国王当然想避免这种让王室丢脸的事，然而以下事件迫使政府让步：法国不得不对普鲁士入侵荷兰袖手旁观，因为它没钱派兵干预。1788 年 8 月初，政府决定放弃全权法院并于 1789 年 5 月 1 日召开三级会议。两周之后，政府又不得不宣布国家部分破产，即停止偿付 6 周，于是布里耶纳也扛不住了。所有的政治阵营——甚至包括佩剑贵族——都在激烈地抨
310 击他。这种引人注目的团结鲜明地体现了王室、宫廷和城市之间的对立发展到了全新的层次。

1788 年 8 月 25 日，布里耶纳下台。两天之后，雅克·内克重新出任总监。在他忙着发行新公债、取消布里耶纳的司法改革的时候，三级会议的准备工作正在进行。这并不容易——上次召开三级会议还是在 1614 年，所以当时已经没有会议流程的亲历者了，而在这类会议的流程中，每个所谓的细节都可能具有极其重要的象征意义。尽管王室档案管理员试图尽量还原 1614 年三级会议的流程，但是那次会议和即将召开的会议的关键差别依旧非常明显：本次会议面对的公众规模将大得多。

在过去的几个月里，关注三级会议的公众明显变多了。尤其是在最重要的沙龙里——德皮奈夫人（d'Épinay）和内克夫人的沙龙——思想倾向各异的知识分子讨论着自由贸易和国家融资问题。新的期刊出版了，还有无数的小册子和传单，其中就有那篇1789年1月问世的论战意味十足的著名悼文，即开明的教会高层人物西耶斯（Sieyès）神父为自身所属的等级和贵族等级作的悼词："第三等级是什么？是一切。迄今为止，第三等级在政治秩序中的地位是什么？什么也不是。第三等级要求什么？要求取得某种地位。"西耶斯认为第三等级受到了歧视，然而它具备一切"组成国家的必要条件"："没有特权等级，第三等级将会是什么？是一切，是自由的欣欣向荣的一切。没有第三等级，将一事无成，没有特权等级，一切将更为顺利。"[8][①]——这是一位特权者对自身所属等级的斩钉截铁的否定，它鲜明地体现了1789年初传统精英的观点，预示革命即将到来。

## 2　启蒙的变化 311

自从启蒙的观点、标准和策略主宰了上述讨论，启蒙终于成了大型的、受欢迎的运动。但是最重要的是，它成了政治事件。18世纪中期之前，尽管启蒙具有普适性，它依然被大致视为特定群体的见解（比如贵族、绅士、公务员、作家、进步的神学家），此时的启蒙却真的成了跨越等级的社会符码，任何想在公共话语中获得成功的人都必须有能力运用启蒙的核心概念（理性、自由、民族、自然，等等）。于是此时的启蒙似乎

① 原书作者引用的德译本与法语原文有差异，此处直接引用法语原文的汉译。汉语译文引用自《第三等级是什么？》冯棠译本。

要从批判教条的技巧变成教条本身——变成一种“专制的”正统观念，试图把自己的规则强加给所有人。

新一代的启蒙者想跟这类倾向划清界限：他们强行推广前人的见解，把前人的见解变得极端且绝对。前人对某些传统要素的批判可能会变成彻底拒绝一切旧俗，对《圣经》启示的怀疑可能会变成气势汹汹的反教权主义，自然科学式的世界观可能会变成自成体系的感官论（Sensualismus）和唯物主义，对自由的热爱和对政治—社会等级制的开明批判可能会变成高调的无政府主义和个人主义，信奉自然神论的自由思想家（free-thinker）可能会变成不信神的“放荡主义者”（Libertin）。

否定式思考成了时尚。人们就爱把资产阶级一致认可的社会、文明和文化的根基——真理、道德、灵魂不死——晾在一边。保尔·提利·霍尔巴赫（Paul Thiry d’Holbach）的《自然的体系》（*Système de la nature*, 1770 年）表示国家不过是由许多个人组成的异质性集体，朱利安·奥弗雷·德·拉美特利（Julien Offray de La Mettrie）医生早在 1750 年前
312 后就将人定义为耽于享乐的机器，集各种盲目且自私的欲望于一身［《人是机器》（*L’Homme machine*），1747 年］，而当时最重要的博物学家德·布封（de Buffon）伯爵则将人类归入动物王国［《自然史》（*Histoire naturelle*），32 卷，1749~1789 年］。

不过上述极端言论保持着戏谑的、表演式的特征。它们源于一些青年哲学家对自身处境的反映：他们想在懂行的大城市受众面前做试验，看看自己能走多远。不同于老一辈的启蒙者，他们很少思考自己的理论的可行性、益处或者影响。他们更看重极端、挑衅和吊诡带来的乐趣。“风趣的游戏把一切都拉平了，”塔列朗在回忆录中如此追忆 18 世纪 80 年代，“进身之阶，也就是等级制和优良秩序的有力保障，不复存在。所

有的年轻人都觉得自己有本事管理国家。大臣不论采取什么措施都挨批评。国王和王后的私下举动在巴黎的沙龙里成为谈资，几乎总会被人谴责。年轻的淑女不断议论政府的各个部门。（……）当时大家都希望削弱王权。每个人都觉得政府管得太多。那时或许是我们在人类史上受约束最少的阶段，那时的每个人——作为个体或者集体成员——都在大幅跨越自己的界限。”[9]

这类或多或少有象征意味的越界表演以及挑衅仪式越发倾向于以讽刺的方式颠覆启蒙本身的价值观和典范，我们可以从新式启蒙的偶像及标志人物让·雅克·卢梭（1712~1778）身上看到这点。他出身于日内瓦的钟表匠家庭，早年生活无着，受到一位母亲般的情妇教养，当过家庭教师、秘书和作曲家，1741 年在巴黎被狄德罗发现及提携，受托撰写《百科全书》中的音乐条目。卢梭是一个疑心重重的神经官能症患者，他把自己定义为彻底的局外人，却很快成了巴黎沙龙里的明星，因为他善于冒犯自己的受众，用启蒙的惯用表达抨击它自己。这 313
位极其高产的作家写下的一切都成了世界名著。

卢梭的写作事业始于 1750 年。当时第戎科学院悬赏征文，主题是科学和艺术的进步是否改善了风俗。卢梭在他的著名回应（《论科学与艺术》，1750 年）里给出了明确的否定答案，还提出了如下论点：现代社会的成就破坏了自然的纯洁，还使“骄奢淫逸和奴役”比比皆是。现代文明，尤其是它发明财产的举动（约翰·洛克曾称赞此举建立了共同体）还致使“一小撮人拥有许多剩余的东西，而大量的饥民则缺乏生活必需品”①[10]，人与人相互憎恨（《论人类不平等的起源和基础》，1755 年）。所以在教育未来的国民时应当使受教育者尽可能久

① 汉语译文引用自《论人类不平等的起源和基础》李常山译本。

地远离堕落的社会，要首先把他们培养成符合自然的纯粹的人（《爱弥儿》，1762 年）。

一个由做好了上述准备的公民组成的理想政治组织应该是什么样，是卢梭 1762 年发表的著作的主题，那一年是法国的失败之年（《社会契约论》，作于 1754 年）。此前的理论认为缔结社会契约的必要前提是个人至少要放弃一部分自由，卢梭的观点则与之相反，他假设契约会维护个人的完整自由。因为他认为这种契约追求的不是将一个个国家成员的无数主观个人意愿［众意（volonté de tous）］集合起来，相反，它以一些价值观的总和为基础：这些价值观对于自由的、具备道德价值的共同生活而言必不可少，必须得到所有人的赞同。有德行的公民会主动地把这种“公意”（volonté générale）变成自己的意志。公民的自由就是来自这种行为以及不断认可这种行为的
314 觉悟。公民的自由为自主以及服从“契约”之间看似矛盾的互动奠定了基础，因为“契约”只会要求自由的个人去做他情愿且主张的事情。所有人都想做一样的、客观上正确的事，这一方面表示国家的每个成员都是自主的，另一方面表示政府几乎不会犯错，它不必继续受监控，“因为它确实追求普遍认可的最优解，也就是所有个体的自由和安全。于是不受限制的个人主义者建立了一个全能的、极权的国家”。[11]

这种观点将国家视为一群主动追求善行者的信念共同体，它根本无法继续接受卢梭身处的世袭制等级国家。卢梭以“民族”的绝对意愿替代君主专制，以他强调的人民主权观念替代由一系列诀窍组成的国家理性。卢梭指出，人民主权只能在共和国当中实现，所以其他任何政体都不具备合法性。

尽管卢梭坚定地反对贵族制的等级社会，他却成了贵族喜爱的思想家。作为极端的否定者，卢梭代表着精英式的、无政府的个人主义，与王室对立的贵族反对派觉得这正是自己的生

活理想。卢梭的受众似乎并不害怕这些理论的具体政治影响。反对君主专制的人恰恰自认有把握控制局势。

废除三权分立——孟德斯鸠那代人还觉得三权分立绝对必要——只是1750年后立刻出现的启蒙危机的例证之一。尽管启蒙在广大群众中成了普适的学说，先锋派知识分子却不看好启蒙的前景，打着“自然理性”（启蒙者眼中最大的权威）旗号的启蒙后的信念遭到了质疑。开明世界公民的教育理想——礼仪——同样受人质疑。卢梭觉得它使人变得雷同且平庸。他 315
在1772年抱怨道——

> 不管人们怎么说，我认为，今天已经没有法国人、德国人、西班牙人和英国人，而只有欧洲人了。大家的兴趣相同，欲望相同，风俗习惯也相同；没有任何一个国家的人民具有由某种特有的制度熏陶而形成的民族特性。大家都在同样的环境中做相同的事。大家都说自己没有私心，其实没有一个不是小人。大家都在说为公众谋幸福（bien publique），其实各个都在为自己谋幸福。大家都在说只要生活过得去就行了，其实各个都在想成为克洛伊索斯（Krösusse）[①]。大家都穷奢极欲，都在追求金钱，以为一有了金钱，就可以想得到什么就得到什么，因此，谁出钱买他们，他们就卖身投靠谁。谁当他们的主人，让他们服从哪个国家的法律，这有什么要紧呢？只要有钱可捞，有女人可勾引，他们无论在哪个国家都感到如同在自己国家一个样。[②][12]

---

① 克洛伊索斯（又写作Krösus或Kroisos，约前590~约前541）：吕底亚末代国王，以富有和慷慨闻名。

② 汉语译文引用自《论波兰的治国之道及波兰政府的改革方略》李平沤译本，略有改动。

新一代人继续这样思考：卢梭感伤的悲剧爱情小说《新爱洛伊丝》（1761 年）以及理查逊（Richardson）和普雷沃（Prévost）神父[①]的多愁善感的小说膜拜崇高的感情，法国军官皮埃尔－安布鲁瓦兹·肖代洛·德·拉克洛（Pierre-Ambroise Choderlos de Laclos）创作于 1782 年的书信体小说《危险关系》是对它们的辛辣戏仿。《危险关系》虚构了一名“放荡主义者”及其同样玩世不恭的熟人之间的书信往来，他们没有激情或欲望，只是出于虚荣心而计划、实施和描述了对两名懵懂无知的受害者的引诱和心灵摧残。与此同时，在巴士底狱坐牢的德·萨德侯爵通过书信体小说《阿丽娜和瓦尔古》（*Aline et Valcour*）用类似题材创作了色情作品。1787 年，洛伦佐·达·彭特（Lorenzo da Ponte）在莫扎特作曲的歌剧《唐璜》里用歌词塑造了一个毫无廉耻的花花公子，此人临死也毫无悔意，因为他重视自由胜过一切。

自然科学及技术的进步之势显而易见——18 世纪 70 年代
316 之后，拉瓦锡（1774 年起）、普里斯特利（Priestley，1775 年）、赫歇尔（Herschel，1782 年）、科特（Cort，1784 年）[②]和许多研究者的发现使自然科学和技术研究经历了革命性的变化，作家们却对曾经鼓舞过莱布尼茨那代人的思想—道德意义上的持续进步理念抱有疑问。从 18 世纪 70 年代起，只有虔敬主义者（比如 G. E. 莱辛 1780 年的《论人类的教育》）和技术至上主义者（比如 J. A. N. 孔多塞 1794 年的《人类精神进步史表纲要》）还会把进步理念当回事。相反，18 世纪最出色

---

① 塞缪尔·理查逊（1689~1761）：英国作家。安托万·弗朗索瓦·普雷沃（1697~1763）：法国作家。

② 约瑟夫·普里斯特利（1733~1804）：英国化学家。威廉·赫歇尔（1738~1822）：德国—英国天文学家、音乐家。亨利·科特（约 1740~1800）：英国冶金学家、企业家。

的历史著作——英国独立学者爱德华·吉本的《罗马帝国衰亡史》(1776~1788年)——把进步理念变成了最辛辣的讽刺。吉本的研究条理分明，旁征博引原始资料和研究文献，讽刺性地颠覆了以基督教取得胜利为主题的传统宏大叙事：他将基督教教义的兴起和传播同民族大迁徙时代的蛮族入侵联系起来，将这两段进程重写成海纳百川、文化昌明的罗马帝国的衰亡史。

与之相反，20年前伏尔泰评论里斯本毁于大地震时丝毫不带讽刺。在一首悲伤的哀歌中，他否认这场灾难具有任何形而上学的意义，只是不断诉说着浓厚的悲观情绪："我们是在烂泥堆之上沉沦的原子，/被死亡吞噬，遭命运嘲笑；/(……)这世界，这骄傲和谬误的舞台，/充满了叨唠着好运的不幸之人。"[①][13] 1759年，伏尔泰让老实人，即同名讽刺小说中年轻幼稚的主人公，以大地震亲历者的身份见证了人类的各类卑鄙行径，而主人公最终心灰意冷，归隐于自家菜园。

卢梭的著名批评再度吊诡地为否定基督教的进步乐观主义及启蒙后的进步乐观主义添砖加瓦。卢梭暗示里斯本的灾难是 317
人类造成的，因为自然不曾"在弹丸之地上建起两万幢六七层高的房子"，也不用对罹难者的数量负责："有多少人死于这场灾难中是因为要去拿衣服、拿文件、拿钱！我们能不能这样说：自身已经成了每个人最不重要的组成部分，要是别的东西都没了，人大概也就没必要自救了？"[14] 而这些疏远了自然及自我的人可能只会把人生视为特殊且无意义的痛苦："富人或许享尽了虚假的欢乐，却不懂得真正的幸福……最爱蹲在家里的作家或许生活最不健康，他们思考得最多，所以最为不幸。"假如伏尔泰去询问"来自某个自由国度"的工匠或者农民，他不会找到任何"对自己的生活不满的人"。[15]

---

① 汉语译文引用自《咏里斯本灾难》蔡思雨译本。

然而当时的年轻人恰恰认为只有系统的科学研究才能挽救人们对未来的信心。地震的消息刚传开，一个名叫伊曼努尔·康德的 32 岁编外讲师就在遥远的柯尼斯堡发表了一篇论文，用地理、地质和物理数据解释了沿海地区为何容易发生地震。对康德而言，即便是出于道德—宗教理由，“研究如此可怕的意外”也是“有教益的”。因为研究告诉人类，“他们没有权利，或者至少不再有权利指望上帝制定的自然法则只会带来好结果”①。[16]更确切地说，人类应当认识到自然不是为他们而存在的，相反，他们自己只是自然的一部分——所以研究“自然在宏观上的完美性的规则”就更重要了。[17]

上述例子首先表明，与西欧的情况不同，启蒙的问题和主题在德国很快得到了高校学者的研究，并且在专业学术领域
318 内得到探讨。这改变了启蒙的性质，把启蒙从文雅、随意的谈话方式变成系统的科学。这一转变如何同时使启蒙深化、完善、升华为学术活动——尤其在文字表达方面——体现于康德 25 年后出版的《纯粹理性批判》（1781 年），该书是康德针对获取真知之可能条件的超验问题的“哥白尼式”突破。康德在书中试图以数学—自然科学的严谨反驳休谟［《人类理解研究》（*Philosophical Essays concerning Human Understanding*, 1748/1758 年）］带来的启蒙后的极端怀疑论。康德消解了传统的理性主义—教条主义和经验主义—怀疑论之间的二元对立，宣布两者是同时相互影响的思考及认知方式。时人普遍觉得认识不可靠，因为它们绝大部分建立在激情的基础上，康德通过强迫开明理性开展条理清晰的自我分析来驳斥这种观点。

不过，为了证明理性的先验认识能力，康德只能放弃开明

① 汉语译文参考《1755 年底震动地球一大部分的那场地震中诸多值得注意的事件的历史和自然描述》李秋零译本，有改动，下同。

哲学家通俗华美的文风，转而使用一种信息量很大、只有专家才能看懂的笔法。康德的偶像卢梭文采斐然，康德的文字却显得佶屈聱牙。不过似乎唯有康德专门发明的这种信息量极大的文风能体现他研究的问题和过程有多复杂。

启蒙后的历史学也有类似情况。18世纪下半叶，人们在神圣罗马帝国的大学里研习的是所谓启蒙历史学（Aufklärungshistorie）——比如施勒策[①]的《世界史之我见》（*Vorstellung seiner Universalhistorie*，1772年）或者加特雷尔[②]的《试论世界通史》（*Versuch einer allgemeinen Weltgeschichte*，1792年）。启蒙历史学的作品也是一系列研究方法先进、结构严谨、妙趣横生，却因为信息量过大而难以阅读的教材纲要。

总结一下，一方面，启蒙的问题和形式、方法和风格进 319
入了大学里研习的科学，使后者发生了翻天覆地的变化，现代的研究原则显然使搜罗型的巴洛克式博学黯然失色；而大学里研习的科学也改变了启蒙的问题和形式、方法和风格。另一方面，启蒙关心具体的政治—社会实践。对于广大民众而言，启蒙成了“大众启蒙”［Volksaufklärung，摩西·门德尔松（Moses Mendelssohn）语］，它的同化作用恰恰将使犹太人受益。作为对大众的启蒙，启蒙关注农村人口的扫盲和基础教育，也注重向较低等级传授有用的知识。与此同时，启蒙也催生了针对资产阶级儿童的各类新式教育学，思想开放的政府支持干劲十足的教育者在示范型学校里检验这些教育学效果如何。

在短短几十年之内，启蒙的公众知晓度——至少在数量层面——提升了，讨论任何具体问题几乎都得用启蒙后的观点和

① 奥古斯特·路德维希·施勒策（August Ludwig Schlözer, 1735~1809）：德国历史学家。

② 约翰·克里斯托夫·加特雷尔（Johann Christoph Gatterer, 1727~1799）：德国历史学家。

口号。然而启蒙越是广泛传播、广为人知，它就越不适合充当精英专用的符码。

## 3 托克维尔的论点

十分紧张地期待三级会议的人不仅有与会代表。在关键问题上，即会议将延续传统按等级表决，还是按人数表决，国王使用手段进行了施压：他允许第三等级获得两倍于特权者的议席，但是没有确定表决模式。按照原计划，三级会议不会讨论这个问题，因为代表的主要任务将是浏览代表带来的所谓陈情书（cahiers de doléances）。三个等级中的每一个都要把无数申
320 述汇编为一份总陈情表。这三份文稿又将被等级代表再次精练总结，成为一部法典，即所谓“法令”（Ordonnanz）。一些陈情小册子已经以印刷品的形式流传许久，得到公开讨论，使三级会议早就具备了政治意义，也使人同情第三等级和国王，普遍反感特权者。1200 名代表在 1789 年 5 月 5 日进入凡尔赛会议厅的场面足以使很多人更加气愤：同贵族和神职人员相反，第三等级只能穿着朴素的深色上衣露面。旁观者不觉得这种差别表达的是敬畏上帝的谦卑之心，而觉得这是歧视。过去象征君主制之团结稳固的现象此时却让人看到了君主制的分崩离析。

我们都知道后续如何。三级会议的代表刚聚齐，形势便开始以真正的革命性速度飞快发展。1789 年 6 月 16 日，第三等级的代表首先宣布自己成立统一的“国民议会”。随着国王认可此举并要求神职人员和贵族参会（1789 年 6 月 27 日），等级社会——现有制度的基础——实际上不复存在。攻占巴士底狱（1789 年 7 月 14 日）之后，国民自卫军成立，革命政府由此掌握行政权。《人权和公民权宣言》（1789 年 8 月 26 日）彻底改变了君主制的性质和自我认知，使其承担一项应当涉及全

人类的道德任务。宫廷被解散，国王一家被人从凡尔赛接到巴黎（1789 年 10 月 6 日）——这是深思熟虑的结果：无所不在的臣民将使统治者听命于自己。

“长 18 世纪”的结尾很短，一个夏季和一个秋季就足以把最先进、最理性、最开明的欧洲国家变成旧制度——一种陈旧、过时、老迈不堪的制度。

第二年，第一等级和第二等级都倒台了。它们在高涨的爱 321
国热情中自愿放弃特权（1789 年 8 月 4~5 日），随后贵族失去头衔（1790 年 7 月 19 日）。神职人员不再构成一个等级，他们把自己的财产交给国家，自此之后，他们要对国家宪法宣誓效忠（1790 年 7 月 12 日 ~11 月 27 日）。同样是在 1790 年秋季，历代国王的心腹大患高等法院悄无声息地解散了（1790 年 9 月 6 日），也没有其他机构取而代之。国民议会制定的宪法（1791 年 9 月 3 日）将国王本身的地位和权力缩减为延搁权。

那些长期困扰专制君主国的棘手问题——赤字、反复发生的饥荒、高昂的军费——此时根本没有被解决，而是令人惊讶地遭到遗忘或者失去了追责对象。筹钱问题起初能通过变卖充公的教会财产及移民财产得到缓解——筹钱也是拿破仑从 1796 年起征服意大利北部的目的之一。与此同时，《全民动员令》（levée en masse，1793 年 8 月）一发布就成了无限征兵的依据，解决了陆军和海军的征兵问题。

细致观察群众心态的托克维尔由此形成关于革命爆发的论点：使路易十六世的政府大难临头的不是消极被动、拒绝改革，而是其反面——处理政治社会问题操之过急，启蒙后的改革热情过分高涨。

托克维尔提出，1750 年前后巴黎周边保王地区的行政行为已经体现了真正的革命狂热。官僚体系的每个成员“都在自己的环境中焦虑兴奋，努力改变处境：追求更好的东西

是普遍现象；但这是一种使人焦急忧伤的追求，引人去诅咒
322 过去，梦想一种与眼前现实完全相反的情况”。[①][18]各省的督办官专注于促进新建道路，扶助有利于奋发有为的中间等级的工农业技术，以求推动本省发展，持续改善弱势人群的生活。“随着1789年的临近，这种对人民贫苦的同情变得更强烈、更轻率。”[19]国王的政府竭力通过各种手段博取民众的好感：为所谓的失职而公开道歉，高调地向较低等级示好并表达敬意，国王和政府公开自我批评，甚至为了更快地实现改革而违法。然而这一切适得其反。随着生活水平的普遍提高，人们的“精神却显得更不稳定，更惶恐不安；公众的不满在加剧；对一切旧规章制度的仇恨在增长”。[20]那些进步特别显著的省份后来恰恰成了革命的中心。相反，在“更好地保持旧制度”的地区，“那里对大革命的反抗最激烈，时间最长久；以至于有人会说，法国人处境越好就越觉得无法忍受”。[21]因为“人们以为苦难不可避免才耐心忍受，而一旦有人出主意想消除苦难，它就变得无法忍受了”。[22]

总而言之，托克维尔觉得路易十六世——“这位善良而不幸的君主”[23]——失败的原因和约瑟夫二世一样。因为他想以过快的速度强行实施数量过多、过于理想化的社会改革；因为他推行某些新政时本身就在革命，这些新政不仅摧毁了以出身定等级的社会及其制度，也摧毁了改革者本人的立足之基。长话短说，使开明专制陷入危机的正是它的开明特征。

## 323 4　环顾各国

旧制度的故事讲完了。然而就“国家竞争与理性”而言，

① 汉语译文引用自《旧制度与大革命》冯棠译本，下同。部分引文略有改动。

1789 年却算不得划时代之年。尽管作为现代之始的大革命爆发引起了许多欧洲知识分子前所未有的重视——至少比 1648 年的和约引发的反响大得多。但是革命来得太快、太出人意料，它过于新颖，以至于难以马上产生革命性的影响。直到法国的外交因为（贵族出身的）外交官的离职而崩溃，法国政府在 1792 年 4 月向欧洲邻国宣战，国际政坛的惯例以及国际政坛和启蒙的关系才有所变化。

## 英 国

当时的专家误判了旧制度灭亡的开端。正如 1917 年大家都等着德国而不是俄国发生革命，1789 年的人相信革命会在大不列颠而不是法国爆发。在大不列颠，大量的政治—社会火星似乎预示着燎原大火：政界因为在美洲的失利而颜面扫地，长期陷于危机；战争债务沉重；1780 年戈登暴动之后，武装骚乱无休无止；日薄西山的大不列颠海军的驻外部队对微薄（且总是被拖欠）的军饷越发不满；陆军缩减至 4.5 万人，难以在世界各地承担防卫任务；在太平洋北部同西班牙发生冲突；爱尔兰出现新乱象。伦敦在美国独立战争末期为了争取都柏林议会支持英格兰而做出的让步——使天主教徒得到基本权 324
利和较大限度的宽容——在爱尔兰起到了反效果：天主教徒组织了一场全民族的，起初甚至跨越信仰的集会活动，计划效仿美国（很快变成效仿法国）把爱尔兰变成共和国。1791 年 10 月在贝尔法斯特成立的爱尔兰人联合会（United Irishmen）将马上得到许多人的响应，从 1795 年夏季起，这个组织的宣传鼓动升级为一场规模庞大的暴动，它以暴力手段加深了信仰冲突。另一个危险的信号是，就连英国政府也对发生在法国的事情感到惊讶，尽管它花钱请米拉波伯爵和声名狼藉的奥尔良公爵菲利普[①]等知名革命领袖传递消息。同样令人忧虑的是，连小威廉·皮特都觉得法国的中央权力在革命形势下被削弱是好事，因为这可能为建立新的均势，甚至为重新缔结沃波尔时期那样的两国同盟创造机会。

## 澳大利亚

最重要的两个西欧国家的危机都在加剧，因为它们的竞争场地——（当时的话叫）“舞台”——与1648年相比再度扩大。奥斯曼人的后撤使欧洲的边界向东南伸展（同时也变得不稳定），与此同时，丰富多样的西印度及东印度贸易往来的共存与冲突催生了一个有着固定路线和节奏的殖民体系，相关国家都想让它的发展对自己有利。太平洋是大不列颠和法国的探险家优先争着考察的对象。1770年，受雇于英国皇家学会的库克船长进入太平洋南部，成为第一个抵达澳大利亚东海岸的欧洲人；1788年1月，一支大不列颠船队把第一批罪犯和娼妓——共776人——送到了专门为他们建立的流放地：现在的悉尼。

325 不过欧洲人在“第五大洲”[②]上依然没遇到有兴趣且有实力参与欧洲国家竞争的非欧洲势力。尽管印度的王公（比如让不列颠害怕的迈索尔的海德尔·阿里）或者印第安人的部落联盟会和某些欧洲民族合作，这些合作同盟的影响力却都不足以波及欧洲本土。原住民同欧洲人结盟本来就不是为了建立帝国，而是为了防御，为了把欧洲入侵者（或许再加上本地的敌人）赶走。

总而言之，尽管全球化初见端倪，欧洲的国家竞争仍是“欧洲”的国家竞争。欧洲仍是欧洲国家体系的基础和关键，然而这个体系依然远不能覆盖全欧洲。更确切地说，这个体系

---

① 指奥尔良公爵路易－菲利普二世（Louis-Philippe II, 1747~1793），他支持法国大革命，人称“平等的菲利普”（Philippe Égalité）。

② 第五大洲：欧洲人过去对澳大利亚的称呼。

是由一些相互交叠、有时互动的小体系组成的。

这些小体系的中心经常恰恰在欧洲的边缘。1648 年以来，关键的变化都发生在欧洲边缘。西班牙在信仰的时代曾是海上霸主、殖民强国，而此时信奉新教的英国取代了它的位置；英国还使另外两个殖民强国葡萄牙和荷兰依赖自己。欧洲东南部发生的另一场势力变化——俄国使奥斯曼帝国败退——更加引人注目。

## 奥斯曼帝国

1770 年之后，奥斯曼帝国不断蒙受损失：失去整个克里米亚半岛、第聂伯河和布格河之间的地区以及黑海上的贸易垄断权。1772 年瓜分波兰也是高门[①]的失败之一，因为这使得俄国——奥斯曼失去的所有地区和权利都落到了它的手中——今后打仗就没有后顾之忧了。奥地利也让奥斯曼帝国担心，因为奥地利在 1789 年顺利进入摩尔达维亚，并在 11 月占领贝尔格莱德。

奥斯曼失败的更深层次原因不完全是军事落后——同俄国 326
一样，奥斯曼政府也让西方军事顾问整顿军队——而是相互敌对的“地方领主”（Talfürst）拼命内斗。这些企图同中央分裂的总督想把自己治理的行省变成独立政权。所以伊斯坦布尔的政府成员对塞利姆三世寄予厚望。这位有文化、有修养的君主 1789 年登基之后马上开始改革军队，他后来将效仿俄国建立一支新的精英部队，替代总爱闹事的禁卫军。

## 俄　国

此时的沙皇俄国甚至成了“西方”改革政策的模板，这体现了俄国在叶卡捷琳娜执政的 30 年间变得何等强大。它把所有竞争对手——除了英国——甩在身后，包括它过去的主要对

① 高门：伊斯坦布尔托普卡珀皇宫的宫门，代指奥斯曼帝国政府。

手瑞典。1788年的情况就是如此。当时俄国在和奥斯曼交界的地方用兵，古斯塔夫三世觉得对驻扎在俄芬边界的俄军进行预防性打击的机会来了。他像北方战争初期的卡尔十二世那样亲自率领海军和部队攻击俄国阵地。然而事实很快表明他高估了自己的军事资源和战略才华。一旦俄军正儿八经地抵抗，瑞典人就只能撤退。北方的均势时代已经一去不复返。

假如俄国的盟友奥地利不嫉妒它占领更多土地，假如这两个东欧大国的竞争对手法国和英国不想竭力阻止它们继续扩张，俄国也许就会以更坚决的手段对付奥斯曼人及其盟友瑞典。所以普
327 鲁士、英国和荷兰在1791年促成了《锡斯托夫和约》。虽然各方都觉得奥斯曼帝国以后必定无药可救，但是欧洲邻国还是希望自己能决定由谁在什么时候以什么方式给它致命一击。于是它们让内部危机重重的奥斯曼帝国在外人看来像是体面的大国。

## 德　国

出于类似的原因，这个位于欧洲中部、外交软弱无力的国家在1806年之前的几十年里经历了一段内部平静安稳的时期。神圣罗马帝国非常混乱，所以任何有兴趣的国家都能在这里获得势力范围，但是任何大国的实力都不足以长期主宰这里。对于“德国”（Teutschland，越来越多的帝国居民带着爱国热情使用这个名称）而言，1789年也不表示重大转折。直到三年之后，随着法国对“波希米亚和匈牙利国王”宣战，神圣罗马帝国才会陷入导致它在1806年灭亡的政治—军事乱局。在这些戏剧性事件发生前不久，神圣罗马帝国的国家法专家和作家还在称赞它保障着大有好处的宽容和“我们西边的邻居还得争取的自由的很大一部分”，称赞它堪称“启蒙和人文主义之进步”的最佳基础。“我们至今（……）在德意志祖国各地享受的内部安宁，”克里斯托夫·马丁·维兰德（Christoph

Martin Wieland）在 1793 年评价道，“已经很能证明我们的制度优势以及执政者和臣民对法律的尊重。它还能反映本民族有稳重的性格和常识。”[24]

根据启蒙后的国家理论的原则，上述“民族精神”和立法的和谐可以极好地保障稳定。因此，就连 1789 年爆发的反对约瑟夫二世粗暴改革的暴动也无法真正动摇有学问的“帝国爱国主义”（Reichspatriotismus）支持者对帝国存续的信心。
只有埃德蒙·伯克等个别敏锐的观察者认为 1772 年瓜分波兰 328
对神圣罗马帝国而言是凶兆，是“欧洲现代政治体系的第一个大裂口”。因为俄国可能取道波兰进攻德国。[25]

受孟德斯鸠的影响，时人认为保护国家的最好办法就是制定不偏不倚、符合受众特征及需求的宪法。不论在何处讨论改革——在深陷暴动的两个尼德兰、在英国和爱尔兰、在加勒比海产糖岛的种植园主以及反叛的奴隶中间——身处旧制度末期的人们都对宪法的力量有着强烈的、近乎宗教信仰的信心。1789 年 6 月 20 日的“网球厅宣誓”以及第一届国民议会的立法努力将充分地体现这种信心。

## 美　国

美利坚合众国的宪法是大家的榜样——但这指的不是 1776 年 7 月 4 日的宪法草案，也不是 1781 年 3 月 1 日的《邦联条例》，后者将美国视为由各个独立邦组成的松散联盟。大家的榜样是彻底修订过的新版宪法，它由在费城召开的制宪会议经过四个月的保密讨论在 1787 年 9 月 17 日颁布。它是美国的第二份奠基文件，起草人是这个年轻的共和国里最著名的政治人物，它以明确的集中制替代此前松散的邦联结构。一位经选举产生、可以被罢免的总统——他必须出生在美国且至少在美国生活过 14 年——担任行政机构的首脑，由参议院和众议院组成的国会

拥有立法权，最高法院是监察机关。政府的协商应当保密。政府的决定对于所有13个联邦州都有约束力。这份宪法将各州居
329 民——不论他们的原籍和社会等级有多大差别——融合为一群“人民”，一个由自由且平等的公民组成的“民族”。

85篇匿名发表的系列文章解释了以上种种可能如何实现、应当如何实现，这批被称为《联邦党人文集》（*Federalist Papers*）的文章在1787年10月至1788年5月刊登于纽约的几家报纸上。同它们的标题相反，它们鼓吹的是新型的集中制。隐藏在罗马共和式笔名“普布利乌斯”（Publius）后面的是亚历山大·汉密尔顿（Alexander Hamilton）、詹姆斯·麦迪逊（James Madison，日后的总统）和约翰·杰伊（John Jay），他们的文风也是古典的，以冷静、务实/实用的态度讨论人们应当如何保护政治自由不受其自身伤害。

在旧欧洲，君主等人也在进行这样的尝试。早在1779年，托斯卡纳大公彼得·利奥波德——神圣罗马帝国皇帝约瑟夫二世的弟弟及后来的继任者——就决定用一部宪法整顿自己生机勃勃的小国家。宪法应当明确区分统治者和臣民的职权，不过，作为选举产生的“民族”代表，臣民要参与一切政府决策和立法行为。1789年，上述大胆尝试因为内部反对而失败。不过一位君主试图用自己的专制决断权去限制该权力本身的决心体现了开明专制的理想及其吊诡之处。

## 波　兰

在君主的推动下，启蒙后的立宪热情恰恰在波兰—立陶宛取得了辉煌却又悲壮的胜利：这个欧洲国家在强权政治方面已经再也没有希望了。它的情况——极度不平等的“国家竞争”的可怕后果——糟透了。过于强大的敌人和潜在的盟友都想分走它的土地。这可能会使1772年被瓜分后元气大伤的国家变

得更加衰弱，使波兰的爱国者更加气馁。面对这种局面，国王斯坦尼斯瓦夫·波尼亚托夫斯基在 1788 年做出了一次大胆的救国尝试：他强迫臣民大力地继续执行改革——1772 年后推行这些改革是试图弥补第一次瓜分造成的损害。 330

趁着俄国忙着同奥斯曼和瑞典打仗，斯坦尼斯瓦夫·波尼亚托夫斯基马上召集“四年议会”。议会创建了政府部门；将常备军规模扩充到 10 万人，成了原来的三倍；完成了对公民权的革命性调整，使无财产的低级贵族失去了参加地方议会的权利，而得到这一权利的是富裕的资产阶级，后者现在有机会得到贵族头衔、贵族庄园，成为国会议员。独特而有力的措施一举将波兰的贵族共和国——封建国家之典型——变成了资产阶级启蒙国家的典范。“不过改革事业的核心是 1791 年 5 月 3 日通过的《政府法案》（Ustawa Rzadowa）——欧洲第一部成文的现代宪法，它宣布波兰成为君主立宪制国家，有世袭的王朝、根据少数服从多数原则决策的国会以及由王室委员会和大臣组成的政府。”[26]《政府法案》承诺赋予市民和农民各类权利，向他们提供保护，宣布实行全面的宗教自由。

就戏剧性而言，这部宪法的颁布甚至超过了两年前的“网球厅宣誓”——

> 1791 年 5 月 3 日，人们在被军队和大批民众包围的国会里宣读了关于波兰即将面临的灾祸的外交报告。国王和伊格纳奇·波托茨基（Ignacy Potocki）对此发表精彩演说，得出必须马上进行宪法改革的结论。只有少数反对派提出异议。大部分人（……）不顾事出仓促吵嚷着认可了准备好的草案。只有 17 人公开反对。其他暗自反对者吓得不敢说话。斯坦尼斯瓦夫·奥古斯特立刻向新宪法宣示效忠。大家涕泗横流。响亮的欢呼感染了街道上的群

> 331 众，统治者和国会成员在欢呼声中进入教堂，为了这一成就而感谢上帝。[27]

同凡尔赛的宣誓者一样，华沙国会里的多数派也知道自己颂扬的自由遭受着严重威胁。但是波兰的贵族共和国恰恰将这生死攸关的时刻包装成了一场具有象征意味的竞赛，主题是加入西方、参与启蒙，于是它胜过了更强大的邻国。一方面，就文明而言，波兰甩开了邻国，它知道自己已经在竞争中获胜，赢得了西方现代国家之典范的美名；另一方面，波兰向法国等潜在西方盟友展示了自己的行动力以及同它们平起平坐的资格，因为波兰也实现了（自上而下）的革命。

然而，正当波兰的爱国者赞美自由，庆祝自己幸运地把可怕的自由否决权换成了极其开明的政治制度，正当他们在舞会和宴席上，在歌剧院和沙龙里享受"生活之甜美"，正当他们命人把华沙变成新的巴黎，俄国、普鲁士和奥地利的总参谋部已经在计划新一轮入侵和下一次瓜分。不到两年后，它们的计划就在1793年1月23日变成了事实；而第三次，也就是对波兰的彻底瓜分发生在1795年10月24日。

*

1809年，在这个波兰国家彻底瓦解14年之后，也就是在拿破仑建立华沙大公国的两年之后，哥廷根的历史学家阿诺尔德·赫尔曼·路德维希·黑伦出版了一本新的教科书。该书将哥伦布发现新大陆和拿破仑加冕为帝之间的时代视为"所谓的政治均势时期"。"在笔者研究欧洲国家体系的历史的时候，"黑伦在前言中写道，"这个体系的主要部分正在崩溃。笔者正是在它的残迹之上撰写它的历史。"[28]

# 参考书目说明

## 1　欧洲国家体系史

欧洲国家体系在 17 世纪开始形成，此后就成了历史—政治研究的对象。Samuel Pufendorf 不仅撰写了大量关于自然法、帝国和瑞典史的著作，还撰写了 *Einleitung zu der Historie der vornehmsten Reiche und Staaten, so itziger Zeit in Europa sich befinde*（Frankfurt a. M. 1682）。开明的 18 世纪知识分子将这类研究发展成专业学科。其巅峰是哥廷根历史学家 Arnold Hermann Ludwig Heeren 撰写的 *Handbuch der Geschichte des Europäischen Staatensystems und seiner Colonien, von der Entdeckung beyder Indien bis zur Errichtung des Französischen Kayserthrons*（1809）。与上述“一概而论型”研究相反，Leopold von Ranke 在 *Die großen Mächte*［1833; hg. v. Ulrich Muhlack（insel taschenbuch, 第 1776 卷）, Frankfurt u. a. 1995］以及 *Über die Epochen der neueren Geschichte*［1854; hg. v. Theodor Schieder und Helmut Berding（Aus Werk und Nachlaß, 第 2 卷）, München u. a. 1971］中，针对强国和近代史的各个阶段，既呈现了个人化的，又呈现了宏大的历史观。

人们至今仍将上述作品视为灵感之源和范例，20 世纪的相关作品尤其深受影响，比如 Max Immich（身后出版）的 *Geschichte des europäischen Staatensystems 1660-1789*（1905, Reprint Darmstadt 1967）和 Werner Näf 对相关时期的严谨研究 *Die Epochen der neueren Geschichte. Staat und Staatengemeinschaft vom Ausgang des Mittelalters bis zur Gegenwart*（Aarau 1945）。

20世纪末及21世纪初对国家体系进行历史研究的杰作是Paul Kennedy的*Aufstieg und Fall der großen Mächte. Ökonomischer Wandel und militärischer Konflikt von 1500 bis 2000*［1987（Fischer Taschenbuch, 第14968卷）, Frankfurt [4]2003］, Lucien Bély的*Les Relations internationales en Europe*（*XVIIe et XVIIIe siècle*）（Paris 1992）, 以及不可不读的权威著作, Paul Schroeder的*The Transformation of European Politics 1763-1848*（Oxford History of Modern Europe, Oxford [2]1996①）。还有Jeremy Black针对18世纪外交的大量个案研究和Brendan Simms近来的作品*Europe. The Struggle for Supremacy, from 1453 to the Present*（London u. a. 2014）以及Hamish M. Scott的*The Birth of a Great Power System, 1740-1815*（Abingdon u. a. [2]2013）。

研究这一时期国际政治的最佳德语著作当数Heinz Duchhardt撰写的*Balance of Power und Pentarchie. Internationale Beziehungen 1700-1785*（*Handbuch der Geschichte der internationalen Beziehungen*, 第4卷, Paderborn 1997）以及*Europa am Vorabend der Moderne. 1650-1800*（Handbuch der Geschichte Europas, 第6卷 = UTB, 第2338卷, Stuttgart 2003）。

## 2 概述

在“总论型”的时代概览作品中，首先值得一提的是Fritz Wagner主编的*Handbuch der europäischen Geschichte*的第4卷（*Europa im Zeitalter des Absolutismus und der Aufklärung*, Stuttgart 1968）, 该书就分析及史料搜集之丰富而言首屈一指；还有Robert Mandrou的佳作*Staatsräson und Vernunft 1649-1775*

① 年份前的上标为本书作者标注版本的格式，原书有些地方有误，译者已纠正。

（Propyläen Geschichte Europas, 第 3 卷 , Frankfurt u. a. 1975），Pierre Chaunu 很有启发性的 *La civilisation de l'Europe des Lumières*（Paris 1971）和 William Doyle 史料扎实的 *The Old European Order 1660-1800*（The Short Oxford History of the Modern World, Oxford 1978）。此外，Heinz Duchhardt 的 *Das Zeitalter des Absolutismus* 尤其值得推荐，这是 *Oldenbourg Grundriß der Geschichte* 丛书中的一册，从第 4 版（2007）起，作者出于术语考虑将其更名为 *Barock und Aufklärung*。值得一读的还有 Walter Demel 富有新意的 *Europäische Geschichte des 18. Jahrhunderts. Ständische Gesellschaft und europäisches Mächtesystem im beschleunigten Wandel*（*1689/1700-1789/1800*）（Stuttgart 2000），Barbara Stollberg-Rilinger 言简意赅的 *Europa im Jahrhundert der Aufklärung*（Universal-Bibliothek, 第 17025 卷 , Stuttgart 2000），Tim Blanning 的 *The Pursuit of Glory: The Five Revolutions that Made Modern Europe: 1648-1815*（Penguin History of Europe, New York 2007）和 Robert von Friedeburg 的 *Europa in der frühen Neuzeit*（Neue Fischer Weltgeschichte, 第 5 卷 , Frankfurt 2012）——该书志在为 Günter Barudios 别出心裁的作品 *Zeitalter des Absolutismus und der Aufklärung*（*1648-1779*）（Fischer Weltgeschichte, 第 25 卷 , Frankfurt 1981）作续。德国 18 世纪研究会的同名会刊（第 1 卷，1976 年及此后若干年）充当着目前德语区的"18 世纪"研究论坛。

## 3　各国

国别史中的断代研究见于一些英美大学出版社出版的历史丛书［始于 *New Cambridge Modern History*，第 5 卷（1961）~ 第 8 卷（1965）］、*Oldenbourg Grundriss der Geschichte* 丛书、（跨学科特点显著的）*Enzyklopädie deutscher Geschichte*, *Hachette*

*Carré Histoire*（如第15卷和第23卷）等法语丛书或者 *Nouvelle histoire de la France moderne*（五卷本）以及 *Enzyklopädie der Neuzeit* 中的概述式条目。历史工具书也很有用，比如由 Jeremy Black 和 Roy Porter 主编的 *Dictionary of Eigenteenth-Century World History*（Blackwell History Dictionaries 1994），François Bluche 的 *Dictionnaire du Grand Siècle*（Paris 1990），Lucien Bély 的 *Dictionnaire de l'Ancien Régime. Royaume de France XVI e-XVIIIe siècles*（Paris 1996），以及 Jean de Vigurie 的 *Histoire et dictionnaire du temps des Lumières, 1715-1789*（Paris[2] 2003）。

在国别史中，Emmanuel Le Roy Ladurie 妙趣横生的 *L'Ancien Régime*（两卷本，Collection Pluriel，第8653/8654卷，Paris 1991）可以为有基础的读者带来阅读乐趣。Peter Wende 的 *Geschichte Englands*（Stuttgart u. a. [2]1995）和不列颠帝国史（München 2008）以及 Brendan Simm 的 *Three Victories and a Defeat. The Rise and Fall of the First British Empire, 1714-1783*（London u. a. [2]2008）是英国研究之典范。

在"德意志"历史方面值得推荐的有 Karl Otmar von Aretin 的 *Das alte Reich. 1648-1806*（四卷本，Stuttgart 1997–2000），Joachim Whaley 的 *The Peace of Westfalia to the Dissolution of the Reich*(=*Germany and the Holy Roman Empire*, 第2卷, Oxford 2013)，Charles Ingrao 的 *The Habsburg Monarchy 1618-1815*（New Approaches to European History, 第3卷, Oxford 1994），以及 Christopher Clark 的重要专著 *Iron Kingdom: The Rise and Downfall of Prussia 1600-1947*（London u. a. 2006）。Catherine Denys 和 Isabelle Paresys 的 *Les anciens Pays-Bas à l'époque moderne（1404-1815）: Belgique, France du Nord, Pays-Bas*（Paris 2007）简明扼要地介绍了比利时、荷兰、卢森堡的前身国家。Jonathan Israel 的 *The Dutch Republic. Its Rise, Greatness, and Fall 1477-1806*（Oxford 1995）是国际公认

的自由尼德兰史之典范。Walter L. Bernecker 和 Horst Pietschmann 提供了关于 *Geschichte Spaniens* 的信息（Stuttgart u. a. 1993），Raphaël Carrasco 的 *L'Espagne classique 1474-1814*（Carré Histoire，第 14 卷 , Paris [3]2006）也是如此。

Ekkehard Eickhoff 的 *Venedig, Wien und die Osmanen – Umbruch in Südosteuropa 1645–1700*（Stuttgart [4]2008）介绍了各国对巴尔干及爱琴海地区的争夺。关于俄国崛起的重要作品是 Klaus Zernack 主编的 *Handbuch der Geschichte Rußlands* 第 2 卷（*1613-1856. Vom Randstaat zur Hegemonialmacht*, Stuttgart 1986）。在瑞典史方面，Michael Roberts 的研究（*The Swedisch Imperial Experiece 1660-1718* , London 1979; *The Age of Liberty. Sweden 1719-1772* , Cambridge u. a. 1986）一直是典范。

介绍欧洲国家在欧洲以外地区竞争的最重要的作品是 Wolfgang Reinhard 的长篇概述 *Die Unterwerfung der Welt. Globalgeschichte der europäischen Expansion 1415-2015*（München 2016），此书是作者对四卷本的 *Geschichte der europäischen Expansion*（Stuttgart 1982–1990）的修订。除此之外，P. J. Marshall 主编的 *Oxford History of the Britisch Empire* 第 2 卷（Oxford u. a. 1998）和他的 *The Making and Unmaking of Empires: Britain, India, and America c. 1750-1783*（Oxford 2005）以及 *Handbuch der Geschichte Lateinamerikas* 的前两卷（Stuttgart 1997 und 1992）也值得一读。涉及和上述主题密不可分的大西洋奴隶贸易现象的入门读物有 Michael Zeuske 的研究（如 *Sklaverei. Eine Menschheitsgeschichte von der Steinzeit bis heute* , Ditzingen 2018）以及 Marcel Dorigny 和 Bernard Gainot 的 *Atlas des esclavages*（Paris [2]2013）。

## 4　人物与事件

本书提及的所有人物几乎都有传记。书目从伏尔泰的《查理十二传》（1731）和温斯顿·丘吉尔的马尔博罗大传（德语版两卷本，1968）等经典作品到新近的研究，比如 Olivier Chaline（Paris 2005）、Martin Wrede（Darmstadt 2015）、Anuschka Tischer（Stuttgart 2016）对路易十四世的研究，不一而足；还有 Theodor Schieder（Frankfurt u. a. 1983）、Johannes Kunisch（München 2004）、Tim Blanning（München 2018）对弗里德里希大王的研究，Barbara Stollberg-Rilinger（München 2017）对玛利亚·特蕾莎的研究，Derek Beales 对约瑟夫二世的研究（两卷本，Cambridge，1987/2009）；Stephan Talty 的 *Empire of Blue Water: Henry Morgan and the Pirates Who Ruled the Carribean Waves*（London u. a. 2007）则是对亨利·摩根那类人物的研究，Gilbert Buti 和 Philippe Hrodej 主编的 *Dictionaire des corsaires et pirates*（Paris 2013）记录了他们的事迹。

周年纪念也会催生专著，比如 Steve Pincus 关于光荣革命的著作 *1688. The First Modern Revolution*（New Haven u. a. 2009），Heinz Duchhardt 等人撰写的关于1697年《赖斯韦克和约》的著作（Mainz 1998），Thierry Sarmant 关于路易十四世去世那年的全球事件的著作 *1775. La France et le monde*（Paris 2014），以及许多关于七年战争的作品，比如 Tom Pocock（London 1998）、Franz A. J. Szabo（Harlow 2008）、Matt Schumann 和 Karl W. Schweizer（London u. a. 2008）、Marian Füssel（München ²2013）、Sven Externbrink（Berlin 2011）、Daniel A. Baugh（Harlow 2011）和 Edmond Dziembowski（Paris² 2018）等。

## 5　启蒙和思想史概况

Paul Hazard 的两部经典著作 *Die Krise des europäischen Geistes 1680-1715*（Hamburg 1939）和 *Die Herrschaft der Vernunft. Das europäische Denken im 18. Jahrhundert*（Hamburg 1949）一直

是研究 18 世纪思想史和观念史的基础，同样重要的还有 Reinhart Koselleck 的 *Kritik und Krise. Eine Studie zur Pathogenese der bürgerlichen Welt*（suhrkamp taschenbuch wissenschaft，第 36 卷，Frankfurt 1973）。直至今日，这些著作和前文提到的 Pierre Chaunu（参见参考书目第 2 部分）视野全面的巨著以及 Jean Starobinski 底气十足，就分析之犀利、文风之明晰而言无与伦比的启蒙文化史著作 *Die Erfindung der Freiheit. 1700-1789*（Genève 1964）共同为所有针对“启蒙”现象的研究奠定了基础。

对于以历史的眼光看待启蒙，Panajotis Kondylis 的 *Die Aufklärung im Rahmen des neuzeitlichen Rationalismus*（dtv，第 4450 卷，München 1986）一直具有同样重要的意义。Jonathan Israel 关于“极端”启蒙的著作目前已有四卷：*Radical Enlightenment*（Oxford 2001）、*Enlightenment Contested*（Oxford 2006）、*A Revolution of the Mind*（Princeton u. a. 2010）、*Democratic Enlightenment*（Oxford u. a. 2011）。作者坚持将启蒙等同于斯宾诺莎主义影响史的观点较为片面，但他极其熟悉世界各地的原始资料和专业文献。Steffen Martus 在 *Aufklärung. Das deutsche 18. Jahrhundert – ein Epochenbild*（Reinbek bei Hamburg 2018）中对该时期的德语区文化做了内容丰富的概述。Ulrich Im Hof 风趣的长篇随笔 *Das Europa der Aufklärung*（München 1993）概述的是同期的欧洲文化。Kim Sloan 和 Andrew Burnett 主编的一份大英博物馆目录揭示了启蒙的科学维度，见 *Enlightenment. Discovering the World in the Eighteenth Century*（Washington, D. C./London 2003）。

关于作为开明之辩的场所、对象和牺牲品的教会，一些大型丛书中的相关几卷值得推荐。比如 *Geschichte des Christentums. Religion – Politik – Kultur*（Freiburg u. a.）的第 9 卷［Marc Venard 主编，*Das Zeitalter der Vernunft*（*1620/30-1750*）（1998）］和第 10 卷［Thomas Bremer/Bernard Plongeron 主编，*Aufklärung,*

*Revolution, Restauration*（*1750-1830*）（2000）］以及 *Handbuch der Kirchengeschichte*（同上）中的第5卷［Wolfgang Müller等，*Die Kirche im Zeitalter des Absolutismus und der Aufklärung*（[3]1985）］，还有Peter Hersche对于 *Italien im Barockzeitalter 1600-1750. Eine Sozial- und Kulturgeschichte*（Köln u. a. 1999）的典范式研究。

Norbert Elias的经典著作 *Die höfische Gesellschaft. Untersuchungen zur Soziologie des Königtums und der höfischen Aristokratie* 分析了宫廷和宫廷中的公众。入门读物有 *Soziologie und Geschichtswissenschaft*［（suhrkamp TB wissenschaft，第423卷），Frankfurt 1983］，Jean-François Solnon的典范之作 *La Cour de France*（Paris 1996）以及Leonhard Horowski的重要群体传记 *Die Belagerung des Thrones. Machtstrukturen und Karrieremechanismen am Hof von Frankreich 1661-1709*［（Beihefe der Francia，第74卷），Ostfildern 2012］。Barbara Stollberg-Rilinger的 *Des Kaisers alte Kleider. Verfassungsgeschichte und Symbolsprache des Alten Reiches*（München 2008）研究礼仪、政治仪式和象征性政策。

Benedetta Craveri的 *L'âge de la conversation*（Paris 2002；原版Milano 2001）叙述了城市沙龙的竞争—互补作用。Dominique Poulot清新活泼的著作 *Les Lumières*（Paris 2000）也特别关注启蒙的场所、媒体、机构和参与者。Daniel Roche内容丰富的著作 *Les circulations dans l'Europe moderne. XVIIe- XVIIIe siècles*（Paris 2011）包含对变动性作为开明公众之前提的重要研究。

对于几年前饱受争议的范畴——"专制"，Ronald G. Asch和Heinz Duchhardt编辑的文集 *Der Absolutismus – ein Mythos? Strukturwandel monarchischer Herrschaft in West- und Mitteleuropa*（*ca. 1550-1700*）（Köln u.a. 1996）以及Lothar Schilling的概述 *Absolutismus, ein unersetzliches Forschungskonzept? Eine Deutsch-französische Bilanz*（München 2008）能为读者提供信息。François Bluche的

*Le despotisme éclairé* [(Pluriel 第 8442 卷), Paris ²1993] 是一部经典著作；Ernst Hinrichs 的 *Fürsten und Mächte. Zum Problem des europäischen Absolutismus*（Göttingen 2000）以及 Helmut Reinalter 和 Harm Klueting 的 *Der aufgeklärte Absolutismus im europäischen Vergleich*（Wien u.a. 2002）也值得一读。

Thomas DaCosta Kaufmann 的 *Höfe, Klöster und Städte. Kunst und Kultur in Mitteleuropa 1450-1800*（Köln 1998）提供了对近代早期政权的标志性建筑的丰富研究。T. C. W. Banning 的 *The Culture of Power and the Power of Culture. Old Regime Europe 1660-1789*（Oxford 2003）则以音乐为例，研究了“力量文化”和“文化力量”的相互影响。

尽管出现了若干更新的同类作品，Iring Fetscher 和 Herfried Münkler 主编的 *Pipers Handbuch der politischen Ideen* 的第 3 卷（*Neuzeit: Von der Konfessionskriegen bis zur Aufklärung*, München u.a. 1985）仍是以作为政治哲学之启蒙为主题的重要简编教材。关于德国国家思想的必读书是 Michael Stolleis 的著作，尤其是他的 *Geschichte des öffentlichen Rechts in Deutschland*（München 1988）的第 1 卷（*Reichspublizistik und Policeywissenschaft 1600-1800*）以及他主编的系列人物介绍 *Staatsdenker im 17. und 18. Jahrhundert. Reichspublizistik. Politik. Naturrecht*（Frankfurt ²1987）。同样重要的作品还有 Eduard Fueter 至今未被超越的杰作 *Geschichte der neueren Historiographie*（München u.a. 1936；重印版 Zürich u.a. 1985）和 Walter Rüegg 主编的 *Geschichte der Universität in Europa* [与本书内容相关的是第 2 卷 *Von der Reformation zur Französischen Revolution* (*1500-1800*), München 1996]。

# 注 释

## 前 言

1. Roland Mortier, Pourquoi je suis dix-huitiémiste?, in: ders., Le Coeur et la Raison. Recueil d'études sur le dix-huitième siècle, Oxford/ Bruxelles/ Paris 1990, S. 1–9, hier S. 3, spricht von der *vertu stimulante* des 18. Jahrhunderts.
2. Georg Friedrich Rebmann 1805, zit. n. Daniel Fulda, Gab es ‹die Aufklärung›? Einige geschichtstheoretische, begriffsgeschichtliche und schließlich programmatische Überlegungen anlässlich einer neuerlichen Kritik an unseren Epochenbegriffen, in: Das achtzehnte Jahrhundert, Bd. 37 (2013), S. 11–25, hier 24.

## 第一章 18 世纪国家面面观

1. Anton Friedrich Büsching, Neue Erdbeschreibung. Erster Theil, Vierte Auflage, Hamburg 1760, S. 94–114, hier 94.
2. Ebd., S. 114.
3. Ebd., S. 113.
4. Ebd., S. 113.
5. Ebd.
6. Dieses und das folgende Zitat nach: Pierre Chaunu, La civilisation de l'Europe des lumières (Champs Flammarion; Bd. 116), Paris 2003, S. 36 f.
7. Zit. n. Volker Steinkamp, L'Europe éclairée. Das Europa-Bild der französischen Aufklärung (Analecta Romanica, Bd. 67), Frankfurt 2003, S. 48.
8. Johann Gottfried Herder, Ideen zur Philosophie der Geschichte der Menschheit (Werke. Hg. v. Wolfgang Proß, Bd. 3/1), München 2002, S. 712.
9. Zit. n. Steinkamp, L'Europe (wie Anm. 7), S. 86.
10. Arnold Hermann Ludwig Heeren, Handbuch der Geschichte des Europäischen Staatensystems und seiner Colonien, von der Entdeckung beyder Indien bis zur Errichtung des Französischen Kaiserthrons. Nach der neuesten Ausgabe (Bibliothek historischer Classiker aller Nationen, Bd. 2), Wien 1817, S. XIII.
11. Johann Pezzl, Skizze von Wien. Ein Kultur- und Sittenbild aus der josefinischen Zeit. Hg. v. Gustav Gugitz und Anton Schlossar, Graz 1923, S. 14.
12. Zit. n. Steinkamp, L'Europe (wie Anm. 7), S. 35.
13. Voltaire, Essai sur les moeurs et l'esprit des nations et sur les principaux faits de l'histoire depuis Charlemagne jusqu'à Louis XIII. Hg. v. René Pomeau, 2 Bde., Paris 1963, hier Bd. 2, S. 806.
14. Zit. n. Steinkamp, L'Europe (wie Anm. 7), S. 98 f.

15. Adam Ferguson, Versuch über die Geschichte der bürgerlichen Gesellschaft. Hg. u. eingeleitet von Zwi Batscha und Hans Medick (suhrkamp taschenbuch wissenschaft, Bd. 739), Frankfurt 1988, S. 455.
16. Louis XIV, Mémoires.[…] Textes présentés et annotés par Jean Longnon, Paris 1978, S. 40 («[…] leur prémier fondement était de rendre ma volonté bien absolue, par une conduite qui imprimât la soumission et le respect»
17. Barbara Stollberg-Rilinger, Maria Theresia. Die Kaiserin in ihrer Zeit. Eine Biographie, München 2017, S. 186. Vgl. dies., Vormünder des Volkes? Konzepte landständischer Repräsentation in der Spätphase des Alten Reiches (Historische Forschungen, Bd. 64), Berlin 1999.
18. Jean Bodin, Sechs Bücher über den Staat. Übersetzt und mit Anmerkungen versehen von Bernd Wimmer. Eingeleitet und hg. von P. C. Mayer-Tasch, Bd. 1, München 1986, S. 523 (= III, 7).
19. Hamish M. Scott, The Birth of a Great Power System, 1740–1815, Abingdon/New York ²2013, S. 137.
20. Louis XIV, Mémoires (wie Anm. 16), S. 279: «L'intérêt de l'État doit marcher le premier.»
21. Instruktion an Finckenstein, Berlin, 10. Januar 1756, zit. n. Reinhold Koser, König Friedrich der Große, Bd. 2, Stuttgart/Berlin 1903, S. 53.
22. J. H. G. von Justi 1758, zit. n. Martin Fuhrmann/Diethelm Klippel, Der Staat und die Staatstheorie des aufgeklärten Absolutismus, in: Helmut Reinalter/Harm Klueting (Hgg.), Der aufgeklärte Absolutismus im europäischen Vergleich, Wien/Köln/Weimar 2002, S. 223–243, hier 235.
23. Ebd., S. 236.
24. Stefan Jordan, Art. Sattelzeit, in: Friedrich Jaeger (Hg.), Enzyklopädie der Neuzeit, Bd. 11, Stuttgart/ Weimar 2010, Sp. 610–613.
25. Gottfried Wilhelm Leibniz, Ermahnung an die Teutschen ihren verstand und sprache beßer zu üben, samt beygefügten vorschlag einer Teutsch-gesinnten gesellschaft (1679/80), in: Notker Hammerstein, (Hg.), Staatslehre der Frühen Neuzeit (Bibliothek der Geschichte und Politik, Bd. 16 = Bibliothek deutscher Klassiker, Bd. 130), Frankfurt 1995, S. 984–1009, hier S. 1008.
26. Georg Christoph Lichtenberg, An Ernst Gottfried Baldinger, Kew, 10. Januar 1775, in: ders., Briefe (Schriften und Briefe, Bd. 4), Frankfurt 31994, S. 208–219, hier 210.
27. Ulrich Muhlack, Die Frühe Neuzeit als Geschichte des europäischen Staatensystems, in: Renate Dürr/Gisela Engel/Johannes Süßmann (Hgg.), Eigene und fremde Frühe Neuzeiten. Genese und Geltung eines Epochenbegriffs (Historische Zeitschrift, Beiheft 35), München 2003, S. 23–41, hier 28 f.
28. Heinz Duchhardt, Balance of Power und Pentarchie. Internationale Beziehungen 1700–1785 (Handbuch der Geschichte der Internationalen Beziehungen, Bd. 4), Paderborn 1997, S. 110.
29. Heinz Duchhardt, Europabewußtsein und politisches Europa-Entwicklungen und Ansätze im frühen 18. Jahrhundert am Beispiel des Deutschen Reiches, in: August Buck (Hg.), Der Europa-Gedanke (Reihe der Villa Vigoni, Bd. 7), Tübingen 1992, S. 120–131, hier 120.
30. Werner Näf, Die europäische Staatengemeinschaft in der neueren Geschichte (Schweizerische Vereinigung für internationales Recht, Druckschrift Bd. 37), Zürich/ Leipzig 1943, S. 17 f.
31. Paul W. Schroeder, The Transformation of European Politics 1763–1848 (Oxford

History of Modern Europe), Oxford [2]1996, S. 5.

## 第二章　两幅全景

1. Zit. n. Francesco Benigno, Rethinking the Crisis of the Seventeenth Century, in: ders., Mirrors of Revolution. Conflict and Political Identity in Early Modern Europe (Late Medieval and Early Modern Studies, Bd. 16), Turnhout 2010, S. 89–136, hier S. 126.
2. Samuel Pufendorf, De statu imperii Germanici / Bericht von der wahren Beschaffenheit und Zustand des teutschen Reichs (1667/69), in: Hammerstein (Hg.), Staatslehre (wie Anm. 25 zu Kap. I), S. 567–931, hier S. 830.
3. Vgl. Peter Englund, Verwüstung. Eine Geschichte des Dreißigjährigen Krieges, Reinbek bei Hamburg 2013, S. 714.
4. Ekkehard Eickhoff, Venedig, Wien und die Osmanen. Umbruch in Südosteuropa 1645–1700, Stuttgart [4]2008, S. 100.
5. Jacob Burckhardt, Historische Fragmente. Aus dem Nachlaß gesammelt von Emil Dürr. Mit Noten von Michael Bischoff (Die Andere Bibliothek, Bd. 38), Nördlingen 1988, S. 249.

## 第三章　路易十四世时代

1. Louis XIV, Mémoires (wie Anm. 16 zu Kap. I), S. 53: «Le désordre régnait partout.»
2. Zit. n. Rotraud von Kulessa, Art. Querelle des anciens et des modernes, in: Joachim Jacob / Johannes Süßmann (Hgg.), Das 18. Jahrhundert. Lexikon zur Antikenrezeption in Aufklärung und Klassizismus (Der Neue Pauly. Supplemente, Bd. 13), Stuttgart 2018, Sp. 737–744, hier Sp. 739.
3. Nikolaus Harnoncourt, Musik als Klangrede. Wege zu einem neuen Musikverständnis. Essays und Vorträge, Salzburg/Wien [4]1984, S. 194 ff. Das Folgende ebd. 195.
4. Johann Bernhard Fischer von Erlach, Entwurff einer Historischen Architectur …, Wien 1721 (Reprint mit einem Nachwort von Harald Keller [Die bibliophilen Taschenbücher, Bd. 18], Dortmund 1978), Tafel 103.
5. Johann Gustav Droysen, Vorlesungen über das Zeitalter der Freiheitskriege. Erster Theil. Zweite Auflage, Gotha 1886, S. 110 f.
6. Harnoncourt (wie Anm. 3), S. 227 und 229.
7. Zit. n. Harold Nicolson, Das Zeitalter der Vernunft, München u. a. 1961, S. 179. Vgl. Derek Beales, Religion and culture, in: T. C. W. Blanning (Hg.), The Eighteenth Century. Europe 1688–1815 (The Short Oxford History of Europe), Oxford 2000, S. 131–177, hier S. 141.
8. Zit. n. Nicolson (wie Anm. 7), S. 180.
9. Stefanie Stockhorst, Doing Enlightenment. Forschungsprogrammatische Überlegungen zu ‹Aufklärung› als kultureller Praxisform, in: Das achtzehnte Jahrhundert, Bd. 42 (2018), S. 11–29, hier S. 28.
10. «Reason is, and ought only to be the slave of the passions, and can never pretend to any other office than to serve and obey them», A Treatise on Human Nature, zit. n. Birgit Neumann/ Barbara Schmidt-Haberkamp, Emotionen, Wissen und Aufklärung-Gefühlskulturen im Großbritannien des 18. Jahrhunderts, in: Das achtzehnte Jahrhundert, Bd. 39 (2015), S. 139–149, hier 142 f.
11. Jean Starobinski, Die Erfindung der Freiheit. 1700–1789, Genève 1964, S. 10.

## 第四章 第二次三十年战争

1. Zit. n. François Lebrun, Le XVIIe siècle, Paris 1967, S. 248.
2. Werner Näf, Die Epochen der neueren Geschichte. Staat und Staatengemeinschaft vom Ausgang des Mittelalters bis zur Gegenwart, Bd. 1, Aarau 1945, S. 321.
3. Ebd., S. 322.
4. Leopold von Ranke, Die großen Mächte. Politisches Gespräch. Hg. v. Ulrich Muhlack (insel taschenbuch, Bd. 1776), Frankfurt und Leipzig 1995, S. 29 f.
5. Chaunu, Civilisation (wie Anm. 6 zu Kap. I), S. 44.
6. Zit. n. Monique Cottret, Art. Absolutisme, in: Lucien Bély (Hg.), Dictionnaire de l'Ancien Régime. Royaume de France XVIe-XVIIIe siècle, Paris 1996, S. 8 f., hier 8.
7. Reinhart Koselleck, Kritik und Krise. Eine Studie zur Pathogenese der bürgerlichen Welt (suhrkamp taschenbuch wissenschaft, Bd. 36), Frankfurt 1973, S. 89.
8. Peter Wende, Geschichte Englands, Stuttgart/ Berlin/ Köln 21995, S. 169.
9. Burckhardt, Fragmente (wie Anm. 5 zu Kap. II), S. 269.

## 第五章 关键年份

1. Brendan Simms, Europe. The Struggle for Supremacy, 1453 to the Present, London u. a. 22014, S. 64.
2. Ebd., S. 66.
3. Heeren, Handbuch (wie Anm. 10 zu Kap. I), S. 277.
4. Näf, Epochen (wie Anm. 2 zu Kap. IV), S. 340.
5. Ranke, Mächte (wie Anm. 4 zu Kap. IV), S. 33.
6. Carl Schmitt, Land und Meer. Eine weltgeschichtliche Betrachtung, Köln-Lövenich 1981, S. 86–89.

## 第六章 欧洲的海外影响

1. Horst Pietschmann, Die iberische Expansion im Atlantik und die kastilisch- spanische Entdeckung und Eroberung Amerikas in: ders. u. a. (Hgg.), Mittel–, Südamerika und die Karibik bis 1760 (Handbuch der Geschichte Lateinamerikas, Bd. 1), Stuttgart 1994, S. 207–273, hier S. 247.
2. Schmitt, Land (wie Anm. 6 zu Kap. V), S. 43.
3. Ebd.
4. Jürgen Osterhammel, Sklaverei und die Zivilisation des Westens (Carl Friedrich von Siemens Stiftung. Themen Bd. 70), München 22009, S. 30. Vgl. Wolfgang Reinhard, Die Unterwerfung der Welt. Globalgeschichte der europäischen Expansion 1415–2015, München 2016, S. 446 f.
5. Osterhammel, Sklaverei (wie Anm. 4), S. 50.
6. Wolfgang Wimmer, Die Sklaven. Eine Sozialgeschichte mit Gegenwart, Reinbek bei Hamburg 1979.
7. Reinhard, Unterwerfung (wie Anm. 4), S. 581.
8. Zit. n. Hans Christoph Buch, Die Scheidung von San Domingo. Wie die Negersklaven von Haiti Robespierre beim Wort nahmen (Wagenbachs Taschenbücherei, Bd. 20), Berlin 1976, S. 45.
9. Zahlen nach Heiner Haan/ Gottfried Niedhart, Geschichte Englands vom 16. bis zum 18. Jahrhundert (Geschichte Englands in drei Bänden, Bd. 2), München 22002, S.

103; Marcel Dorigny, Atlas des premières colonisations. XV$^{e}$-début XIX$^{e}$ siècle: des conquistadores aux libérateurs, Paris 2013, S. 60 f.; Reinhard, Unterwerfung (wie Anm. 4), S. 581.–Zitat: Osterhammel, Sklaverei (wie Anm. 4), S. 30.

## 第七章　平静岁月：1715~1739 年

1. Voltaire, Précis du siècle de Louis XV, in: ders., OEvres historiques. Édition présentée, établie et annotée par René Pomeau (Bibliothèque de la Pléiade, Bd. 128), Paris 1978, S. 1297–1571, hier 1310 und 1307.
2. Wende, Geschichte (wie Anm. 8 zu Kap. IV), S. 179.
3. Chaunu, Civilisation (wie Anm. 6 zu Kap. I), S. 138.
4. Hans Schmidt, Karl VI. 1711–1740, in: Anton Schindling/Walter Ziegler (Hgg.), Die Kaiser der Neuzeit 1519–1918. Heiliges Römisches Reich, Österreich, Deutschland, München 1990, S. 200–214, hier 211.
5. Vgl. unten S. 204.
6. Diese und die folgenden Nachweise beziehen sich jeweils auf Buch und Kapitel in: Charles de Secondat, Baron de La Brède et de Montesquieu, De l'esprit des lois [1748], in: ders., Oevres Complètes. Texte présenté et annoté par Roger Caillois, Bd. 2 (Bibliothèque de la Pléiade, Bd. 86), Paris 1951, S. 225–995.
7. Vgl. unten S. 300.

## 第八章　欧洲的世界大战

1. Vgl. oben S. 163.
2. Theodor Schieder, Friedrich der Große. Ein Königtum der Widersprüche, Frankfurt/ Berlin/ Wien 1983, S. 140.
3. Wende, Geschichte (wie Anm. 8 zu Kap. IV), S. 195.
4. Reinhard, Unterwerfung (wie Anm. 4 zu Kap. VI), S. 266.
5. Johann Wolfgang Goethe, Aus meinem Leben. Dichtung und Wahrheit (Sämtliche Werke in 18 Bänden [Artemis-Gedenkausgabe], Bd. 10), Zürich/München 1977, S. 110.
6. Wende, Geschichte (wie Anm. 8 zu Kap. IV), S. 99.
7. Karl Otmar von Aretin, Das Reich und der österreichisch-preußische Dualismus (1745–1806) (Das Alte Reich. 1648–1806, Bd. 3), Stuttgart 1997, S. 107.

## 第九章　胜利者的四重危机：1763 年后的英国

1. VHaan/Niedhart, Geschichte (wie Anm. 9 zu Kap. VI), S. 232.
2. Hermann Kulke / Dietmar Rothermund, Geschichte Indiens. Von der Induskultur bis heute, München $^{2}$1998, S. 290.
3. Reinhard, Unterwerfung (wie Anm. 4 zu Kap. VI), S. 271.
4. Kulke/ Rothermund, Geschichte (wie Anm. 2), S. 292.
5. Ebd., S. 295.
6. Zit. n. Reinhard, Unterwerfung (wie Anm. 4 zu Kap. VI), S. 277.
7. Haan/ Niedhart, Geschichte (wie Anm. 9 zu Kap. VI), S. 235.
8. Heeren, Handbuch (wie Anm. 10 zu Kap. I), S. 370.
9. Zit. n. Reinhard, Unterwerfung (wie Anm. 4 zu Kap. VI), S. 576.
10. Ebd., S. 566 f.
11. Willi Paul Adams, Die USA vor 1900 (Oldenbourg Grundriß der Geschichte, Bd. 28),

München 2000, S. 43.

12. Leopold von Ranke, Über die Epochen der neueren Geschichte. Historisch- kritische Ausgabe hg. v. Theodor Schieder und Helmut Berding (Aus Werk und Nachlaß, Bd. 2), München/ Wien 1971, S. 417. Zit. bei Adams, USA (wie Anm. 11), S. 52.
13. Duchhardt, Balance (wie Anm. 28 zu Kap. I), S. 359.

## 第十章 1763 年以后的改革和专制

1. Droysen, Vorlesungen (wie Anm. 5 zu Kap. III), S. 130.
2. Robert Mandrou, Staatsräson und Vernunft 1649–1775 (Propyläen Geschichte Europas, Bd. 3), Frankfurt/ Berlin/ Wien 21983, S. 334.
3. Denis Diderot, Enzyklopädie. Philosophische und politische Texte aus der ‹Encyclopédie› sowie Prospekt und Ankündigung der letzten Bände. Mit einem Vorwort von Ralph-Rainer Wuthenow (dtv Wissenschaftliche Reihe, Bd. 4026), München 1969, S. 45.
4. Walter Demel, Europäische Geschichte des 18. Jahrhunderts. Ständische Gesellschaft und europäisches Mächtesystem im beschleunigten Wandel (1689/1700–1789/1800), Stuttgart/ Berlin/ Köln 2000, S. 197.
5. Alexis de Tocqueville, Der alte Staat und die Revolution. Hg. v. Jacob P. Mayer, München 1978, S. 152.
6. René Rémond, L'Ancien Régime et la Révolution 1750–1815 (Introduction à l'histoire de notre temps, Bd. 1), Paris 1974, S. 99 f. Hier auch das Folgende.
7. Peter Blastenbrei, Der König und das Geld. Studien zur Finanzpolitik Friedrichs II. von Preußen, in: Forschungen zur brandenburgischen und preußischen Geschichte. Neue Folge. Bd. 6 (1996), S. 55–82, hier S. 76.
8. Zit. n. Walther Hubatsch, Verwaltungsentwicklung [in Preußen] von 1713–1803, in: Kurt G. A. Jeserich u. a. (Hgg.), Vom Spätmittelalter bis zum Ende des Reiches (Deutsche Verwaltungsgeschichte, Bd. 1), Stuttgart 1983, S. 892–932, hier 918.
9. Otto Hintze, Die Hohenzollern und ihr Werk. Fünfhundert Jahre vaterländischer Geschichte, Berlin 1915, S. 381.
10. Blastenbrei, König (wie Anm. 7), S. 67.
11. T. C. W. Blanning, Frederick the Great and Enlightened Absolutism, in: H. M. Scott (Hg.), Enlightened Absolutism. Reform and Reformers in Later Eighteenth-Century Europe, Ann Arbor 1990, S. 265–288, hier 285.
12. Immanuel Kant, Beantwortung der Frage: Was ist Aufklärung?, in: ders., Schriften von 1783–1788. Hg. v Artur Buchenau und Ernst Cassirer (Werke, Bd. 4), Berlin 1913, S. 169–176, hier 175.
13. Vgl. S. 302 f.
14. Zit. n. Jacob Burckhardt, Das Zeitalter Friedrichs des Großen. Hg. v. Ernst Ziegler. Mit einem Essay von Hans Pleschinski, München 2012, S. 29.
15. Mandrou, Staatsräson (wie Anm. 2), S. 292.

## 第十一章 失 衡

1. Hans Roos, Polen von 1668 bis 1795, in: Fritz Wagner (Hg.), Europa im Zeitalter des Absolutismus und der Aufklärung (Handbuch der europäischen Geschichte, Bd. 4), Stuttgart 1968, S. 692–752, hier S. 747.
2. Ebd., S. 749.

3. Reinhard Wittram, Rußland von 1689 bis 1796, in: Wagner (Hg.), Europa (wie Anm. 1), S. 477–510, hier S. 504.
4. Duchhardt, Balance (wie Anm. 28 zu Kap. I), S. 389.
5. Aretin, Reich (wie Anm. 7 zu Kap. VIII), S. 315.
6. Schroeder, Transformation (wie Anm. 31 zu Kap. I), S. 66.
7. Paul Kennedy, Aufstieg und Fall der großen Mächte. Ökonomischer Wandel und militärischer Konflikt von 1500 bis 2000 (Fischer Taschenbuch, Bd. 14 968), Frankfurt 42003, S. 197.
8. Vgl. oben S. 176.
9. Zit. n. Koselleck, Kritik (wie Anm. 7 zu Kap. IV), S. 122.–Vgl. Ulrich Muhlack, Physiokratie und Absolutismus in Frankreich und Deutschland, in: ders., Staatensystem und Geschichtsschreibung. Ausgewählte Aufsätze zu Humanismus und Historismus, Absolutismus und Aufklärung. Hg. von Notker Hammerstein und Gerrit Walther (Historische Forschungen, Bd. 83), Berlin 2006, S. 95–123.

## 第十二章　1789年全景

1. Louis Sébastien Mercier, Mein Bild von Paris. Hg. u. übertragen von Jean Villain, Leipzig 1979, S. 355 f.
2. Tocqueville, Staat (wie Anm. 5 zu Kap. X).
3. Starobinski, Erfindung (wie Anm. 11 zu Kap. III), S. 85.
4. Zit. n. Jean-Pierre Jessenne, Histoire de la France: Révolution et Empire 1783–1815 (Carré Histoire, Bd. 19), Paris 1993, S. 47.
5. Eberhard Weis, Frankreich von 1661 bis 1789, in: Wagner (Hg.), Europa (wie Anm. 1 zu Kap. XI), S. 166–307, hier S. 251.
6. Ebd., S. 253.
7. Erstmals 1939 bei: Georges Lefebvre, 1789. Das Jahr der Revolution. Mit einem Vorwort von Claude Mazauric (dtv, Bd. 4491), München 1989, S. 15–41.
8. Hier zit. nach: Lefebvre, 1789 (wie Anm. 7), S. 64. Vgl. Emmanuel Sieyès, Abhandlung über die Privilegien. Was ist der dritte Stand? Hg. v. Rolf Hellmut Foerster (sammlung insel, Bd. 62), Frankfurt 1968, S. 55 f.
9. Talleyrand en verve. Présentation et choix [par] Eric Schell, Paris 2002, S. 24 f.
10. Jean-Jacques Rousseau, Diskurs über die Ungleichheit/ Discours sur l'inégalité. Kritische Ausgabe des integralen Textes. Mit sämtlichen Fragmenten und ergänzenden Materialien nach den Originalausgaben und den Handschriften neu ediert, übersetzt und kommentiert von Heinrich Meier (UTB Wissenschaft, Bd. 725), Paderborn 1985, S. 271 ff.
11. Weis, Frankreich (wie Anm. 5 zu Kap. IX), S. 299.
12. Sur le gouvernement de Pologne [1772], zit. n. Steinkamp, L'Europe (wie Anm. 7 zu Kap. I), S. 128.
13. Voltaire, Gedicht über das Erdbeben von Lissabon oder Prüfung des Axioms: Alles ist gut, in: Dieter Hildebrandt, Voltaire: Candide. Vollständiger Text. Dokumentation (Dichtung und Wirklichkeit, Bd. 12 = Ullstein Buch Nr. 5012), Frankfurt/Berlin 1963, S. 140–143, hier S. 142.
14. Jean-Jacques Rousseau an Voltaire, 18. August 1756, in: Voltaire, Korrespondenz aus den Jahren 1749–1760 [Hg. v. Rudolf Noack. Übersetzung v. Bernhard Henschel], Frankfurt 1978, S. 99–117, hier S. 102.
15. Ebd., S. 104.

16. Immanuel Kant, Geschichte und Naturbeschreibung der merkwürdigsten Vorfälle des Erdbebens, welches an dem Ende des 1755sten Jahres einen großen Teil der Erde erschüttert hat (1756) / Fortgesetzte Betrachtung der seit einiger Zeit wahrgenommenen Erderschütterungen (1756), in: Immanuel Kant, Vorkritische Schriften, Bd. 1. Hg. v. Artur Buchenau (Werke, Bd. 1), Berlin 1912, S. 439–473 / 475–484, hier S. 441.
17. Ebd., S. 472.
18. Tocqueville, Staat (wie Anm. 5 zu Kap. X), S. 170 f.; das Folgende S. 182 f.
19. Ebd., 183.
20. Ebd., 175.
21. Ebd., 175 f.
22. Ebd., 174.
23. Ebd., S. 172.
24. Christoph Martin Wieland, Betrachtungen über die gegenwärtige Lage des Vaterlandes. Geschrieben im Januar 1793, in: Horst Günther (Hg.), Die Französische Revolution. Berichte und Deutungen deutscher Schriftsteller und Historiker, Frankfurt 1985, S. 537–570, hier 549 f. und 563.
25. Annual Register 1772, zit. n. Brendan Simms, Britain's Europe. A Thousand Years of Conflict and Cooperation, London u. a. 2017, S. 75.
26. Michael G. Müller, Die alte Republik: Polen-Litauen in der Frühneuzeit (1569–1795), in: Rudolf Jaworski/ Christian Lübke/ ders., Eine kleine Geschichte Polens (edition suhrkamp, Bd. 2179), Frankfurt 2000, S. 151–252, hier 188 f.
27. Otto Forst-Battaglia, Stanisław August Poniatowski und der Ausgang des alten Polenstaates, Berlin 1927, S. 322.
28. Heeren, Geschichte (wie Anm. 10 zu Kap. I), S. X.

# 大事年表

| | |
|---|---|
| 1648 年 10 月 24 日 | 《威斯特伐利亚和约》确保法国及瑞典对神圣罗马帝国及皇帝的优势； |
| 1649 年 1 月 30 日 | 英国国王查理一世被处决；英国取消君主制； |
| 1649 年 5 月 19 日 | 英格兰共和国成立； |
| 1649~1658 年 | 奥利弗・克伦威尔军事独裁； |
| 1651 年 10 月 9 日 | 《航海法案》； |
| 1651 年 | 托马斯・霍布斯的《利维坦》出版； |
| 1652~1654 年 | 第一次英国—尼德兰战争； |
| 1658 年 9 月 3 日 | 奥利弗・克伦威尔去世； |
| 1659 年 11 月 7 日 | 《比利牛斯和约》终结西班牙霸权，有利于法国建立霸权； |
| 1660 年 5 月 3 日 | 《奥利瓦（Oliva）和约》增强了瑞典的敌人的实力； |
| 1660 年 5 月 29 日 | 君主制在英国复辟；查理二世进入伦敦； |
| 1661~1715 年 | 路易十四世执政时期； |
| 1661 年 3 月 9 日 | 路易十四世开始独掌朝政； |
| 1662 年 | 英国皇家学会建立[①]； |
| 1663~1806 年 | 雷根斯堡“永久帝国议会”； |
| 1664 年 8 月 1 日 | 蒙特库科利（Montecuccoli）率领神圣罗马帝国军队在拉布河畔的圣戈特哈德（St. Gotthard）附近击败入侵的奥斯曼军队，迫使其撤退； |
| 1664~1667 年 | 第二次英国—尼德兰战争；英国人占据荷兰在北美的据点，包括新阿姆斯特丹（自此更名为纽约）； |
| 1665 年 11 月 14 日 | 《王权法》使丹麦国王成为专制君主； |
| 1665 年 | 腺鼠疫在伦敦造成 6.8 万人死亡； |

① 英国皇家学会最初于 1660 年建立，1662 年查理二世正式批准并授予皇家证书。——编者注

| | |
|---|---|
| 1666 年 9 月 2~7 日 | 伦敦大火； |
| 1667 年 6 月 | 荷兰舰队驶向泰晤士河上游，威胁伦敦； |
| 1667~1668 年 | 路易十四世针对西班牙的“遗产战争”（Devolutionskrieg）； |
| 1668 年 5 月 2 日 | 《亚琛和约》使法国得到佛兰德地区的 12 座边境要塞； |
| 1669~1671 年 | 匈牙利高级贵族起义； |
| 1670 年 6 月 1 日 | 英法缔结针对荷兰的秘密同盟； |
| 1672~1678 年 | 法国对荷兰的第二次征服战争； |
| 1672~1674 年 | 第三次英国—尼德兰战争； |
| 1672 年 8 月 20 日 | 针对大议长约翰·德·维特的政变使奥尔良亲王威廉三世掌权； |
| 1672 年 | 萨穆埃尔·普芬多夫的《论自然法和万民法》出版； |
| 1673 年 | 阿尔萨斯的 11 座帝国直辖市彻底并入法国； |
| 1674 年 | 英国出现多个政党； |
| 1675~1679 年 | 瑞典—勃兰登堡战争； |
| 1675 年 6 月 28 日 | 大选帝侯在费尔贝林附近击败瑞典； |
| 1677 年 2 月 22 日 | 巴鲁赫·德·斯宾诺莎去世，《全集》马上被禁止出版； |
| 1678 年 8 月 10 日 ~9 月 17 日 | 《奈梅亨和约》又使法国从西班牙处得到土地；“重盟”开始； |
| 1678~1698 年 | 匈牙利贵族起义反对哈布斯堡； |
| 1679~1681 年 | 英国王位继承人詹姆斯的天主教信仰引发排除危机； |
| 1679 年 | 英国《人身保护法》（Habeas-Corpus-Akte）； |
| 1681 年 9 月 | 法军占领斯特拉斯堡； |
| 1682 年 | 瑞典国会赋予国王卡尔十一世准专制权力； |
| 1682 年 5 月 16 日 | 路易十四世将宫廷从巴黎迁至凡尔赛； |
| 1682 年 | 拉萨勒考察密西西比河并宣布“路易斯安那”属于法国； |
| 1683 年 9 月 6 日 | 柯尔贝尔去世； |
| 1683 年 9 月 12 日 | 波兰—神圣罗马帝国皇帝的军队在维也纳城下击败奥斯曼军队；皇帝开始收复巴尔干地区； |
| 1684 年 8 月 15 日 | 路易十四世吞并阿尔萨斯部分地区及斯特拉斯堡和卢森堡的行为得到认可； |
| 1685 年 10 月 18 日 | 法国废除《南特敕令》（1598 年），不再宽容新教徒，导致新教徒外迁； |
| 1686~1697 年 | 奥格斯堡同盟战争； |
| 1688 年 5 月 9 日 | 大选帝侯去世； |
| 1688 年 9 月 6 日 | 欧根亲王率军占领贝尔格莱德； |

| | |
|---|---|
| 1688年10月29日~1697年 | 法军蹂躏普法尔茨； |
| 1688年11月 | 英国发生“光荣革命”，詹姆斯二世下台；奥兰治亲王威廉三世成为英国国王； |
| 1689~1725年 | 沙皇彼得一世（大帝）独掌朝政； |
| 1690年6月1日 | 威廉三世在博伊奈河畔（爱尔兰）击败詹姆斯二世； |
| 1690年 | 约翰·洛克的《政府论》出版； |
| 1694年7月12日 | 勃兰登堡建立新型大学——哈勒大学； |
| 1694年12月 | 《三年法案》（Triennial Act）[①]强化议会权力； |
| 1695年 | 英国取消书报预检； |
| 1697年9月20日 | 《赖斯韦克和约》； |
| 1697~1698年 | 彼得大帝初次游历欧洲； |
| 1699年1月26日 | 神圣罗马帝国、波兰及苏丹缔结《卡洛维茨和约》，认可皇帝得到巴尔干部分地区； |
| 1700~1721年 | 丹麦、萨克森、俄国在北方战争中对阵瑞典； |
| 1700年11月1日 | 卡洛斯二世去世后西班牙王位空悬；法国占领西班牙据点； |
| 1701年1月18日 | 勃兰登堡选帝侯弗里德里希三世自我加冕为在普鲁士的国王弗里德里希一世； |
| 1701~1714年 | 西班牙王位继承战争； |
| 1701年6月12日 | 《王位继承法》确认英国王位由新教徒继承； |
| 1702年3月8日 | 英国国王威廉三世去世；其妻妹、詹姆斯二世之女安妮继位；马尔博罗公爵得势； |
| 1702年3月11日 | 第一份日报（《每日新闻》）出版； |
| 1702年5月4日 | 海上强国和神圣罗马帝国对法国宣战； |
| 1703年 | 圣彼得堡建城； |
| 1703年12月27日 | 《梅休因条约》使英国能大幅影响葡萄牙在南美的贸易； |
| 1704年8月4日 | 英国得到直布罗陀海峡； |
| 1704年8月13日 | 马尔博罗和欧根亲王指挥的英国—奥地利军队在多瑙河畔的赫希施泰特［布林德海姆（Blindheim）］附近击败法国—巴伐利亚军队； |
| 1706年5月23日 | 英国在拉米伊［紧邻那慕尔（Namur）］附近击败法国； |
| 1707年4月29日 | 苏格兰的加入使英格兰成为大不列颠； |

---

① 《三年法案》：又译《三年会期法》等，是英国议会为防止国王排斥议会、独断专行而通过的法案，规定每三年必须召开一次议会。

| | |
|---|---|
| 1709 年 6 月 27 日 | 俄国在波尔塔瓦附近击败卡尔十二世率领的瑞典军队，终结瑞典对波罗的海沿岸地区的主宰； |
| 1709 年 9 月 11 日 | 英国—奥地利在马尔普拉凯附近战胜法国，然而代价很大； |
| 1711 年 12 月 31 日 | 马尔博罗下台； |
| 1713 年 3 月 26 日 ~6 月 13 日 | 《乌得勒支和约》使英国得到北美若干地区及部分西班牙奴隶贸易； |
| 1713 年 4 月 19 日 | 神圣罗马帝国皇帝查理六世试图通过《国事诏书》保障皇位由自己的家族支脉继承； |
| 1714 年 8 月 1 日 | 安妮女王去世；汉诺威选帝侯乔治成为英国国王乔治一世； |
| 1714~1763 年 | 辉格党几乎在英国独掌朝政； |
| 1715 年 9 月 1 日 | 路易十四世去世，其侄奥尔良亲王菲利普为年仅 5 岁的路易十五世监国（Régence，直至 1722 年）； |
| 1715 年 | 奥斯曼人把威尼斯人赶出伯罗奔尼撒半岛； |
| 1717 年 8 月 16 日 | 欧根亲王率军占领贝尔格莱德； |
| 1718 年 7 月 21 日 | 《帕萨罗维茨和约》为奥地利称霸巴尔干地区奠定基础； |
| 1718 年 8 月 2 日 | 英国、法国、奥地利和尼德兰结成四国同盟对付西班牙； |
| 1720 年春季至秋季 | 约翰·劳在法国的银行项目，英国“南海泡沫”； |
| 1721 年 4 月 3 日 /4 日 | 罗伯特·沃波尔被任命为财政大臣，英国随之开始经历 20 年稳定期（直至 1742 年）； |
| 1722 年 | 彼得一世的《官秩表》使公务员可以按部就班地升至贵族； |
| 1723 年 | 弗里德里希·威廉一世在勃兰登堡—普鲁士推行深度行政改革； |
| 1725 年 5 月 1 日 | 奥地利与西班牙结盟； |
| 1726 年 | 查理六世开始争取各国接受《国事诏书》； |
| 1726~1743 年 | 枢机主教弗勒里担任法国主政大臣； |
| 1727 年 | 神圣罗马帝国皇帝查理六世放弃奥斯坦德公司（1731 年彻底放弃）； |
| 1731 年 | 萨尔茨堡驱逐新教徒； |
| 1732~1734 年 | 哥廷根建立新型大学； |
| 1733 年 | 法国和西班牙缔结《波旁家族第一盟约》； |
| 1734 年 | 伏尔泰的《哲学通信》为欧洲的“英国热”奠定基础； |
| 1738 年 | 循道宗运动开始； |
| 1739~1748 年 | 詹金斯的耳朵战争； |
| 1740 年 12 月 16 日 | 普鲁士军队进入西里西亚； |

| | |
|---|---|
| 1745年6月28日 | 不列颠人占领路易斯堡； |
| 1745年12月25日 | 《德累斯顿和约》规定奥地利将西里西亚交给普鲁士； |
| 1746年4月16日 | 詹姆斯党人在卡洛登附近彻底失败； |
| 1746年9月21日 | 法国人占领马德拉斯； |
| 1748年 | 孟德斯鸠的《论法的精神》出版； |
| 1748年10月18日 | 《亚琛和约》符合英国利益； |
| 1749年 | 不列颠和法国开始争夺俄亥俄河谷地区； |
| 1750年 | 卢梭写作第一篇论文《论科学与艺术》； |
| 1750~1751年 | 罗伯特·克莱武通过守卫阿尔乔特要塞阻止法国进军印度； |
| 1751年 | 伏尔泰的《路易十四时代》出版； |
| 1751年1月~1766年1月 | 《百科全书》出版； |
| 1755年 | 卢梭写作第二篇论文《论人类不平等的起源和基础》； |
| 1755年7月9日 | 布拉多克率领的英军在俄亥俄河谷被歼灭，标志着法国在北美势力的巅峰； |
| 1755年11月1日 | 里斯本地震； |
| 1756年 | 不列颠与普鲁士结盟（1月16日）及法国与奥地利结盟（5月1日）带来外交革命； |
| 1756~1763年 | 七年战争； |
| 1756年8月29日 | 普鲁士进军萨克森； |
| 1756年9月13日 | 普鲁士进军波希米亚； |
| 1757年1月11日/22日 | 俄国加入法国—奥地利同盟； |
| 1757年春夏季 | 克莱武率领英国东印度公司的部队占领加尔各答和金德讷格尔； |
| 1757年6月18日 | 普鲁士在科林附近战败； |
| 1757年6月23日 | 克莱武的部队在普拉西附近战胜兵力多几倍的孟加拉统治者； |
| 1757年11月5日 | 普鲁士在罗斯巴赫附近战胜法国和神圣罗马帝国的军队； |
| 1757年11月15日 | 老威廉·皮特成为首相； |
| 1757年12月5日 | 普鲁士在洛伊滕附近击败奥地利； |
| 1758年1月22日 | 俄国部队占领柯尼斯堡； |
| 1758年8月25日 | 普鲁士在曹恩道夫附近击败俄国军队； |
| 1758年10月14日 | 奥地利在霍赫基希附近击败普鲁士； |
| 1758~1759年 | 英国和俄亥俄河谷地区的印第安人建立联盟体系； |
| 1759年8月12日 | 普鲁士在库讷斯多夫附近惨败； |

| | |
|---|---|
| 1759 年 9 月 13 日 | 英国在争夺魁北克归属的决战中获胜； |
| 1760 年 8 月 15 日 | 普鲁士在利格尼茨附近击败奥地利； |
| 1760 年 9 月 8 日 | 蒙特利尔投降，法国在北美的殖民统治结束； |
| 1760 年 10 月 25 日 | 乔治二世去世；乔治三世继位； |
| 1760 年 11 月 3 日 | 普鲁士在托尔高附近击败奥地利； |
| 1761 年 10 月 5 日 | 皮特下台； |
| 1761 年 12 月 16 日 | 俄国占领科尔贝格； |
| 1762 年 | 卢梭的《爱弥儿》和《社会契约论》出版； |
| 1762 年 4 月 30 日 | 不列颠停止向普鲁士提供援款； |
| 1762 年 5 月 5 日 | “勃兰登堡王室的奇迹”，普鲁士和新任沙皇彼特三世统治的俄国停战并结成同盟； |
| 1762 年 7 月 9 日 | 彼得三世退位并被杀；其妻成为俄国女沙皇叶卡捷琳娜二世； |
| 1763 年 2 月 10 日 | 《巴黎和约》签订，法国失去大部分海外据点； |
| 1763 年 2 月 15 日 | 《胡贝图斯堡（Hubertusburg）和约》签订，普鲁士保有西里西亚； |
| 1763 年 4 月 23 日 | 约翰·威尔克斯开始宣传鼓动； |
| 1763 年 5 月 9 日 | 庞蒂亚克率领俄亥俄河谷地区的印第安人暴动； |
| 1764 年 9 月 7 日 | 斯坦尼斯瓦夫·波尼亚托夫斯基成为波兰国王； |
| 1766 年 2 月 23 日 | 洛林落入法国之手； |
| 1766 年 | 布干维尔（Bougainville）①探索南太平洋； |
| 1767 年 | 耶稣会被取缔； |
| 1768 年 | 库克初次考察太平洋； |
| 1768~1774 年 | 俄土战争； |
| 1770 年 7 月 7 日 | 俄国在海战中（在伊兹密尔附近）击败奥斯曼舰队； |
| 1770~1772 年 | 施特林泽在丹麦独裁； |
| 1772 年 | 第一次瓜分波兰； |
| 1773~1775 年 | 俄国普加乔夫起义； |
| 1773 年 | 《规管法案》加强国家对英国东印度公司的监管； |
| 1773 年 | 波士顿倾茶事件； |
| 1774 年 5 月 10 日 /12 日 | 路易十五世去世；路易十六世继位； |
| 1774~1776 年 | 杜尔哥担任财政总监； |

① 路易·安托万·德·布干维尔（Louis Antoine de Bougainville，1729~1811）：法国海军军官、探险家。

| | |
|---|---|
| 1774年 | “第一届大陆会议”颁行针对英国的抵制措施； |
| 1775年4月19日 | 莱克星顿战役揭开北美殖民者独立战争的序幕； |
| 1776年 | 托马斯·潘恩的《常识》出版； |
| 1776~1788年 | 爱德华·吉本的《罗马帝国衰亡史》出版； |
| 1776年2月6日 | 法国和美国缔结同盟协议； |
| 1776年7月4日 | 殖民者发表《独立宣言》； |
| 1776年 | 杜尔哥被解职； |
| 1777年 | 葡萄牙首相蓬巴尔下台； |
| 1778~1779年 | 巴伐利亚君位继承战争； |
| 1779年5月 | 《特申和约》； |
| 1780~1790年 | 玛利亚·特蕾莎去世；约瑟夫二世开始在哈布斯堡统治地区强行改革（直至1790年）； |
| 1780~1787年 | 尼德兰联省共和国“爱国者”革命； |
| 1780年2月 | 针对大不列颠的“武装海上中立”； |
| 1781年 | 康德的《纯粹理性批判》出版； |
| 1781年2月19日 | 内克发布国家财政状况报告； |
| 1781年10月19日 | 不列颠人在约克镇投降； |
| 1783年9月3日 | 《凡尔赛和约》签订，英国承认美国独立； |
| 1784年 | 皮特的《印度法案》完成英国东印度公司的国有化；沃伦·黑斯廷斯下台； |
| 1785年5月 | 普鲁士牵头组建的“诸侯联盟”阻止奥地利用奥属尼德兰换取巴伐利亚的计划； |
| 1785年 | 卡特赖特发明机械织布机； |
| 1786年8月17日 | 弗里德里希大王去世； |
| 1786年9月26日 | 英国和法国缔结自由贸易协议； |
| 1787年 | 通过《美利坚合众国宪法》； |
| 1788年8月8日 | 法国召集三级会议； |
| 1789年1月 | 西耶斯神父撰写《第三等级是什么？》； |
| 1789年 | 乔治·华盛顿成为第一任美国总统； |
| 1790年 | 法国组织立宪制君主国； |
| 1790年2月20日 | 约瑟夫二世去世； |
| 1791年5月3日 | 波兰国会通过新宪法。 |

# 人名索引

（此部分页码为德文原书页码，即本书页边码）

图书在版编目（CIP）数据

国家竞争与理性：1648～1789年的欧洲 /（德）格里特·瓦尔特（Gerrit Walther）著；徐庆译. -- 北京：社会科学文献出版社，2024.11
（贝克欧洲史）
ISBN 978-7-5228-3387-3

Ⅰ. ①国… Ⅱ. ①格… ②徐… Ⅲ. ①欧洲-历史-1648-1789 Ⅳ. ①K504

中国国家版本馆CIP数据核字（2024）第058080号

·贝克欧洲史·
国家竞争与理性：1648~1789年的欧洲

著　　者 / ［德］格里特·瓦尔特（Gerrit Walther）
译　　者 / 徐　庆

出 版 人 / 冀祥德
组稿编辑 / 段其刚
责任编辑 / 陈嘉瑜
文稿编辑 / 卢　玥
责任印制 / 王京美

出　　版 / 社会科学文献出版社·教育分社（010）59367151
地址：北京市北三环中路甲29号院华龙大厦　邮编：100029
网址：www.ssap.com.cn
发　　行 / 社会科学文献出版社（010）59367028
印　　装 / 北京盛通印刷股份有限公司

规　　格 / 开　本：889mm×1194mm 1/32
印　张：10.625　字　数：266 千字
版　　次 / 2024年11月第1版　2024年11月第1次印刷
书　　号 / ISBN 978-7-5228-3387-3
著作权合同登记号 / 图字01-2024-3499号
定　　价 / 88.00元

读者服务电话：4008918866